비판적
평화연구와
한반도

비판적 평화연구와 한반도

1판1쇄 펴냄 2007년 3월 20일

지은이 | 구갑우

펴낸이 | 정민용
주간 | 박상훈
편집장 | 안중철
책임편집 | 최미정
편집 | 박미경, 박후란, 성지희
디자인 | 서진, 송재희
제작·영업 | 김재선, 박경춘

펴낸 곳 | 도서출판 후마니타스
등록 | 2002년 2월 19일 제6-0449호
주소 | 서울 종로구 홍파동 42-1 신한빌딩 2층(110-092)
편집 | 02-739-9929 제작·영업 | 02-722-9960 팩스 | 02-733-9910
홈페이지 | www.humanitasbook.co.kr

값 15,000원

ISBN 978-89-90106-35-3 03300

이 도서의 국립중앙도서관 출판시도서목록(CIP)은 e-CIP홈페이지
(http://www.nl.go.kr/cip.php)에서 이용하실 수 있습니다(CIP 제어번호: CIP2007000661).

비판적
평화연구와
한반도

구갑우 지음

후마니타스

차례_비판적 평화연구와 한반도

서문 7

제1장_한반도 분단체제와 '평화국가' 만들기
1. 문제 설정: '6·15시대'? 37
2. 분단구조의 역사와 분단체제론 42
3. 분단체제의 극복과 '평화국가' 만들기 61
4. 결론: 6·15담론에서 평화국가담론으로 72
[논평 1] '대량설득무기'의 위협에서 어떻게 벗어날 것인가 77

제2장_평화개념의 비판적 재구성: 한반도적 맥락
1. 문제 설정 81
2. 평화의 개념: "수입품의 시장조사" 83
3. 한반도의 평화담론 91
4. 평화운동의 평화담론: 결론에 대신하여 103

제3장_남북한 관계에 대한 메타이론적 접근
1. 서론 109
2. 남북한 관계의 연구 방법: 이론의 분류 110
3. 남북한 관계의 기존 이론들 120
4. 비판과 대안: 역사주의적 시각 135
5. 이론의 규범적 차원: 결론에 대신하여 140

제4장_비판적 국제이론과 한반도의 평화과정
1. 문제 제기: 이론적 실천 145
2. 현실주의적 평화과정 비판: 국제관계와 질서의 문제 148
3. 국제관계의 정치이론으로서 비판적 국제이론 151
4. 한반도 평화과정에 대한 비판적 접근: 연구의제의 설정 161
5. 결론 180
[논평 2] 한반도 평화체제와 다자간 안보협력 182

제5장_한국의 평화운동: 비판적 평가
　　1. 평화운동의 전개과정 195
　　2. 비판 206
　　[논평 3]북한인권 문제에 관한 이론적 고려 210
　　[논평 4]평화운동으로서 평화의 섬 제주 만들기 219

제6장_탈근대시대 한반도 평화: 안과 밖의 경계 허물기
　　1. 진보의 진보 225
　　2. 근대 비판 228
　　3. 사례: 한반도의 분단 237
　　4. 주체와 공간 240

제7장_[서평논문]북한연구의 '국제정치': 오리엔탈리즘 비판
　　1. 문제 설정: 정체성의 정치 243
　　2. 북한연구의 시각 247
　　3. 북한의 지속과 변화 257
　　4. 북한과 한반도의 평화과정: 2003년 위기설을 중심으로 273
　　5. 결론: 패러다임의 혁명은 가능한가? 279

제8장_북한의 핵실험과 한반도 평화: 결론에 대신하여
　　1. 북한 핵실험의 원인 283
　　2. 북한 핵실험에 대한 주변국의 대응 285
　　3. 북미갈등의 심층구조 292
　　4. 북한 핵실험의 효과 297
　　5. 북한 핵실험의 정당성(?) 300
　　6. 한반도 평화의 길: 무엇을 할 것인가 309

후기 317
참고문헌 322
찾아보기 334

평화연구의 시각

I

2003년 2월 15일의 사건은, 2001년 9월 11일의 사건에 버금갈 만큼, 인류의 역사에서 하나의 전환점이 될 수 있을까. 2·15는 9·11의 비극적 효과를 넘어설 수 있는 대안의 논리를 산출할 수 있을까. 기대 수준을 낮춘 다면, 2·15는 9·11의 부정적 효과를 약화시킬 수 있는 지구적 '시민의 연합체'를 탄생시킬 수 있는 계기가 될 수 있을 것인가. 이 책의 서두를 이렇게 큰 질문으로 시작하는 이유는, 한반도 평화가 한국의 민주화와 민주화 이후 민주주의의 민주화라는 '안으로부터의' 동력뿐만 아니라, 2·15와 9·11처럼 세계 시간을 규정하는 '밖으로부터의' 동력에 의해 해석되고 구성되고 있다고 생각하기 때문이다.

이 질문들은 독자들을 당혹하게 할 수 있다. 2001년 9월 11일 미국의 세계무역센터와 국방부 건물에 항공기를 이용한 비극적 공격을 9·11이라는 숫자로 표현하는 것에는 익숙하지만, 2·15는 매우 낯선 숫자적 표현이기 때문이다. 도대체 2003년 2월 15일에는 무슨 일이 벌어졌기에 9·11처럼 2·15를 역사적 전환점으로 설정하는가, 라는 질문이 당연히 제기될 수밖에 없을 것이다.

2003년 2월 15일 전 세계 400여 도시에서 약 1천만 명이, 임박한 미국의 이라크 침공에 반대하는 시위를 벌였다. 지구적 동시 행동의 형태를 띤 이 반전反戰시위는, 반전이라는 하나의 주제를 가지고 진행된 최대의 시위였을 뿐만 아니라 예상되는 전쟁을 반대하기 위해 조직된 최초의 시위이기도 했다.[1] 철학자 하버마스J. Habermas의 표현을 확대해석한다면, 이 시위는 후대의 역사에서 '지구적 차원의 공적 공간'의 탄생을 보여주었던 신호로 기록될 수 있을 것이다.[2] 그러나 이 최대, 최초의 반전시위에도 불구하고 미국과 영국의 군대가 2003년 3월 20일 이라크를 침공했다.[3] '양심적 전쟁

---

[1] 9·11 이후 2001년 10월 미국의 아프가니스탄 침공이 시작되기 전에도 시민사회 조직의 국제 연대체인 시비쿠스CIVICUS가 주도하고 다양한 시민사회 조직이 참여한 다음과 같은 내용의 공동성명이 발표되기도 했다. "우리는 9·11사태와 같은 행동에 대해 순수하게 군사적 해결책이 있다고 절대로 보지 않는다. 전쟁이라는 둔기는 폭력의 악순환과 테러범을 더욱 증가시킬지도 모른다." 헬무트 안하이어·메어리 칼도어, 조효제·진영종 옮김, 『지구시민사회 : 개념과 현실』(2004), 47쪽. 미국의 아프간 공습 이전에도 평화운동 세력의 반전시위도 있었고, 아프간 공습이 시작된 이후에도 세계 각지에서 미국의 아프간 전쟁에 반대하는 시위가 조직되기는 했지만, 2·15의 규모는 9·11 직후의 반전시위의 규모를 훨씬 넘어서는 것이었다.

[2] 지오반나 보라도리, 손철성·김은주·김준성 옮김, 『테러 시대의 철학 : 하버마스, 데리다와의 대화』(2004).

[3] 미국의 이라크 침공은 전쟁을 오락과 같은 소비상품으로 만들고 그 상품의 판매를 위해 조직

거부'의 목소리는 이른바 '정의正義의 전쟁론'에 입각한 물리력 앞에서 무력할 수밖에 없었다.

'최종심급'에서, 권력정치power politics가 평화지향적 시민사회의 목소리를 압도한 것이다. 우리의 세계를 권력정치로 설명하려는 유혹이 끊이지 않는 것도 이 때문일 것이다. 심지어 미국적 국제관계이론인 신현실주의는 권력정치를, 국제관계를 관통하는 초역사적 원리로까지 승격시키고 있다. 국제관계가 무정부상태인 한, 강대국great powers 권력정치는 피할 수 없는 '비극'이라는 것이다.[4] 평화연구와 평화운동은, 국제관계의 비극적 성격을 절대화하는 신현실주의 담론 및 신현실주의 담론을 교조로 수용하는 정치·사회 세력에 대한 시민사회의 저항이다. 평화연구와 평화운동은 9·11의 '결과'만을 기억하고자 하는 정치·사회 세력에게 9·11의 '원인'을 성찰하게끔 한다.[5] 2·15 대 9·11의 대립은, 국제관계학의 고전적 경쟁구도인 '윤리정치' 대 '권력정치'의 21세기적 표현이다.[6] 2·15 대 9·11은, 핵억지를 통해

적 '마케팅'을 진행한 전쟁으로 기록될 것이다. P. Rutherford, *Weapons of Mass Persuasion: Marketing the War Against Iraq* (2004).

[4] J. Mearsheimer, *The Tragedy of Great Power Politics* (2001).

[5] 9·11의 원인, 의미, 결과에 대한 다양한 국제정치적 시각에서의 해석은, K. Booth and T. Dunne, *World in Collision: Terror and the Future of Global Order* (2002) 참조. 이 책의 평자들이 말하는 것처럼, 이 책에서는 국제정치학 관련 서적으로는 보기 드물 정도로 다양한 사상적 기원을 가지고 있는 필자들이 9·11의 원인과 그 문제에 어떻게 대처해야 하는가를 둘러싸고 날카롭게 충돌하고 있다. 촌철寸鐵의 글들이 실려 있는 이 책의 핵심 쟁점은 9·11의 원인과 결과 가운데 어느 것에 주목해야 하는가로 정리할 수 있다.

[6] 2003년 『뉴욕타임즈』에 실린 패트릭 타일러Patrick Tyler라는 필자의 글에서도 비슷한 문제의식

유지되던 공포의 균형을 미국 단극 패권이 대체한 냉전 이후의 시대에 나타나고 있는 윤리정치와 권력정치의 대립을 상징한다.

‖

우리가 거주하고 있는 한반도에도 권력정치와 윤리정치의 대립이 나타나고 있다. '군사적 방법에 의한 안보'를 추구하는 정치·사회 세력과 '평화적 방법에 의한 평화'를 추구하는 정치·사회 세력의 대립이다. 미국과 북한은 서로 힘으로 맞서 왔다. 남북한 관계에서는 "6·15시대"라는 표현이 사용되고 심지어 "한반도식 통일"이 진행되고 있다는 주장까지 제기되고 있지만,[7] 권력정치의 토대가 되는 군사력의 측면에서 보면 남북한 관계는 오

을 발견할 수 있다. "지구상에 여전히 두 개의 초강대국이 존재할 수 있다. 그것은 미국과 세계여론이다." A. Harmes, *The Return of the State: Protestors, Power-Brokers and the New Global Compromise* (2004), p. 193에서 재인용. 권력정치와 윤리정치를 분리하고 전자에 강조점을 두었던 마키아벨리를 계승한 현실주의 국제관계이론가들의 철학적 기초에 대한 비판적 평가로 다음과 같은 주장이 의미를 가질 수 있다. "마키아벨리는, 자신이 '오직 있는 것에만 관심을 가지며 우리가 소망하는 바의 관념들에는 관심을 갖지 않는다'고 말함으로써, 신실재론 new realism의 기초를 놓았다. 실재는 이 문장의 첫 부분을, 즉 존재하는 것을 지칭한다. 이 문장의 두 번째 부분, 즉 있어야만 할 당위는 있는 것과는 분명히 구별되며 실재의 부분으로 간주되지 않는다. 그것은 '규범적' 사회 이론의 주제가 된다. 완전히 파괴되는 것은, 이 문장의 두 부분의 통일성이다. 이렇게 함으로써 거부-와-소망의 절규는 자격을 잃는다." 존 홀러웨이, 조정환 옮김, 『권력으로 세상을 바꿀 수 있는가』(2002), 20쪽.

7 백낙청, 『흔들리는 분단체제』(1998); 『한반도식 통일, 현재진행형』(2006). 필자는 2005년 2월 북한의 핵보유 선언 이후 2·15 대 9·11과 비슷하게 6·15 대 9·11이라는 문제의식을 가지고

히려 후퇴하고 있다. 북한은 핵무기 보유를 통해 전쟁 억지력을 확보하려 하고 있고, 남한은 군비증강을 통해 자주적 방위역량을 갖추려 하고 있다. 그러나 군사안보를 평화와 등치하려는 정치·사회 세력에 맞서서 평화적 방법에 의한 평화를 추구하려는 정치·사회 세력의 평화담론과 평화운동도 성장하고 있다. 한국 시민사회의 이라크 파병 반대 운동은 권력정치를 제어하고자 하는 윤리정치의 사례 가운데 하나다.

냉전과 탈냉전이라는 비동시적인 것이 동시적으로 나타나면서 전쟁으로까지 치달을 수 있다고 생각하는 위기가 주기적으로 반복되고 있는 한반도에서, 평화과정을 고민하는 국내적, 국제적 정치·사회 세력들은 지금 갈림길 앞에 서 있다.[8] 하나는 냉전시대의 확실한 경험을 토대로 안보를 얻기

글을 쓴 적이 있다. 그 당시 6·15의 한계를 생각하면서 쓴 글의 일부다. "이제 우리는 9·11에 묻혀 버린 6·15를 어떻게 기억해야 하는가. 6·15의 기억을 재현하고자 하는 우리는 누구인가. 6·15는 2(남북한)+4(미국, 중국, 일본, 러시아)의 평화과정을 지시하고 있지만, 6·15를 통한 남북한 평화과정의 상상에는 현실과의 어긋남이 있을 수 있다. 6·15에서 "우리민족끼리"를 읽으려는 교과서적 시도가 있다. 그러나 9·11 이후 한반도 문제의 전개과정은, 국제적 변수와 마주할 때 우리민족끼리가 한계에 직면할 수 있음을 보여 준다. 6·15 기억의 재현과 현실의 어긋남이다. 9·11 때문이라고 변명할 수도 있다. 그러나 북한의 핵무기 보유선언은 6·15의 기억을 이탈하는 사건이다. 6·15에도 불구하고 북한은 핵무기를 보유했다. 북한의 핵무기 보유와 우리민족끼리는 양립할 수 없는 논리다. 우리민족끼리 핵을 가질 것인가. 더구나 북핵문제가 우리민족끼리 논의되지 못하고 있다는 사실은, 6·15를 세계적 차원에서 한반도 문제를 둘러싼 세계시민의 기억의 연대로 발전시키지 못하게 하는 장애물이 되고 있다."

8 국제관계에서 위기는 둘 혹은 그 이상의 국가들 사이에서 나타나는 첨예한 갈등으로 정의된다. 우리가 유의해야 할 것은 위기를 구성하는 요소에서 실제 전쟁의 가능성보다는 전쟁의 가능성에 대한 정책결정자의 '인식'perception이 중요하다는 것이다. 즉, 위기는 인식을 통해 구성되는 것이라고 할 수 있다. J. Richardson, *Crisis Diplomacy: The Great Powers since the Mid-Nineteenth Century* (1994), pp. 10-12.

위해 공포의 균형에 의존하거나 힘의 압도적 우위를 확보하는 길이다. 군사동맹의 유지·확대 및 군비증강이 그 방법일 수 있다. 다른 하나는 미래의 불확실성을 감수하면서 평화적 방법에 의한 평화를 추구하는 길이다. 국제관계와 남북한 관계에는 민주화와 같은 진보란 있을 수 없고 세력균형과 같이 시간을 초월한 법칙만이 존재한다고 생각하는 현실주의 국제관계 이론가들은 전자를 유일한 길로 제시하려 할 것이다. 반면, 국제관계에도 역사, 진보, 형태가 있다고 생각하는 다양한 계통의 이론가들은 한반도 평화를 위한 새로운 그림들을 그리려 할 것이다.

세계체제론자로서 그 누구보다도 긴 시간적 안목에서 세계정치경제를 바라보는 월러스틴I. Wallerstein은 냉전이 사라진 세계에 대해, "우리는 조만간 향수에 젖을 것인가"라는 질문을 던진 적이 있다. 그의 대답은 "그럴 수밖에 없다"는 우려였다. 그 질문을 제기했던 1990년대 중반의 시점에서 월러스틴은 "지금은 연옥의 시대이고 결과는 항상 불확실하다"고 말했다. 그러나 월러스틴은 체제이행의 시기가 혼돈스럽기는 하지만, "그 시기는 '자유의지'가 관습과 구조적 제약들의 구속에서 벗어나서 대체로 그 절정을 구가하는 시기임"을 지적하기도 했다.[9]

월러스틴의 질문을 똑같이 한반도에도 던져 볼 수 있을 것이다. 우리는 비슷한 대답을 만나기도 한다. "지금까지 남북한이 향유해 온 평화는 냉전이라는 팽팽한 세력균형체제로 인해 가능했으며, 냉전종식 이후의 세력균

---

9 이매뉴얼 월러스틴, 강문구 옮김, 『자유주의 이후』(1996), 21쪽; 한기욱·정범진 옮김, 『미국 패권의 몰락』(2004), 313-314쪽.

형의 파괴는 평화에의 희망보다는 기존 체제의 동요로서 우리에게 더 강하게 각인되었다."[10] 한반도에서도 미지의 바다를 떠도는 것보다는 미국, 소련의 핵무기와, 두 국가와 각기 동맹을 맺은 남북한의 군사력 경쟁을 매개로 만들어졌던 공포의 균형이었지만 안정성, 확실성, 예측 가능성을 가지고 있던 과거의 양극체제를 그리워할 수도 있다. 좀 더 나아가 패권국 미국이 한반도와 동아시아에서 압도적 힘의 우위를 확보하기 위해 노력하는 불안정한 체제를 상상해 볼 수도 있다.

그러나 과거의 경험에 입각한 한반도 평화과정이 상상하기 쉬운 대안이지만 문제는 과거로 돌아갈 수도 없고, 설령 그것이 가능하다 하더라도 소망스럽지 않다는 데 있다. 만약 한반도의 운명에 결정적 영향을 미치는 국제체제로 21세기에도 다시금 세력균형의 한 형태로 양극체제를 상상할 수 있다면, 그 체제는 초강대국 미국과 미국이 잠재적 적국 또는 경쟁국으로 상정하고 있는 중국이 대립하고, 남한과 일본이 미국의 하위에 북한이 중국의 하위에 배치되는 양극체제일 것이다. 그러나 이 새로운 양극체제가 만들어진다고 하더라도 냉전체제의 '군사화된 경계선'은 한반도에만 존재하는 형태가 될 것이다. 미국이 중국에 대해 '봉쇄적 포용정책'congagement 을 전개하고 있기는 하지만,[11] 미국, 일본, 한국이 중국과의 경제적 그물망을 제거하는 것이 현실적으로 가능하지 않고 만약 그 정책이 실행된다면

---

10 최영종, "한반도 평화체제에 대한 국제정치 이론적 고찰," 서진영·우철구·최영종 엮음, 『탈냉전기 동북아의 국제관계와 정치변화』(2003), 77쪽.

11 김재관, "미중 양국의 패권경쟁심화와 상호대응전략의 비교," 『국제정치논총』 46: 3(2006).

세계경제 자체가 위기에 직면할 수밖에 없기 때문이다. 따라서 우리의 자유의지가 있다면, 이 길은 갈 수 없는 길이다.

그럼에도 지정학적 숙명과 지정학적 문화에 익숙한 대중의 동의를 거론하면서 냉전체제와 비슷한 양극체제의 형성이 불가피하다는 반론이 제기될 수 있다. 균형 또는 평형이 국제정치의 불변의 법칙이고 대중은 불확실한 미래를 수용하지 않으려는 경향이 있다는 것이 반론의 주요 내용일 것이다. 한반도가 강대국에 둘러싸여 있다는 사실을 부정할 수는 없다. 그러나 지정학과 동의어로 사용되곤 하는 정치적 현실주의의 현실reality이라는 표현이 현실이기보다는 현실을 구성하고자 하는 신념의 집합인 담론discourse이라면,[12] 한반도 평화과정을 둘러싼 다양한 지정학적 상상력의 경쟁은 한반도의 미래를 둘러싼 담론투쟁의 성격을 가지게 된다.[13] 담론투쟁이지만 그 투쟁의 결과가 우리의 삶을 극적으로 재구성할 수밖에 없다는 점에서 그 투쟁의 중요성은 아무리 강조해도 지나침이 없을 것이다.

이 담론투쟁에서 지정학과 정치적 현실주의를 대체하려는 시각들은 근본적으로 불리하다. 새로운 한반도 평화의 길은 경로의존성path-dependency을 벗어난 미지의 여정이기 때문이다. 또한 세력균형을 넘어선 한반도 평

---

[12] 이 비판적 지정학적 시각에 대해서는, G. Tuathail, "General Introduction: Thinking Critically about Geopolitics," in G. Tuathail, S. Dalby and P. Routledge eds., *The Geopolitics Reader* (2006), pp. 6-9 참조.

[13] 미래학자 토플러가 지적하는 것처럼, 한반도는 지정학적 시나리오를 작성하는 데 열중하는 전문가들이 가장 많은 관심을 가지는 지역이고, 한반도만큼 미래에 대한 이미지가 다양하면서 예측 불가능한 곳은 없을 수도 있다. 앨빈 토플러, 김중웅 옮김, 『부의 미래』(2006), 490쪽.

화의 '형태'와 그 평화에 이르는 '방법'을 둘러싸고 진보 내부에서 다양한 세력이 경쟁할 가능성이 높고 그 경쟁은 갈등으로 비화될 수도 있다.[14] 그 럼에도 평화연구의 필요성에 동의하는 연구자들이 합의할 수 있는 최대공 약수가 있다면 그것은 '평화적 방법에 의한 평화'다. 정의의 전쟁이 있을 수 있다는 비판이 있을 수 있지만, 전쟁에 의한 평화는 아주 극단적으로 억압적인 조건하에서만 정당화될 수 있을 것이다.[15] 즉, 군사적 또는 폭력 적 방법에 의거한 평화과정에 대한 반대는 쉽게 도출될 수 있다.

그러나 평화란 무엇인가에 대한 공통분모를 찾아내기란 쉽지 않다. 평 화연구의 시각을 가지고 지정학적 안보담론에 대항할 수 있는 담론을 개발 하는 것은 어려운 과제다. 냉전적 관성으로 움직이는 정치세력에 대한 비 판뿐만 아니라 세력균형으로 귀결되지 않는 한반도 평화에 대한 전체적 상 을 그려야 하기 때문이다. '경로형성적' 길에서 발생할 수밖에 없는 불확실

---

[14] 보수와 진보의 대립의 심연에 놓여 있는 존재론의 정치에서 보수가 유리한 이유다. 진보의 철학이라고 할 수 있는 부정의negative 철학은, 있는 것 가운데 있어서는 안 될 것과 있어야 할 것에 주목한다. 즉, 긍정의 철학인 실증주의positivism가 가정하는 사실과 가치, 실재와 당위 의 분리가 아니라 있는 것과 있어야 할 것의 통일성이 부정의 철학이 가정하는 존재의 근본 적 특성이다. 의식적 존재로서 인간은 지금-여기에 살아 있음보다 생명체의 존재를 위협하는 있어서는 안 될 것의 제거에 관심을 갖는다. 따라서 가치판단이 사실판단에 앞선다는 주장도 제기된다. 부정의 철학에서 역사적-사회적 존재의 존재론은, 의식과 실재를 분리하지 않고 그에 기초하여 존재에 운동성을 부여하는 역사성historicity 또는 생성becoming의 존재론이 된 다. 있어서는 안 될 것에 대한 저항도 생성의 존재론에서는, 존재의 법칙 그 자체에 내재하는 것이 된다. H. Marcuse, *Reason and Revolution* (1960); 윤구병, 『윤구병의 존재론 강의: 있음과 없음』(2003); 다니엘 벤사이드, 김은주 옮김, 『저항: 일반 두더지학에 대한 시론』 (2003) 등을 참조.

[15] M. Walzer, *Just and Unjust Wars* (1977).

성을 통제할 수 있는 방법도 제시해야 한다. 그러나 평화연구가 지향하는 '있어야 할 것'이 필연적인 것은 아니다. 있어야 할 것이 미리 결정되어 있다면 그것은 철학적 의미에서 진보가 아니다. 지정학적 안보담론과의 경쟁 속에서 미래는 만들어지는 것이다. 즉, 새로운 한반도 평화는 의식적 실천을 배제한 자생적 질서도 아니고 완벽한 설계도에 따라 가는 길도 아니다. 그 길은 현재에 대한 비판에 의거하여 끊임없이 물으며 가는 우연한 발견의 길이다.[16] 새로운 한반도 평화의 길은 현재의 부정과 그 부정을 가능하게 하는 긍정을 통해 미래를 구상하고, 그 미래의 구상을 기초로 과거를 (재)발견할 때, 비로소 열리게 된다.

[16] 그럼에도 조타操舵 steering조차 부정할 수는 없을 것이다. 조타의 가능성을 인정할 때, 우리는 세 가지 질문을 맞이하게 된다. 첫째, 누가 그 진보를 추동하는가, 둘째, 우리는 어디로 가야 하는가, 셋째, 우리는 어떻게 거기에 도달하는가라는 질문들이다. 특히 세 번째 질문은 '시간'과 관련된 근본적인 철학적 문제와 연관되어 있다. 첫째, '지식의 문제'로, 결정론에 동의하지 않는다면 현재의 선택이 의미를 가지기 위해서는 미래가 사전에 결정되어 있어서는 안 된다. 그러나 진보가 현재의 선택이 미래의 진보를 생산한다고 주장하기 위해서는, 그 선택을 하는 시점에서, 만약 다른 선택이 이루어진다면 어떤 결과가 발생할 것인가에 대한 사전 지식이 있어야 한다. 이는 모순이다. 둘째, '합리성의 문제'다. 조타 또는 진보가 가능하기 위해서는 그 진보가 과거의 경험의 궤도로부터 이탈해야 한다. 진보의 주체 또한 과거의 궤도에 의해 결정되지 않는다는 것이 의미 있는 선택을 위한 전제조건이다. 따라서 현재를 구성하는 문제는 과거가 아니라 미래에 달려 있게 된다. 이는 역설이다. A. Wendt, "What is International Relations For? Notes Toward a Postcritical View," in R. W. Jones ed., *Critical Theory & World Politics* (2001). 국제관계이론에 구성주의를 도입하려는 이론가 가운데 한 명인 웬트의 이 글은 국제관계에서 진보의 가능성을 실현하고자 하는 비판적 국제관계이론에 대한 논평이다. 위의 모순과 역설은 진보의 철학적 불가능성에 대한 웬트의 주장을 필자가 해석한 것이다.

III

 지정학적 안보담론 또는 현실주의적 안보담론의 지양은, 그 담론 내부
에서의 변화를 통해 또는 그 담론의 근본적 전환을 통해 이루어질 수 있다.
첫째, 지정학적 안보담론을 해체하고 평화지향적 안보담론으로 재구성할
수 있다. 둘째, 지정학적 안보담론을 평화담론으로 대체할 수 있다. 전자가
안보담론 내부에서의 개혁이라면 후자는 안보담론의 궁극적 지양을 목표
로 하는 담론의 재구성이다. 두 방향이 화학적 결합을 하기 힘들 정도로
근본적 차이를 노정할 수도 있지만, 평화지향적 안보담론이 지정학적 안보
담론에서 평화담론으로의 이행을 매개할 수도 있다. 역으로 평화담론은 평
화지향적 안보담론의 구성을 위한 토대가 될 수도 있다.

 현실주의적 안보담론의 근저에서 우리는 정치와 윤리를 분리하려는 서
구적 근대의 국제정치 인식을 볼 수 있다. 국내적 수준에서는 권력정치 이
후에 부차적이지만 윤리적 고려가 존재할 수 있다. 그러나 무정부상태로
가정되는 국제적 수준에서는, 생존을 위한 투쟁 또는 권력을 위한 투쟁만
이 존재한다는 논리가 전개된다. 즉, 국제적 윤리는 배제된다. 17세기 철학
자 홉스T. Hobbes의 저작에 명확히 표현되듯, 리바이어던Leviathan인 주권국
가는 상당한 대가를 치르고 국내적 평화를 제공한다. 그 대가는 만인에 대
한 만인의 투쟁의 국제적 차원으로의 이동이다.[17] 국가 안에서 정치권력의

17 J. Der Derian, "The Value of Security: Hobbes, Marx, Nietzsche, and Baudrillard," in D.
 Campbell and M. Dillon eds., *The Political Subject of Violence* (1993), p. 99.

강제 및 자원배분의 왜곡이 정당화되는 이유 가운데 하나가 끊임없이 적을 생산하는 '기계'처럼 보이는 무정부상태가 만든다고 하는 국가 밖으로부터의 위협이다. 이 위협에 대한 대응이 바로 국가라는 정치공동체를 지키기 위한 안보라는 것이다.

'국가안보'national security가 마치 기계의 생산물인 것처럼 보이지만, 따라서 국제체제가 무정부상태인 한 국가안보는 정언명령인 것처럼 서술되곤 하지만, 실제로 근대국가들이 안보 문제를 고민하지 않은 것은 아니지만, 국제연맹규약 전문에 처음으로 등장한 안보라는 용어는 국가안보가 아닌 국제안보나 집단안보를 지칭하는 것이었다. 1940년대까지 일반적인 정치담론에 등장하지 않았던 '국가'안보가 2차대전 이후 국제정치의 지배적 개념으로 등장한 이유는 패권국가로 부상한 미국이 군사정책과 외교정책의 관계를 매개하는 개념을 필요로 했기 때문이었다. 미국은 국가안보라는 포괄적 개념을 통해 해외에서의 국가이익과 국내에서의 국가이익의 연계 그리고 일상의 문화와 국가이익의 방어를 위한 문화를 결합하고자 했다.[18] 군사적 방법에 의한 국가의 이익실현을 최우선의 가치로 설정하면서 원래는 복지welfare를 의미했던 국가이익의 개념을 결합한 새로운 국가형태가 바로 '안보국가'다. "냉전이 전쟁과 평화의 경계를 허물고 이념과 폭력의 융합을 심화시키면서, 폭력의 제도적, 물적, 이념적 기반이 관료기구와 사회

---

[18] A. Wolfers, "'National Security' as an Ambiguous Symbol," in *Discord and Collaboration: Essays on International Politics* (1962); B. McSweeney, *Security, Identity and Interests: A Sociology of International Relations* (1999), pp. 19-21. 이 국가안보라는 새로운 개념을 총괄하는 기구로 미국에서는 1947년 국가안보회의NSC가 설립되었다.

전반으로 확장된" 것이 바로 안보국가라고 할 수 있다.[19] 9·11 이후 테러와의 전쟁을 수행하는 미국의 모습에서 우리는 안보국가가 '일상적인' 전쟁국가로 전화하는 과정을 목도하고 있다.

안보국가의 기초인 국가 중심적, 군사 중심적 안보담론에 대한 안보연구 내부에서의 비판은 1970년대 데탕트 시기부터 시도되었고 냉전의 해체 이후 본격적으로 이루어지기 시작했다. 냉전의 해체로 적이 '갑자기' 사라진 세계에서 외부로부터의 위협을 가정할 때만 존재할 수 있는 안보개념의 재정의가 불가피했기 때문이었다. 냉전의 해체를 예측할 수 없었던 현실주의적 안보연구의 한계 또한 비판의 대상이었다. 결국 냉전의 해체는 안보연구의 안보를 위협했고, 안보가 본질적으로 논쟁적인 개념이라는 주장까지 제기되기에 이르렀다.[20] 즉, 안보개념은 그 지시대상이 명확한 실증주의적 개념이 아닐 수 있을 뿐만 아니라 경험적으로 입증되기 어려운 이데올로기적 요소를 담고 있다는 것이다. 안보개념에 대한 근본적 성찰이 이루어지면서, 누구로부터의/무엇으로부터의 안보인가, 누구에 의한/무엇에 의

---

19 이혜정, "한미군사동맹 부르는 '자주화' 논란," 『르 몽드 디플로마티크』 2006년 창간호.

20 안보개념의 모호성에 대한 고전적 논의로는, A. Wolfers, "National Security" as an Ambiguous Symbol." 참조. 냉전이 해체될 즈음에 안보개념의 저발전을 논의하면서 안보개념의 본질적으로 논쟁적인 성격을 지적했던 저작으로는, B. Buzan, *People, States and Fear* (1991) 참조. 안보개념이 본질적으로 논쟁적이기보다는 부적절하게 설명되어 왔다는 반론에 대해서는, D. Baldwin, "The Concept of Security," *Review of International Studies* 23: 1 (1997) 참조. 9·11 이후 다시금 안보개념의 본질적으로 논쟁적인 성격을 언급하고 있는 글로는, S. Smith, "The Contested Concept of Security," in K. Booth ed., *Critical Security Studies and World Politics* (2005) 참조.

한 안보인가, 누구를 위한/무엇을 위한 안보인가라는 질문이 제기되고 있다.[21]

적을 산출하는 무정부상태라는 기계의 고장, 즉 안보담론의 존재론적 위기에 대한 안보담론 '내부'에서의 수정은, 국가 중심적이고 군사 중심적인 안보담론의 절대성과 경직성을 완화하는 방식으로 이루어지고 있다. 첫째, 안보를 생존과 동일시하고 안보에 대해 최우선의 가치prime value 내지는 핵심가치를 부여하는 현실주의적 안보담론의 절대성은, 한계가치marginal value 접근을 통해 완화되고 있다.[22] 한계가치 접근은 국가안보에 대한 투자를 높이면 높일수록 국가안보의 위기가 고조되는 이른바 안보딜레마를 극복하기 위한 하나의 대안이다. 한계가치 접근은 안보와 같은 재화에도 한계효용체감의 법칙이 작동할 수 있고, 심지어 한계효용이 마이너스로 나타날 수 있다는 가정을 가능하게 한다. 즉, 한계가치 접근은, 안보의 이름으로 다른 가치의 희생을 요구하는 '도덕적 판단'을 내재하고 있는 절대안보의 개념을 한계효용을 고려한 최적안보의 개념으로 전환하고자 한다.

둘째, 안보개념 및 영역의 확대를 통해 국가 중심적, 군사 중심적 안보담론의 경직성을 완화하려는 시도도 진행되고 있다. 안보의 국가 중심성을

---

21 K. Brand-Jacobsen with C. Jacobsen, "Beyond Security: New Approaches, New Perspectives, New Actors," in J. Galtung, C. Jacobsen and K. Brand-Jacobsen, *Searching for Peace: The Road to Transcend* (2000). 이 질문에 대한 다양한 안보연구의 대답을 검토하고 있는 저작으로는, T. Terriff, S. Croft, L. James, and P. Morgan, *Security Studies Today* (1999) 참조.

22 Baldwin, "The Concept of Security."

고수하면서 군사안보뿐만 아니라 정치안보, 경제안보, 사회안보, 환경안보 등을 고려하는 방식이다.[23] 안보개념의 확장은 국가안보의 개념을 고수하려는 안보연구자의 대응이기도 하지만, 다른 한편으로 지구화시대에 나타나고 있는 비군사적 위협에 대한 고려 때문에 발생하고 있는 것처럼 보인다. 그러나 안보담론의 근본적 전환이 없는 안보개념의 확장은 자칫 국제관계의 모든 문제를 안보쟁점화하는 효과를 발휘할 수 있다. 즉, 새 술을 낡은 그릇에 담는 행위일 수 있다. 안보개념의 확장만으로 국가안보의 절대성이 감소되는 것은 아니다.[24] 안보개념의 무한한 확장은 안보개념의 계보학적 기원에서 볼 수 있듯이 국가안보를 국가정책의 모든 것으로 만드는 안보국가의 내용과 형태를 더욱 강화할 수도 있다.

셋째, 군사 중심적 국가안보의 개념은 '국가안보의 문화'라는 사회학적, 구성주의적 개념의 도입을 통해서도 그 경직성이 완화되고 있다.[25] 냉전의

---

23 Buzan, *People, States and Fear.* 안보개념의 확장은, 냉전시대에는 경성hard 안보가 중요했지만, 탈냉전시대에는 연성soft 안보를 고려해야 한다는 논리로도 정당화되고 있다. P. Hough, *Understanding Global Security* (2004) 참조. 이 책에서는 자연재해, 사고, 범죄 등도 안보를 위협하는 요소로 설정하고 있다.

24 냉전 이후 안보연구의 르네상스를 언급했던 현실주의적 안보연구자인 월트S. Walt는 안보개념의 확장이 안보연구의 지적 일관성을 파괴할 것이라고 주장하면서 안보개념의 확장에 반대 의사를 표명했다. 그는 안보연구를 "군사력의 위협, 사용, 통제에 관한 연구"로 정의하고 있다. S. Walt, "The Renaissance of Security Studies," *International Studies Quarterly* 35: 2 (1991). 국가안보 개념의 심화와 확대가 국가안보 프로그램이 가지고 있는 국가 중심성과 군사 중심성으로부터의 이탈이 아니라 변칙 정도의 문제라는 보다 진화된 과학철학적 판단에 대해서는, 남궁곤, "라카토스식「국가안보 프로그램」발전을 통해 본 안보 개념의 심화와 확대,"『국제정치논총』 42: 4(2002) 참조.

25 P. Katzenstein ed., *The Culture of National Security: Norms and Identity in World*

종언과 9·11은 국제관계이론에서 국가안보와 이익에 영향을 주는 '정체성'identity을 새롭게 부각시킨 사건이었다. 새로운 적 또는 위협을 만들어내기 위해서는 '우리'와 '그들'의 관계를 재설정할 수밖에 없었기 때문이다. 예를 들어 9·11 직후 미국의 부시 대통령은 "자유freedom가 공격받았다"고 선언했다. 미국이 자유와 등치되고, 그것을 공격한 비가시적 적과의 전쟁 ―테러와의 전쟁― 의 시작을 알리는 발언이었다. 정체성의 담론이 차이에 관한 것이고, 우리와 그들의 경계를 설정하는 것이며, 위기가 발생할 때 쟁점이 될 수밖에 없음을 보여주는 것이었다. 자유를 공격한 적과의 전쟁은 지금까지의 전쟁과 달리 전장戰場이 없는 전쟁으로 규정되었다.[26]

이 이행의 시기에는 물질적 구조보다는 그 구조를 변화시키는 행위자에 주목하는 것이 불가피하다. 행위자의 행동에 영향을 미치는 문화적 요인과 행위자의 소통을 통해 구성되는 상호주관성inter-subjectivity이 만들어내는 지식의 구조가 물질적 요소의 중요성의 정도를 공유하게끔 한다는 것이 미국적 구성주의적 안보담론의 주장이다. 이 상호주관성의 재구성이 전 세계적으로 미국의 동맹관계를 재편하는 형태로 나타나고 있다. 그러나 이 구성주의적 안보담론에서 군사 중심성과 국가 중심성은 약화되지 않고 있

Politics (1996). 국가 중심적 구성주의에 대한 비판으로는, 구갑우, "국제정치경제(학)와 비판이론,"『한국정치학회보』38: 2(2004) 참조. 국가 중심주의로 회귀하지 않는 구성주의에 대한 소개로는, M. Zehfuss, Constructivism in International Relations: The Politics of Reality (2002); K. Fierke and K. Jorgensen eds., Constructing International Relations: The Next Generation (2001); S. Gill ed., Gramsci, Historical Materialism (1993) 참조.

26 K. Woodward, Understanding Identity (2002).

다. 미국적 구성주의적 안보담론은 군사 중심적 국가안보담론에 현실주의적 안보담론이 무시했던 정체성과 같은 변수를 재조명하는 수준에 머물게 된다.

사실 위협의 사회적 구성의 측면을 강조하는 구성주의적 안보담론은 국가 중심적 절대안보를 벗어나서 국제 공동체가 상호주관성을 매개로 국가의 안보정책을 국가안보가 아닌 국제안보로 변화시킬 수 있는 토대가 될 수 있다. 즉, 안보의 대상을 국가가 아니라 국제공동체로 설정할 수 있다.[27] 국가 중심적 현실주의에 구성주의적 요소를 첨가해서 국제안보/지역안보의 필요성을 강조하는 이론적 조류가 무정부상태에서 국제사회의 가능성을 모색하는 영국학파English School와 1985년 덴마크의 코펜하겐에 설립된 분쟁 및 평화연구소COPRI를 통해 안보의 대상 — 개인, 국가, 지역, 지구 등 — 과 안보의 영역을 확대하려고 시도하는 코펜하겐학파Copenhagen School의 만남을 통해 형성되고 있다.[28] 영국학파와 코펜하겐학파는, 냉전의 종언으로 초강대국의 지역region에 대한 침투의 내용과 형태가 변하면서 국가적 수준 및 지구적 수준과 구별될 수 있는 자율적 안보동학의 공간 — 영토성

---

[27] E. Adler and M. Barnett eds., *Security Communities* (1998).

[28] B. Buzan and O. Waever, *Regions and Powers: The Structure of International Security* (2003). 스미스S. Smith는 이 책의 두 저자인 부잔을 신현실주의자로 위버를 탈구조주의적 현실주의자로 규정하면서 둘 사이의 긴장과 그 긴장 속에서 만들어지고 있는 안보연구의 혁신에 주목하고 있다. Smith, "The Contested Concept of Security," p. 37. 영국학파와 코펜하겐학파에 대한 국내의 소개로는, 전재성, "영국의 국제사회학파 이론," 우철구·박건영 엮음, 『현대 국제관계이론과 한국』(2004)과 민병원, "탈냉전시대 안보개념 확대: 코펜하겐학파, 안보문제화, 그리고 국제정치이론," 『세계정치』 5(2006) 참조.

내지는 지리적 인접의 공간―으로 지역적 수준이 형성되고 있다고 주장한다. 이 학파는 지역안보복합체regional security complex의 본질적 구조를 결정하는 네 변수로, 지역의 경계, 지역 내부의 무정부적 구조와 그것의 결과인 힘의 분포와 세력균형과 같은 현실주의적 요소 및 행위자들 사이의 친선과 적대의 유형과 같은 구성주의적 요소를 동시에 고려하고 있다.

국제안보담론이 현실주의적 안보담론의 토대 위에서 국가안보 개념의 절대성과 경직성을 수정하고 있다면, 비판적 안보연구와 평화연구는, 핵심 가정은 유지한 채 자기수정을 계속하고 있는 현실주의적 안보담론에 대한 근본적 도전이다.[29] 비판적 안보연구는 스스로를 국제정치학이라는 분과학문 내부에서 발전된 이슈영역 연구로 자리매김하고 있다. 그러나 비판적 안보연구는 비판적이라는 수식어가 의미하듯, 지배적인 구조, 과정, 이데올로기 및 정통과 주류의 외부에 서 있으려는 시각이며 동시에 안보에 대한 모든 개념화가 특수한 정치적, 이론적 입장에서 도출된다고 주장한다는 점에서 분과학문의 경계를 이탈하고 있다.[30] 비판적 안보연구의 시각에서 볼

[29] 주류 안보담론에 대한 근본적 비판으로, 페미니스트 안보담론과 탈구조주의 안보담론이 추가될 수 있다. 이 두 담론에 대한 평가는 다음 기회로 미루고 이 책에서 필요한 정도로만 언급할 것이다. 사실 국가안보담론에 대한 계보학적 접근에 동의하고 동시에 안보연구에서 담론의 역할을 강조한다는 점에서 이 글은 탈구조주의적 경향을 가지고 있다. 페미니스트 안보담론은, J. Ann Tickner, "You Just Don't Understand: Troubled Engagements between Feminists and IR Theorist," *International Studies Quarterly* 41 (1997); C. Sylvester, *Feminist International Relations: An Unfinished Journey* (2002); 정희진, 『페미니즘의 도전』 (2005), 241-273쪽을, 탈구조주의적 안보담론에 대해서는 D. Campbell, *Writing Security: United States Foreign Policy and the Politics of Identity* (1992)를 참조.

[30] K. Booth, "Critical Exploration," in K. Booth ed., *Critical Security Studies and World*

때, 탈냉전시대에도 여전히 그 힘을 잃지 않고 있는 국가안보담론이 전형적인 미국적 안보담론의 사례라면, 영국학파와 코펜하겐학파의 국제안보담론은 유럽적 집단안보의 경험을 반영하고 있다고 평가할 수 있을 것이다.

비판적 안보연구는 세 측면에서 안보연구의 혁신을 시도하고 있다.[31] 첫째, 존재론의 측면에서 안보의 대상을 국가로 제한하지 않고 개인에서부터 전 인류로 확장하고 있다. 국가가 안보의 이름으로 개인의 안보를 위협할 수 있음에 주목하고 있다. 둘째, 인식론의 측면에서 가치와 사실을 분리하는 실증주의적 인식론을 거부하고 연구대상에 대한 깊은 이해understanding를 추구하는 해석학적 인식론을 수용하고 있다. 주류 안보담론의 실증주의적 인식론이 실제로 현존하는 가치에 대한 긍정을 담고 있다고 비판하면서 현실을 변화시킬 수 있는 이론을 모색하는 비판적 안보연구는 규범적 요소를 담고 있고, 따라서 한 연구자의 지적처럼 비판적 안보연구는 '유토피아적utopian 현실주의'에 기초하고 있다고 볼 수 있다.[32] 셋째, 비판적 안보연구에서는 주류 안보담론처럼 안보를 위협의 부재로 정의하지 않고 보다 적

Politics (2005), pp. 15-16. 비판적 국제관계이론에 대한 고전적 저작으로는 R. Cox with T. Sinclair, *Approaches to World Order* (1996) 참조.

31 비판적 안보연구에 대해서는, Booth, *Critical Security Studies and World Politics*; K. Booth, "Security and Emancipation," *Review of International Studies* 17: 4 (1991); B. McSweeny, *Security, Identity and Interests: A Sociology of International Relations* (1999); R. Wyn Jones, *Security, Strategy, and Critical Theory* (1999); K. Krause and M. Williams eds., *Critical Security Studies: Concepts and Cases* (1997) 등을 참조.

32 K. Booth, "Security in Anarchy: Utopian Realism in Theory and Practice," *International Affairs* 67: 3 (1991).

극적으로 안보를 개인과 집단의 해방과 연계한다. 전쟁, 전쟁의 위협, 빈곤, 정치적 억압 등은 인간의 자유로운 선택을 제약하는 것들이고, 이를 제거하는 것이 진정한 안보이자 해방이라는 것이다.[33]

반反/비非 국가적 안보연구를 통해 궁극적으로 안보연구를 지양하고자하는 비판적 안보연구에 이르면, 안보개념 자체가 해체되고 있음을 볼 수 있다. 비판적 안보연구가 '본능적 도덕주의'instinctive moralism 또는 이상주의 idealism로 비판받을 수 있지만,[34] 사실 비판적 안보연구는 국가안보담론의

---

[33] 탈냉전시대에 등장하고 있는 인간안보의 개념도 비판적 안보연구와 비슷한 문제의식을 공유하고 있다. 인간안보의 개념은 1994년 UNDP United Nations Development Programme의 『인간발전보고서』Human Development Report에 처음 등장했다. 이 보고서에서는 공포로부터 자유와 결핍으로부터의 자유에 초점을 맞춘 인간안보에 대한 정의를 바탕으로 보편적, 예방적, 인간 중심적 접근을 구체화했다. 이 보고서에서 인간안보는 굶주림, 질병, 억압과 같은 만성적 위협으로부터의 안전과 일상생활에서의 급작스럽고 유해한 혼란으로부터의 보호와 관련된다. 그리고 인간안보는 개인안보, 환경안보, 경제안보, 정치안보, 공동체안보, 건강안보, 식량안보 등의 7개의 차원을 가지는 것으로 규정되었다. 이후 인간안보의 개념은 UN, Commission on Human Security, World Bank 등의 국제기구의 보고서와 인간안보의 개념을 수용한 캐나다, 일본, 노르웨이 등의 외교정책과 연구자의 담론을 통해 다양하게 정의되고 있다. L. Chen, S. Fukuda-Parr and E. Seidensticker eds., *Human Insecurity in a Global World* (2003). 그러나 인간안보가 인간에 관한 모든 것과 등치될 때, 개념으로서 모호할 수밖에 없다는 비판이 제기되고 있다. 예를 들어 R. Paris, "Human Security: Paradigm Shift or Hot Air?" *International Security* 26: 2 (2001) 참조. 비판적 안보연구자 가운데도 국제관계의 하위주체 subaltern라고 할 수 있는 국가형성의 초기단계에 있는 이른바 제3세계 국가를 고려하는 연구자는 인간안보의 개념에서 서구 중심성을 발견하기도 한다. M. Ayoob, "Defining Security: A Subaltern Realist Perspective," in Krause and Williams (1997).

[34] 비판적 안보연구와 코펜하겐학파에 대한 비판으로는, J. Eriksson, "Observers or Advocates? On the Political Role of Security Analysts," *Cooperation and Conflict* 34: 3 (1999). 비판적 국제관계이론에 대한 비판으로는, C. Brown, "'Our Side'? Critical Theory and International Relations," in Jones (2001) 참조.

'비현실적' 성격을 비판하고 있다는 점에 주목할 필요가 있다. 안보에 대한 위협이 군사적이면서 동시에 비군사적 측면을 지니고 있고, 개인과 집단과 사회가 배제된 안보는 현실에서 위협을 느끼는 구체적 사람을 고려하지 않는 것이기 때문이다. 주류의 안보연구가 하나의 담론적, 도덕적 실천으로서 국가안보를 위한 무한한 자원의 분배를 정당화하면서 동시에 친구와 적, 우리와 그들을 만들어 내는 정치적 기능을 통해 우리의 세계를 위협하고 있다는 점을, 비판적 안보연구는 지적하려 한다. 비판적 안보연구의 시각에 탈구조주의적 시각을 추가한다면, 모든 안보연구는 특정 정치·사회 세력들의 정체성과 이익의 산물이고 그 정체성과 이익을 정당화하는 도덕적 판단을 통해 나름의 정치적 질서를 구성하려는 '수행적performative 담론'의 성격을 가지고 있는 것으로 평가될 수 있다.[35]

비판적 안보연구와 존재론과 인식론 그리고 연구의 목적으로서 평화의 조건이 무엇인가라는 문제의식을 공유하지만 의식적으로 안보라는 개념을 사용하지 않으려는 비판적 평화연구는, 비판적 안보연구와 달리 안보연구의 '밖'에서 성장해 왔다.[36] 평화연구와 평화담론은 안보담론처럼 갈등과 폭력violence의 실재를 인정하지만 평화적 방법에 의한 평화를 추구한다는 점에서 안보담론과 근본적인 차이를 보인다.[37] 갈등의 전환transformation을

---

35 안보담론을 수행적 담론으로 인식하는 탈구조주의적 시각에 대해서는, Campbell, *Writing Security*, pp. 252-259.

36 안보연구의 중심지인 미국 학계에서도 평화연구가 진행되기도 했다. 미쉬간대학과 스탠포드 대학을 중심으로 1950년대에 이루어진 미국의 평화연구는 주류 국제정치연구가 현실주의와 행태주의로 경도된 상황에서 전쟁에 대한 정량적定量的 연구에 집중되었다.

통해 갈등이 폭력으로 비화하는 것을 예방하는 것이 평화연구와 평화담론의 목표라고 할 수 있다. 평화연구의 시각에서 폭력은, 직접적 폭력과 정치경제체제의 억압과 착취로 나타나는 구조적 폭력과 문화적 폭력으로 구분된다. 각각의 폭력으로부터의 자유를 평화라고 할 때, 평화연구에서 전쟁의 부재로 정의되는 소극적negative 평화와 구조적·문화적 폭력이 제거된 상태로서의 적극적positive 평화를 동시에 고려하는 평화의 개념은 위협이 부재한 상태로 정의되는 안보의 개념보다 포괄하는 범위가 훨씬 더 넓고 깊다. 따라서 평화연구가 모든 것을 평화에 포함시킨다는 비판이 제기되기도 하지만, 평화담론은 군사력 중심의 안보연구와 평화를 안보의 부산물로 생각하는 주류 안보담론에 대한 근본적 성찰을 담고 있다고 할 수 있다.

평화연구와 안보연구의 차이는 평화의 개념은 물론 평화에 이르는 방법에서도 두드러지게 나타난다. 안보와 등치될 수 있는 소극적 평화의 건설의 방법과 관련하여 평화연구는 국제법이나 국제기구와 같은 국제제도와 더불어 군축과 군비통제에 주목한다. 특히 안보연구와 근본적으로 다른 정책대안이 안보딜레마의 회피를 위해 제시하고 있는 '비도발적 방어'non-provocative defense 또는 '방어적defensive 방어'의 개념이다.[38] 비도발적 방어는 다른 국가들을 위협하지 않기 위해 국가의 군사력을 방어적 무기로 재

---

[37] 평화연구와 평화담론에 대해서는, J. Galtung, C. Jacobsen and Kai Brand-Jacobsen, *Searching for Peace: The Road to Transcend* (2000); D. Barash and C. Webel, *Peace and Conflict Studies* (2002); Terriff et al., *Security Studies Today*, pp. 65-81 등을 참조.

[38] Barash and Webel, *Peace and Conflict Studies*, pp. 311-313.

편하는 것이다. 방어용과 공격용 무기를 구분하는 것이 실제로 가능하지 않다는 반론도 제기되지만, 군축과 군비통제와 달리 양자적, 다자적 협상이 없이도 어떤 국가든 인식의 전환을 이룰 수 있다면 일방적으로 자신의 군사력을 비도발적 방어의 형태로 전환할 수 있다는 점에서 실현 가능성이 높은 대안이기도 하다. 그러나 근본적 시각에서 본다면, 비도발적 방어가 위협에 기초한 억지는 아니지만, 비도발적 방어도 여전히 힘을 통해 평화를 추구하는 방법임을 부정할 수는 없다. 평화연구자들은 인권의 신장, 생태적 전환, 빈곤의 해소와 같은 정책과 더불어 궁극적으로는 갈등을 창조적으로 다룰 수 있는 '개인적 전환'personal transformation이 발생할 수 있을 때, 적극적 평화에 도달할 수 있다고 생각하고 있다.

평화담론과 안보담론은 각기 다른 세계관에 기초하고 있지만, 비판적 안보연구에서 볼 수 있는 것처럼 접점을 형성하기도 했고, 그 대표적 사례 가운데 하나가 1982년 팔메위원회Palme Commission가 제안한 '공동안보' common security의 개념이다.39 팔메위원회와 평화연구자들은 안보불안이 인식의 문제이고 차이를 수용하지 못하는 무능력 때문이라고 진단하면서, 비도발적 방어라는 개념과 더불어 안보관계의 상호의존성을 고려하는 공동안보라는 새로운 개념을 제출한 것이다.40 공동안보의 개념도 비도발적 방어의 개념처럼 안보딜레마를 극복할 수 있는 하나의 대안일 수 있다. 그러

---

39 Report of the Independent Commission on Disarmament and Security Issues, *Common Security: A Programme for Disarmament* (1982).

40 Terriff et al., *Security Studies Today*, p. 78.

나 보다 급진적인 평화연구자들은 공동안보의 개념이 적과 위협을 설정하는 전통적 안보담론과의 타협이라고 평가하고 있다. 안보담론 자체가 협력과 평화적 방법에 의한 평화를 논의하는 담론으로 대체되어야 한다는 것이 급진적 평화연구자들의 주장이다.[41] 즉, 비판적 평화연구에서는 서로의 차이를 인정하면서도 그 차이 때문에 발생하는 갈등을 창조적 상상력에 기초하여 전환시킬 수 있는 방법을 모색하고자 한다. 갈등의 전환은 협력을 필요로 한다. 협력이, 차이가 존재할 때 그 차이를 조정하는 과정이지 서로의 차이를 없애거나 절대화하는 방법 내지는 과정이 아니라는 점에 유의해야 한다.

지금까지 검토한 안보담론, 평화담론, 평화지향적 안보담론은, 미국 단극 패권질서 속에서 지각변동을 겪고 있는 동북아의 냉전체제와 한반도의 분단체제의 새로운 현실을 구성하기 위해 서로 경쟁하고 있다. 동북아에서는 국가안보담론에 기초한 군비경쟁이 세계 어느 지역보다 치열하게 전개되고 있다.[42] 남한의 '국방개혁 2020'과 북한의 핵실험 및 핵무기 보유도 전형적인 군사 중심적 국가안보담론에 발을 딛고 있다. 국가안보담론과 더불어 2005년 9월 19일 6자회담 공동성명에 4항에 명시되어 있는 것처럼, 평화지향적 안보담론에 기초한 동북아 다자간 안보협력도 의제로 설정되

[41] Galtung et al., *Searching for Peace*, pp. 142-150.

[42] 미국은 세계 1위(5,181억 달러)의 군사비를 지출하고 있고, 중국이 2위(814억 달러), 일본이 4위(443억 달러), 한국이 8위를 기록하고 있다. 미국 중앙정보국CIA이 집계한 2005년도 수치다. 북한의 군사비 지출은 약 50억 달러로 세계 22위를 기록하고 있는 것으로 추정되고 있다. 『문화일보』, 2006년 9월 12일.

고 있다.[43] 한반도에서도 1991년 남북한이 합의한 "기본합의서"에서는 한반도의 평화를 위한 군축과 군비통제의 필요성을 언급하고 있다. 시민사회 차원에서는 평화담론 및 평화지향적 안보담론에 기초하여 동북아 시민사회의 연대를 통해 동북아 평화의 공간을 창출하려는 초국경적 사회운동도 적극적으로 시도되고 있다.[44]

동북아의 냉전체제와 한반도의 분단체제를 지탱하던 지각구조가 흔들리면서 평화지향적 담론과 평화담론이 확산되고 있음에도 불구하고, 한반도와 동북아가 지속 가능한 평화를 위한 근본적인 인식의 전환 단계에 다다르고 있는 것처럼 보이지는 않는다. 이 인식의 전환을 위해 이 책에서

---

[43] 9·19 공동성명 4항의 내용은 다음과 같다. "6자는 동북아시아의 항구적인 평화와 안정을 위해 공동 노력할 것을 공약하였다. 직접 관련 당사국들은 적절한 별도 포럼에서 한반도의 영구적 평화체제에 관한 협상을 가질 것이다. 6자는 동북아시아에서 안보협력의 증진을 위한 방안과 수단을 모색하기로 합의하였다." 동북아의 정치, 경제, 언론 및 학계 인사들의 동북아 공동체에 관한 공동의 논의로는, 제주발전연구원·동아시아재단 공편, 『동북아 공동체: 평화와 번영의 담론』(2006) 참조.

[44] 대표적 사례로 2003년 미국의 이라크 침공 이후 국제연합 코피 아난 사무총장의 제안으로 이루어진 "무장갈등예방을 위한 글로벌 파트너쉽"Global Partnership for the Prevention of Armed Conflict의 "동북아지역 행동의제"Northeast Asia Regional Action Agenda를 만들던 과정을 언급할 수 있다. 몽고와 대만까지 참여한 GPPAC 동북아에서는 한반도문제뿐만 아니라 동북아의 영토 분쟁과 동북아 핵발전소와 같이 동북아의 평화에 영향을 미칠 수 있는 다양한 의제들이 선택되고 논의되었다. 2005년 2월 개최된 GPPAC 동북아 회의는 평화적 방법에 의한 평화라는 시민사회의 원칙을 재확인한 계기였다. 2005년 7월 유엔에서의 GPPAC 회의 이후에도 GPPAC 동북아는 동북아의 평화를 위한 시민사회의 연대조직으로 지속되고 있다. 동북아 시민사회의 다양한 활동에 대해서는, 이기호, "동북아지역의 평화정착과 사회통합," 『동북아 역내 경제협력과 사회통합』, 2006년도 경제·인문사회연구회-한국비교사회학회 공동 학술심포지엄 참조.

제시하려는 대안이 '평화국가담론'이다. 평화국가 만들기는 평화적 방법에 의한 평화를 추구하는 시민사회의 담론과 결합된 새로운 국가 만들기로, 선先군축과 같은 비도발적 방위를 추구하는 것을 통해 남한사회의 구조변화를 추동하고, 그 변화를 토대로 한반도에서는 북한을 국제적 차원에서는 동북아국가들을 평화국가로 바꾸어 가려는 정치적 기획이다. 평화국가적 정책은, 동북아 차원에서는 '안보딜레마'를, 한반도 차원에서는 기능주의적 남북한 관계가 진전되면 진전될수록 남한은 비용을 북한은 흡수를 우려함으로써 남북한 관계의 정체가 발생하게 되는 '남북한 관계의 딜레마'[45]를 그리고 2000년 6·15 이후에도 지속되고 있는 '남북한의 안보딜레마'를 극복하게 할 수 있는 이론적, 실천적 대안이 될 수 있을 것이다. 평화국가는 근대국가가 가지고 있는 군사력의 적정 규모화 내지는 최소화를 추구한다는 점에서 '탈근대국가'이면서, 동시에 한반도 및 동북아 시민사회와의 협력을 통해 평화와 방위와 안전을 추구한다는 점에서 '시민국가'의 성격을 가지고 있다.

---

[45] 명시적으로 남북한 관계의 딜레마를 언급하고 있지는 않지만, 남북한의 경제교류와 한반도 평화가 갈등할 수도 있음을 보여주고 있는 글로는, 이석, "남북한 경제관계의 평가와 전망: 대북경제교류를 중심으로," 2006년 평화나눔센터 정책토론회 발표문을 참조.

IV

평화국가담론이 집합적으로 제안되자,[46] 두 가지 비판이 제기되었다. 하나는 평화국가담론이 근본주의적 발상이고 북한의 핵실험 이후에는 한가로운 담론이 되었다는 비판이었다. 6·15담론을 주도하고 있는 『창작과 비평』 쪽의 반응이었다. 주요 내용은 평화국가담론이 대중의 감수성을 깨우는 데는 도움이 될 수 있지만 세계사적 연관성을 간과하고 있고 대중의 감정과 욕구를 도외시하고 있다는 것이었다. 『창비』의 대안은 평화지향적 안보국가가 현 수준에서 적절한 대안이라는 것이었다.[47] 다른 하나의 비판은 평화국가담론이 불공정하다는 것이었다. 북한의 핵실험은 반대하면서 미국이 남한에 제공하고 있는 핵우산에 대해서는 반대하지 않는 것은 평화국가담론의 이중 기준을 보여주는 것이라는 비판이었다.[48] 그러나 두 비판 모두 '대량설득무기'인 국가안보담론에 포획되어 있다는 것이 필자의 생각이다. 두 비판과 더불어 한반도에서 평화와 통일이 분리될 수 없는 과제라는 문제의식에 기초하여 평화국가담론과 6·15담론의 접점을 찾으려는 노

---

[46] 『이제 '평화국가'를 이야기하자: '평화국가' 구상과 시민사회운동』, 참여연대 평화군축센터 발족 3주년 기념 심포지엄 (2006년 8월 10일).

[47] 유재건, "남한의 '평화국가' 만들기는 실현가능한 의제인가," 『창비주간논평』, 2006년 8월 22일; 백영서, "평화에 대한 상상력의 조건과 한계," 동아시아 평화포럼 2006: 우리는 '동아시아인'이 될 수 있는가, 2006년 10월 7일; 백낙청, "북의 핵실험으로 한가해졌다?" 『창비주간논평』, 2006년 10월 24일.

[48] 이정철, "제네바형 복합적 안전보장체제의 해체와 북핵관리론: 핵군축의 한계와 전망," http://www.knsi.org. (검색일 2007년 1월 6일)

력도 전개되고 있다.[49]

평화국가담론이 한반도 평화를 위한 '하나의 보편'을 제시하려는 것은 아니다. 한반도 평화담론이 하나의 모습을 가질 수는 없다. 현재의 평가, 미래의 대안, 과거의 경험에 따라 상이한 평화과정들이 경쟁할 수 있고, 현재도 그러한 상황이 전개되고 있다. 이 책에서는 권력정치에 기초한 균형으로서의 평화를 넘어서는 평화의 가능성을 모색하면서 우리가 합의할 수 있는 평화과정의 최대공약수를 도출해 보려 하고 있다. 권력정치를, 숙명宿命을 받아들여야 한다고 생각하는 주류 국제정치학의 전략연구나 안보연구가 아니라 전쟁과 평화의 원인을 천착하고 전쟁을 예방하는 방법을 모색하는 규범적, 실증적 분과학문인 평화연구의 시각에서 한반도 평화과정을 조망하는 것이 이 책의 목적이다. 전쟁이 중단된 상태였음에도 불구하고 평화연구가 부재했던 한반도에서 평화연구를 하나의 분과학문으로 정착시킬 수 있는 데 일조하기 위해 평화연구가 이 책 제목의 일부를 구성하고 있다.

이 책은 필자의 국제정치학 연구에서 평화연구로의 여정을 반영하고 있다. 사실은 그 여정의 중간 기착지로서 비판적 국제관계학에 관한 책이 먼저 모습을 보였어야 하나 여러 사정으로 이 책의 출간이 앞서게 되었다. 여정이라 표현하듯이 이 책의 내용과 구성은 실험적이다. 내용적인 측면에서는, 한반도적 특수성을 반영한 평화연구와 세계사적 보편성을 담지하고 있는 평화연구를 접목하려는 실험을 하고 있다. 형식적인 측면에서는, 전

---

49 박순성, "북핵 실험 이후 6·15시대 담론과 분단체제 변혁론," 『창작과비평』 134(2006).

형적인 학술논문과 논평 형태의 짧은 글들 몇 개를 함께 배치했다. 짧은 글들에는 아직은 성숙되지 않은 필자의 평화연구에 대한 문제의식의 편린이 담겨 있다.

서론과 결론은 이 책을 위해 새롭게 쓴 글이지만, 나머지 글들은 여러 지면에 발표한 것들이다. 필요한 정도로만 수정을 가했다. 발표 지면은 다음과 같다.

- 1장 "The System of Division on the Korean Peninsula and Building a 'Peace State' (한반도 분단체제와 '평화국가' 만들기)," Korea Journal(2006).
- 논평① "'대량설득무기'의 위협에서 어떻게 벗어날 것인가," 『창비주간논평』(2006).
- 2장 "평화개념의 비판적 재구성: 한반도적 맥락," 『기억과 전망』(2003).
- 3장 "남북한 관계에 대한 메타이론적 접근," 『사회과학연구』(2004).
- 4장 "비판적 국제이론과 한반도의 평화과정," 『통일정책연구』(2002).
- 논평② "한반도 평화체제와 다자간 안보협력," 『한국과 국제정치』(2005).[50]
- 5장 "한국의 평화운동: 비판적 평가," 『본질과 현상』(2006).
- 논평③ "북한인권 문제에 관한 이론적 고려," 미발표 원고(2005).
- 논평④ "평화운동으로서 평화의 섬 제주 만들기," 제주참여환경연대(2006).
- 6장 "탈근대시대 한반도 평화," 『역사비평』(2001).[51]
- 7장 [서평논문] "북한연구의 '국제정치': 오리엔탈리즘 비판," 『현대북한연구』(2002).
- 8장 "북한의 핵실험과 한반도 평화," 미발표 원고(2007).

[50] 이 글은 가톨릭대의 박건영·최영종 교수님과 함께 쓴 논문의 일부다.
[51] 원래 제목은 "늙은 근대의 저항"이었다.

책을 내면서 두 가지 염려를 하게 된다. 하나는 이 책이 나무를 베어 만들 정도의 가치를 가지고 있는가에 대한 걱정이다. 나무를 심는 마음으로 평화연구에 매진하려 한다. 다른 하나는 흔히 책 서문에 쓰는 것처럼 이 책의 책임이 모두 필자에게 있다는 말을 덧붙이기가 어렵다는 것이다. 이 책의 많은 부분은 집합적 토론의 결과물이다. 어느 것이 필자 고유의 생각인지를 가늠하기 힘들 정도다. 필자와 토론과 술잔을 기울였던 모든 분들께 감사한다는 말로 이 염려를 대신하려 한다. 편집이 글쓰기의 일부임을 가르쳐 준 후마니타스 편집진에게도 감사의 말을 전하고 싶다.

2007년 2월
불곡산 자락에서

제1장

한반도 분단체제와 '평화국가' 만들기

1. 문제 설정 : '6·15시대'?

한반도 분단 이후 처음으로 남북한이 남북한 관계를 묘사하는 수사修辭를 공유하고 있다. '6·15시대'라는 표현이 바로 그것이다. '6·15시대'는 2000년 남북한 정상회담 이후 남북한 관계가 이전과 질적으로 구분되는 새로운 단계에 접어들었음을 함축하고 있는 시기 설정이다. 2000년 6·15는 8·15와 더불어 남북한이 함께 기념하고 (재)해석하는 한반도 '달력 정치'의 한 계기로 기능하고 있다. 2002년 10월 미국이 북한의 고농축 우라늄을 이용한 핵무기 개발 의혹을 제기하면서 시작된 제2차 '핵위기'에도 불구하고 6·15와 8·15를 기념하는 행사는 지속되고 있다. 남북한과 해외 동포는 6·15를 기념하기 위해 2005년 12월 〈6·15공동선언실천민족공동위원회〉(이하 6·15위원회)라는 '합법적' 조직을 결성했다. 남북한과 해외 동포를 아우르는 역할을 수행하고자 1990년 11월 결성된 〈조국통일범민족연합〉은 남한에서 불법적인 '이적단체'로 간주되어 왔다.

시민사회 수준에서 남북한과 해외를 아우르는 합법적 민간 기구의 출현 그리고 정부 수준에서 6·15 이후 남북한 장관급회담 및 경제회담의 정례화 등은 남북한 관계가 서로의 이익을 공유하는 '제도화' 단계에 진입했다는 지표일 수 있다. 남한의 통일부에서는, 북한 핵 문제의 평화적 해결과 한반도 평화체제를 위한 협상을 주요 내용으로 하는 2005년 6자회담 — 한국, 북한, 미국, 중국, 러시아, 일본 — 의 "9·19 공동성명"을 기초로, "제2의 6·15시대"라는 표현을 사용하고 있다. 남한의 사회운동 세력은 보다 적극적으로 남북한 관계의 새로운 단계이자 역사적 실험으로 '6·15시대'의 담론을 생산하고 있다. 계간『창작과비평』의 편집인이며 6·15위원회 남한 측 위원장인 백낙청은 '6·15시대'를 "통일시대의 들머리"로 규정하며 임박한 "1단계 통일"을 언급하기도 했다. 2000년 "6·15 남북공동선언"을 계기로 남한의 통일운동이 "민족 재통합 운동"으로 변모했다는 주장도 제기되고 있다.[1]

'6·15시대'에 대한 북한의 설명과 해석은 더욱 구체적이다. 북한의 공

---

[1] 통일부, 『제2의 6·15시대'를 열며』(2005);『통일백서』(2006); 백낙청, "6·15시대의 한반도와 동북아 평화," 세계평화축전 도라산강연회, 2005년 9월 11일. "민족 재통합 운동"의 시각은 6·15위원회에 참여하고 있는 "민족화해협력범국민협의회" 사무처장인 정현곤의 "2000년대 민간 통일운동과 남북관계," 김세진·이재호 20주기 심포지엄,『반전반핵 평화운동의 현황과 미래』, 2006년 4월 29일 참조. 6·15위원회 공동규약 1조1항에는 6·15위원회를 "6·15 공동선언을 실천하여 민족의 화해와 단합, 통일을 이룩하려는 정당, 종교, 단체, 인사들을 폭넓게 망라하기 위한 상설적인 통일운동 연대조직"으로 정의하고 있다.

식문헌은 '6·15시대'를 "자주통일시대"로 규정하고 있다. 그 내용은, "≪우리 민족끼리≫ 리념을 구현하는 자주통일시대" "민족대단합의 지름길을 열어놓은 민족공조시대" "선군정치先軍政治의 위력으로 전진하는 통일운동의 시대"다. 북한은 2005년 1월『로동신문』『조선인민군』『청년전위』공동사설에서 제시한 이른바 "3대 공조" — 민족자주, 반전평화, 통일애국 — 를 6·15 남북공동선언 이행의 근본 담보로 간주하고 있다. 민족자주공조에서는 "우리 민족제일주의"와 "외세와의 ≪공조≫ 배격"을, 반전평화공조에서는 북한과 미국의 불가침 조약과 미군 철수를, 통일애국공조에서는 남한의 국가보안법 철폐와 "통일 반대당"인 한나라당의 해체를 요구하고 있다.[2]

남북한의 공식적인 6·15담론에서는 미묘하지만 중요한 차이가 발견된다. 남한이 새로운 단계의 교류와 협력에 주목하고 있다면, 북한은 외세를 배격하는 민족공조와 6·15 지지세력의 연대를 강조하고 있다. 남한은 '6·15시대'의 주체를 명확히 하지 않은 채 비정치군사적 분야의 협력을 통해 점진적으로 정치경제적 통합을 지향해 가는 '신기능주의적 접근'을, 북한은 민족 대 외세 및 6·15 지지세력 대 6·15 반대세력으로 구분하면서 주체를 명확히 설정하는 '통일전선적 접근'을 각기 선호하고 있는 것처럼 보인다. 따라서 남북한이 공유하는 '6·15시대'가 파열음을 낼 가능성을 배제할 수 없다. 특히, 한반도를 둘러싼 국제정세가 대립 국면으로 치달을 경우, '6·15시대'는 시험대에 오를 수밖에 없다. 2006년 7월 현재 미국은 핵 문제와

---

[2] 강충희·원영수,『6·15자주통일시대』(평양; 2005); 강충희,『조국통일 3대공조』(평양; 2005); 송국현,『우리 민족끼리』(평양; 2002).

더불어 북한의 인권, 마약 생산, 위폐 제조 등의 문제를 제기하면서 북한체제의 전환을 시도하고 있는 것처럼 보인다. 6·15담론을 설파하는 이들은 남북한의 교류와 협력을 통해 미국을 압박해야 한다는 논리를 제시하고 있지만,[3] 남북한이 미국을 포함한 주변 국가의 명시적 또는 암묵적 반대에도 불구하고 남북한 관계를 축으로 한반도 문제를 돌파할 '의지'와 '역량'이 있는지에 대해 의문이 제기될 수밖에 없는 현실이다.

따라서 '6·15시대'가 "역사적 실험장"이라는 지적이 더 적절한 듯 보인다.[4] 한편으로 '6·15시대'는 남북한이 통일 방안으로서 남한의 연합제안과 북한의 낮은 단계의 연방제안이 공통점을 가지고 있다고 합의하면서 시작된 '통일시대'이고, 따라서 남북한 관계의 새로운 단계로의 진입을 지칭하는 시대 구분이 될 수도 있다. 그러나 다른 한편으로 6·15에 대한 남북한의 상이한 해석 및 6·15에 대한 평가와 6·15 이후의 남북한 관계의 향방을 둘러싼 남한 내부의 진보 대 보수 및 진보 대 진보의 대립을 고려할 때,[5] '6·15시대'는 6·15를 활용하여 새로운 한반도질서를 구성하려는 정치

---

3 백낙청, "미의 대북 압박, 남한의 국민적 반발이 해결책," 『프레시안』, 2006년 4월 21일; 한반도 브리핑 좌담, "제2차 남북정상회담으로 현 교착상태 타개해야," 『프레시안』, 2006년 3월 28일.

4 유재건, "역사적 실험으로서의 6·15시대," 『창작과비평』 제34권 1호(2006).

5 진보 대 진보의 대립은 진보적 학자로 분류되는 백낙청과 최장집의 논쟁으로 표현되고 있다. 민주화 이후 한국 사회에서 나타나고 있는 신자유주의의 확산과 민주주의의 후퇴에 대한 처방에 있어 백낙청과 최장집은 차이를 보이고 있다. 백낙청은 두 문제를 분단체제와 연계하여 사고하려는 반면, 최장집은 분단체제 극복 이전의 단계로서 남한 사회 내부에서의 민주주의의 진전이 필요함을 역설한다. 이 논쟁은, 1980년대 한국 진보적 운동권 내부의 민족해방노선

사회 세력의 '소망'이 투영된 담론의 성격을 가지고 있음을 부인할 수 없다. '6·15시대'의 '국제적 승인' 또한 한반도 문제의 국제적 성격을 고려할 때, '6·15시대'라는 담론을 통해 미래의 집합적 기억을 새롭게 구성하고자 하는 정치사회 세력들이 피해갈 수 없는 과제다.

이 글의 목적은 남북한 관계의 역사와 이론에 대한 고찰을 통해 남북한 관계의 시기 구분을 시도하고, 이 구분을 기초로 새로운 단계로의 진입을 추동할 수 있는 집합적 실천 가능성을 모색하는 것이다. '6·15시대'라는 시기 구분이 설득력을 가지기 위해서는 남북한 관계의 역사를 통한 정당화가 필요하다. 즉, '6·15시대'가 소망의 수사가 아니라 적대적 공존 관계로 묘사되던 남북한 관계의 질적 전환으로 정의되기 위해서는, 남북한이 서로를 적이 아니라 친구로 생각할 수 있게끔 하는 '구조적 변화'와 그 변화를 추동하는 '집합적 실천'이 존재해야 한다. 그러므로 이 글의 잠정적 결론은 남북한의 국가 정체성 변화에 의해 형성된 '6·15시대'가 남북한이 서로를 친구로 생각하는 단계에 진입했음을 알리는 시기 구분이 될 정도는 아니라는 것이다. 남북한 관계가 적대적 관계로 회귀하는 것을 막기 위해서는 남북한이 '평화국가'peace state로 변환되어야 한다는 것이 이 글의 주장이다. 평화국가 만들기를 통해 남북한은 부국강병富國强兵을 추구하는 근대국가적 정체성을 넘어서야 한다. 남북한이 한반도 주민의 넉넉함sufficiency과 남북한은 물론 주변 국가와의 친선과 평화를 추구하는 평화국가적 정체성 ―

대 민중민주노선의 대립 구도를 떠올리게 한다. 백낙청, 『한반도식 통일, 현재진행형』(2006); 최장집, 『민주화 이후의 민주주의』(2002, 개정판 2005).

'부민화호'富民和好의 국가—을 가질 수 있게 하는 집합적 실천이야말로 남북한 관계의 근본적 변화을 추동하는 힘이라고 생각하기 때문이다. 결론에서는 6·15담론을 평화국가담론으로 전환할 것을 제안한다.

2. 분단구조의 역사와 분단체제론

신현실주의적 설명

정부부처인 통일부와 민간 연구자가 광복 60주년과 분단 60년을 기념하여 함께 작업하여 출간한 남북한 관계사인『하늘길 땅길 바닷길 열어 통일로』(이하,『하늘길 땅길』)에서는 남북한 관계를 분단확정기(1945~53), 냉전기(1954~87), 탈냉전기(1988~현재)로 시기 구분하고 있다.[6] 이 시기 구분의 준거는 '국제체제'의 변화다. 즉, 미국과 소련이라는 두 강대국이 대립하는 냉전체제의 형성과 해체를 기준으로 남북한 관계의 시기 구분이 이루어지고 있다. 이러한 시기 구분을 수용하면, 국제체제의 구조와 그 속에서 기능하는 미국과 소련이라는 두 행위자가 독립변수의 역할을 하게 되고, 남북한의 자율적 선택과 남북한 관계는 국제구조가 부과하는 제약으로부터 그 범위가 규정되는 종속변수로 간주될 수밖에 없게 된다.

『하늘길 땅길』에서 볼 수 있듯이, 남북한 관계의 시기 구분과 그 시기

---

6 통일노력60년 발간위원회 엮음,『하늘길 땅길 바닷길 열어』(2005).

구분을 위한 이론화에서는, 밖에서 안으로의 접근법 및 행위자보다 구조를 강조하는 접근법이 지배적이었다. 분단이 한반도 내부의 좌우갈등보다는 3·8선을 경계로 한 미국과 소련의 점령정책이라는 외부적 요인 때문에 구조화되었다는 설명은, 이 두 접근법의 설득력을 높이고 있다. 1950년 전쟁이 남한의 '북진통일론'과 북한의 '민주기지론'의 충돌 때문에 발생했지만, 내전이 미국과 유엔 및 소련과 중국이 개입하는 국제전으로 비화되고 이후 정전협정으로 고착된 한반도 분단은 냉전체제를 공고화하는 계기였다고 볼 수 있기 때문이다.[7] 즉, 1945년 해방과 더불어 형성되기 시작한 분단이 1950년 전쟁을 거치면서 구조화되었다는 것이 정설로 받아들여지고 있다. 따라서 남북한 관계를 설명하려는 대부분의 이론들은 냉전체제의 국제구조가 한반도에서 '재생산'되는 과정에 초점을 맞추어 왔다.

신현실주의로 대표되는 미국적 국제관계학은, 냉전체제의 구조를 공동의 정부가 없는 무정부상태의 국제체제에서 미국과 소련이라는 두 행위자의 '군사력'에 기반한 힘의 분포의 균형 상태로 설명하고자 한다.[8] "구조가 선택하는" 이 국제체제에서 국가라는 행위자의 선택 범위는 극히 제약될

---

7 심지연, "분단구조의 역사적 기원과 형성," 경남대 북한대학원 엮음, 『남북한 관계론』(2005); 1950년 전쟁의 내전에서 국제전으로의 전화과정에 대해서는, 와다 하루키, 서동만 옮김, 『한국전쟁』(1999) 참조.

8 K. Waltz, *Theory of International Politics* (1979). 이 국제체제에서 미국과 소련의 국내구조의 차이, 즉 국가성격의 차이는 변수가 아니다. 미국과 소련은 국가로서 국가이익의 유지 또는 극대화를 위해 행동하는 동일한 행태를 보일 뿐이다. 따라서 이 이론에 입각한다면 남한의 자본주의 국가적 성격과 북한의 사회주의 국가적 성격이 한반도 냉전체제를 설명함에 있어 중요한 변수가 아니다.

수밖에 없고, 군사적 안보와 정치적 독립을 추구하려던 남한과 북한은 미국과 소련에 '편승'하는 것 이외에는 대안이 없었을 수도 있다. 두 강대국의 관심을 벗어난 사각지대가 존재할 수 없는 냉전과 같은 양극체제에서, 그리고 미국과 소련의 열전熱戰을 대신했던 한반도에서 남북한의 선택은 각자의 안보와 독립을 위해 남한은 미국과, 북한은 소련·중국과 '동맹'을 체결하는 것이었다. 남북한이 냉전체제에 맞서서 상호 협력을 통해 대립 구도를 혁파하고 통일국가를 건설하는 방안도 고려할 수 있었지만, 그 대안은 남북한 정권이 선택하지 않았다. 국제구조를 강조하는 접근법은 그 선택의 가능성조차 부정한다.

미국과 소련의 대립 구도로 냉전체제를 설명하는 신현실주의 국제관계 이론에 의하면, 남북한 관계는 냉전체제의 한반도판인 적대적인 '국가 대 국가'의 관계로 정리될 수 있다. 냉전체제에서 미국과 소련이 안보를 최우선의 국가이익으로 설정하는 '안보국가'를 발명한 것처럼[9] — 더 정확하게 말하면 미국과 소련이 안보국가의 형태를 띠었기 때문에 냉전체제가 형성되었지만 — 남북한도 1950년 전쟁 이후 안보국가를 수입했다. 안보국가는 자력 구제가 국가의 행동원리로 작동하는 국제체계의 무정부상태를 가정하면서, 무정부상태에서 필연적일 수밖에 없는 외부 위협으로부터 생존을 유지하기 위해 안보의 가치를 도출하고 이 안보를 위해 국내적 수준에서 민주주의를 제약하는 것을 정당화하는 국가였다. 북한에서는 이 안보국가

---

9 J. Der Derian, "The Value of Security: Hobbes, Marx, Nietzsche, and Baudrillard," in D. Campbell and M. Dillon eds., *The Political Subject of Violence* (1993).

가 극단화되면서 1960년대 말 최고사령관인 수령을 모든 인민이 받드는 '유격대국가'가 형성되었다.[10] 다른 한편 남북한은 국가 주도로 중공업에 우선성을 부여하면서 투입 요소를 극대화하는 방식의 강행 성장forced growth을 추구했던 '발전국가'이기도 했다. 그러나 수출·외자 주도의 발전의 길을 걸었던 남한과 달리, 북한은 수입대체 및 외자배제의 산업화를 선택했다. 남한은 시장경제를 부정하지 않았지만, 북한은 현물동학과 관료적 조정 기제의 전면적 도입을 통해 시장경제를 제거하고자 했다.[11]

한반도 냉전체제를 정전협정이 체결된 시기를 기점으로 '1953년 체제'로 명명할 수 있다면, 이 1953년 체제는 남북한 공동의 제도가 존재하지 않는 상황에서 한·미·일 동맹과 북·중·러 동맹에 의존하는 남한의 안보·발전 국가와 북한의 유격대·발전 국가가 경쟁적으로 군비증강하면서 적대성을 재생산했던 체제로 정의할 수 있다. 남북한이 적대적이었지만 전면전이 발생하지 않았던 이유는 미국과 소련의 핵억지 때문이었을 수 있다. 상호 핵파멸의 위험은 적대적임에도 불구하고 국가의 '죽음'을 야기할 수 있는 전면전보다는 공존을 선택하게끔 했다. 이로써 남북한의 적대적 공존 속에서 남북한 두 국가는 외부 위협을 빌미로 내부의 억압적인 체제를 정당화하는 안보국가를 지속할 수 있었다.

---

10 와다 하루키, 서동만·남기정 옮김, 『북조선』(2002), 121-131쪽.

11 전철환, "수출·외자 주도 개발의 발전론적 평가," 김병태 외, 『한국경제의 전개과정』(1981); 이정철, "북한의 경제발전론 재론: 1960년대 경제조정기제의 변화를 중심으로," 경남대학교 북한대학원 엮음, 『북한현대사 1』(2004).

1953년 체제를 국가 대 국가의 관계로 정의하는 것에 대해 반론이 있을 수 있다. 정전협정에 기반한 1953년 체제에서 남북한은 영토성, 물리적 폭력의 독점, 정당성의 세 측면에서 불완전한 국가였기 때문이다.[12] 예를 들어 남한군의 작전통제권은 1953년 "한미합의의사록"에 따라 미국군에 이양되었다. 남한의 북침을 막기 위한 조처였다. 그러나 신현실주의 이론에서 주권은 "조직된 위선"organized hypocrisy일 뿐이다.[13] 강대국 정치의 세계에서 강대국을 제외한 국가들은 근대국가의 이념형적 정의에 부합하는 주권을 가지고 있지 않다는 것이다. 강대국도 법적으로 인정되는 타 국가의 주권을 사실상 존중하지 않는다는 점에서 근대적 주권국가로 보기 힘들 수 있다.

비판 및 대안

한반도 냉전체제에 대한 지금까지의 '전형적인' 신현실주의적 설명을 반박할 수 없다면, 한반도의 미래는 강대국과 동맹을 맺고 있는 남한과 북한의 세력균형이거나 아니면 한 강대국의 힘의 압도적 우위하에서 남북한 어느 한 쪽이 다른 쪽을 흡수한 통일국가일 것이다. 그러나 역사는 신현실주의 이론처럼 단순하지 않았다. 냉전체제의 갑작스러운 해체는 우리에게

[12] 김일영·조성렬, 『주한미군』(2003), 67~70쪽

[13] S. Krasner, *Sovereignty: Organized Hypocrisy* (1999).

한반도 냉전체제 및 남북한 관계를 새롭게 해석할 수 있는 단초를 제공해주고 있다. 첫째, 냉전체제의 한 극이었던 소련은 자신의 군사력을 유지한 채 붕괴했다.[14] 군사력이 국제관계에서 결정적인 사건의 경로를 결정하지 않은 것이다. 둘째, 냉전의 역사가 공개되면서 냉전체제에서 하위행위자로 규정되었던 국가들이 일정한 자율성을 가지고 있었음이 밝혀지고 있다. 냉전의 역사가 지적하는 것처럼, 하위행위자들이 미국과 소련의 지배를 막는 것은 거의 불가능했지만 두 강대국에 협력할 것인가 아니면 저항할 것인가는 그들의 선택이었다.[15] 셋째, 냉전체제가 미국과 소련의 군사력 균형이 아니라 미국의 전반적 힘의 우위였다면 그리고 냉전구조에도 불구하고 하위행위자의 자율적 선택이 어느 정도 가능했다면, 한반도 냉전체제와 분단구조도 남북한의 군사력 균형으로 환원될 수 없다.

냉전사 다시 쓰기에서는 군사력과 같은 물리적 힘보다 '관념'ideas에 주목하고 있다. 힘의 균형보다 힘의 다양화diversification 또는 힘의 불균형이 냉전체제의 정확한 현실이었다는 것이다. 그럼에도 냉전체제는 마치 힘의 균형처럼 인식되었다.[16] 힘의 불균형을 균형처럼 인식하게끔 한 힘은 바로

[14] J. Gaddis, *We Now Know: Rethinking Cold War History* (1997).

[15] Gaddis, *We Now Know*.

[16] 세계체제론은 힘의 불균형에도 불구하고 냉전체제가 유지된 원인을 미국의 전략에서 찾고 있다. 세계체제론자는 냉전체제에서 실제 "미국과 소련의 힘의 격차는 상당히 컸으며 바로 이 격차로 인해 냉전은 미소 간의 암묵적 묵계와 봉쇄가 하나로 된 체제였다"고 주장하고 있다. "냉전구도는 미국이 소련과의 공존을 전제로 세계적 패권을 수립하기 위해 선택한 일종의 전략적 장치"라는 것이다. 유재건, "역사적 실험으로서의 6·15시대," 277–278쪽.

신현실주의 이론이었다. 냉전체제 해체의 원인은 군사적 패배나 경제적 몰락이 아니라 정당성 — 이데올로기적, 도덕적, 문화적 능력 — 의 붕괴였다. 이 주장에 따르면, 냉전체제 해체의 원년元年도 소련이 붕괴한 1991년이 아니라 소련의 지도자였던 고르바초프M. Gorbachev가 외교안보 정책에서 '신사고'New Thinking를 주창한 1989년이 된다.[17] 고르바초프가 시도했던 사고의 전환은, 경쟁적 군비증강을 초래하는 안보딜레마의 존재 때문에 안보가 일방적으로 추구될 수 없으며, 따라서 안보는 공동안보이어야 한다는 것과 힘에 입각한 외교정책이 국가 간 갈등을 해결하는 정당한 방법이 아니라는 것이었다. 이 인식 전환의 동력은 소련에서 재발견된 '시민사회'였다. 1970년대 초반 자본주의 진영과 사회주의 진영은 평화과정인 헬싱키 프로세스 Helsinki Process를 진행하면서 공동안보 및 협력안보의 개념을 도출했고, 동시에 경제협력과 인권을 안보의 구성 요소로 만들었다.[18] 그 결과, 소련 및 동구 사회주의 국가에서는 인권 신장을 요구하는 시민운동이 성장하기 시작했다. 재발견된 시민사회는 소련에서 외교안보 정책에 있어 혁명적 전환을 야기한 궁극적 원천이었다.[19]

---

[17] Gaddis, *We Now Know*; A. Wendt, *Social Theory of International Politics* (1999); R. Herman, "Identity, Norms, and National Security: The Soviet Foreign Policy Rovolution and the End of the Cold War," in P. Katzenstein ed., *The Culture of National Security* (1996).

[18] 구갑우, "국제기구의 인도적 '포용'정책: 유럽안보협력기구OSCE 인권 정책의 가능성과 한계," 『국가전략』 7: 2(2001).

[19] 최근 북한인권 문제를 제기하고 있는 미국 내 단체들은 김정일 정권의 제거를 위해 6자회담 틀 내에서 동북아판 헬싱키협약을 추진해야 한다고 주장하고 있다. 북한체제를 위협하지 않

냉전사에 대한 재해석을 수용할 때, 적대적 국가 대 국가의 관계에서 나타나는 군사력 균형만으로 남북한 관계를 규정하는 이론은 수정이 불가피하다. 첫째, 냉전체제에서 나타난 힘의 불균형과 힘의 다양화는 한반도 냉전체제에서도 확인된다. 군사력 균형을 단순계수 비교나 화력 점수火力 點數의 방법이 아닌 감가상각을 포함한 '총국방비 누계'를 통해 측정한 한 연구에 따르면,[20] 남한은 1960년대 초반까지 북한보다 군사력 우위에 있었다. 비록 1960년대 후반에서 1970년대 초반에 이르기까지 남한이 열세에 있었지만 그 차이는 크지 않았다고 한다.[21] 이 열세는 주한미군을 통해 보

는 동북아판 다자간 안보협력에 대한 구상이 한반도와 동북아의 평화를 평화적 방법으로 달성하고자 할 때 고려되어야 하는 핵심 경로가 되어 가고 있다. 그러나 고전적 사회주의 체제를 유지하고 있는 북한이나 여전히 이념적으로는 사회주의를 포기하고 있지 않은 중국이 헬싱키 프로세스에 대한 학습 효과를 가지고 있다면, 동북아판 헬싱키 프로세스를 수용하는 것은 힘들 것처럼 보인다.

20 함택영, 『국가안보의 정치경제학』(1998).

21 1953년 정전협정이 체결될 즈음 남한과 북한의 병력은 각각 약 59만 명과 약 27만 명 정도였다. 북한은 병력의 열세를 만회하기 위해 노력하는 한편(1955년에는 41~42만 명), 남한의 지상군 강화와 달리 중국과 소련의 군사원조를 기초로 공군력을 강화했다. 그러나 1956년에는 민간 부문의 노동력 부족을 메우기 위해 8만 명의 병력 감축을 발표하기도 했다. 남한이 한미동맹을 통해 북한에 대한 억지력을 강화하고 있었음에도 북한은 동맹의 체결과 군비증강으로 대응하지 않았다. 이는 북한의 내부적 위기, 북한과 소련의 갈등, 사회주의 진영의 분열 등이 그 원인이었던 것으로 보인다. 1961년 5월 남한에서 군사 쿠데타가 발생하자 북한은 1953년 체결된 '한미상호방위조약'처럼 소련 및 중국과 자동개입 조항이 포함된 군사동맹을 체결했다. 그러나 북·러 관계의 갈등으로 소련으로부터 원조가 줄어들자 1962년 12월 조선로동당 중앙위원회를 계기로 본격적인 자주국방을 시작했다. 비슷하게 남한은 미국의 닉슨 독트린 이후 원조가 줄어들고 미국의회에서 유신체제에 대한 비판이 제기되자 1970년대 중반부터 자주국방에 착수하기 시작했다. '율곡사업'은 남한판 자주국방의 한 사례다. 자세한 내용은, 함택영, 『국가안보의 정치경제학』; 김용현, "1960년대 북한체제의 위기와 군사화의 대두," 경

완될 수 있는 것이었다. 1980년대 말부터 한반도에서는 남한의 전쟁수행 능력 대 북한의 억지 능력 증강 — 즉 비재래식 대량살상무기의 개발 및 배치 — 이라는 '비대칭적 군비경쟁'이 진행되고 있다.[22] 따라서 남북한 관계에서 남한의 전쟁수행 능력 우위 대 북한의 억지력 우위라는 비대칭적 군사력 균형이 존재하고 있다고 평가할 수 있다. 그러나 남한 정부는 공식적으로 남한이 재래식 군사력 균형에서 우위에 있음을 수용하지 않았고, 지금도 수용하지 않고 있다. 남한이 군사력의 우위에 있음에도 불구하고 여전히 군사력의 열세를 만회하기 위해 군비증강을 계속하고 있다면, 남한 정부의 군사력 측정 능력에 문제가 있거나 아니면 미국이 소련의 군사력을 과장하면서 냉전체제를 유지했던 것처럼 의도적으로 한반도 냉전체제와 안보국가를 지속하기 위한 것일 수 있다.

둘째, 남북한의 전략과 정책에서 추론할 수 있듯이 한반도 냉전체제에서도 '관념'은 적극적 역할을 수행해 왔다. 남북한이 서로에 대해 적의 관념을 유지하는 한, 한반도 냉전체제는 국제구조의 변화와 독립적으로 지속될 수 있다. 역으로 이야기하면, 냉전체제의 해체에서 볼 수 있듯이 남북한이 서로 적의 '정체성'을 버리고 상생相生의 정체성으로 나아갈 때, 한반도 냉전체제가 해체될 수 있을 것이다. 이 측면에서 2000년 6·15 남북공동선언은 고르바초프의 신사고에 비견할 만한 정체성의 변화를 알리는 사건이었다. 남북한 군사력의 변화가 없음에도 정체성의 변화만으로 남북한은 '6·

남대학교 북한대학원 엮음, 『북한현대사 1』 참조.
22 함택영, 『국가안보의 정치경제학』(1998).

15시대'라는 수사를 공유하고 있다.

셋째, 새로 쓰는 냉전의 역사에서 볼 수 있듯이 국제체제에서 하위행위자의 자율성은 신현실주의가 가정하는 것보다 그 범위가 넓은 것처럼 보인다. 남북한 관계에서도 이 자율성이 발휘된 사례들을 찾아 볼 수 있다. 논란의 여지가 있지만, 북한이 남한보다 8년 정도 늦게 소련·중국과 군사동맹을 체결한 것도 신현실주의 이론이 예측하지 못한 변이일 수 있다. 우리가 남북한 관계의 시기 구분에 사용할 수 있을 정도의 사건인 1972년 "7·4 남북공동성명"이나 1991년 "남북기본합의서"의 탄생은, 국제구조의 이완 또는 변화의 결과로 설명할 수 있지만,[23] 남북한의 자율적 선택이 없었다면 불가능했을 것이다. 따라서 우리는 한반도 냉전체제를 국제적 냉전체제의 복사판이 아니라 한반도적 특수성이 담겨 있는 '분단체제'로 규정할 수도 있다. 남북기본합의서에서 남북한 관계를 "나라와 나라 사이의 관계가 아닌 통일을 지향하는 과정에서 잠정적으로 형성되는 특수관계"로 정의할 수밖에 없었던 것처럼 분단의 반대가 통일로 인식될 수밖에 없는 한반도적 특수성이 존재한다는 것이다.

넷째, 한반도 냉전체제의 행위자는 남북한의 국가로 한정되지 않는다. 신현실주의 이론처럼 국가를 분리 불가능한 단일한 총체로서의 나라, 즉 '국민적-영토적 총체'로 규정할 때, 냉전해체의 궁극적 동력이었던 시민사회를 보지 못하게 된다. 한반도 냉전체제의 해체를 위해 지속적으로 통일

---

23 냉전구조와 남북한의 자율성에 대한 실증적 연구로는, 박건영·박선원·우승지, "제3공화국 시기 국제정치와 남북관계: 7·4공동성명과 미국의 역할을 중심으로," 『국가전략』 9: 4.

운동과 평화운동을 전개했던 남한 시민사회 세력에 대한 고려 없이 '6·15 시대'라는 수사의 등장을 설명하기는 어려운 것처럼 보인다. 그러나 시민사회는 남한에만 존재하고 있다. 시민사회의 존재 여부야말로 다른 어떤 것보다도 남북한을 가르는 '가장 큰' 차이일 수 있다. 남북한의 이 비대칭성이 분단 이후 두 국가의 상이한 경로를 결정지었던 핵심 변수일 수 있다.

남북한 관계가 각기 강대국과 동맹을 체결하고 있는 국가 대 국가의 관계이면서 동시에 '특수관계'의 성격을 지니고 있다는 점을 고려한 이론화가 '분단체제론'이다.[24] 분단체제론은 국제체제와 남북한의 국내체제가 분단에 미치는 영향뿐만 아니라 상대적 자율성을 가진 분단체제가 국제체제와 국내체제에 미치는 효과에도 주목한다. 예를 들어 남북한 관계의 긍정적 진전이 미국 중심의 세계체제와 남북한 국내체제의 개혁으로 이어질 수 있다는 것이다. 남북한 관계에서 '적대적 대립'과 '상호의존'이 동시에 나타나는 현상을 설명하려는 분단체제론은, 분단체제에서 남북한 양측의 지배계급이 내세우는 각각의 분단 이데올로기는 남한의 반공주의와 북한의 김일성주의로 집약될 수 있는 바, 양자는 민족의 통일을 내세우면서도 실제로는 남북한 지배계급의 기득권 유지에 봉사하고 있다고 본다. 따라서 분단체제하에서 남북한 민중은 공통의 이해관계, 즉 분단의 극복이라는 동일한 이해관계를 가지고 있고, 결국 분단의 극복을 위한 운동은, 외세 축출이나 남한의 변혁이라는 비현실적인 과제에 집착할 것이 아니라 이 분단체제

---

24 백낙청, 『흔들리는 분단체제』(1998); 『분단체제 변혁의 공부길』(1994); 『한반도식 통일, 현재 진행형』(2006).

를 허물기 위한 남북한 민중의 자기사회 민주화와 개혁의 노력에서 출발해야 한다는 것이다.

분단체제론은 비대칭적 남북한 사회를 대칭적으로 보고 있다. 앞서 지적한 것처럼 북한에는 (남한의 분단체제 극복 운동의 원천인) 시민사회가 없다. 분단체제론이 가지는 한계라고 할 수 있다. 다른 한편, 분단체제론이 남북한 관계를 안정적으로 재생산되는 체제로 개념화하는 것에 대한 비판도 있다. 예를 들어 남북한 관계를 특수관계로 보는 입장에서 볼 때, 분단은 민족문제다. 이 민족문제의 성격은 남한과 북한과 미국의 힘의 대치로 야기되는 불안정이다. 따라서 체제와 구조라는 개념이 가지는 결정론적 성격을 피하기 위해 분단질서라는 개념이 사용되기도 한다.[25] 필자가 보기에 분단체제론의 보다 심각한 문제는 분단체제론이 체제의 역사적 형태와 이행을 설명할 수 있는 이론적 장치를 내장하고 있지 않다는 것이다. 분단체제론이 형태론을 가지게 되면, 신현실주의 이론과 특수관계론이 가지지 못한 남북한 관계의 재생산과 이행을 설명할 수 있게 된다. 분단체제의 형태론을 구성하기 위해서는, 신현실주의 이론처럼 체제와 구조를 시간과 역사를 결여한 개념으로 인식해서는 안 된다. 오히려 비판적 국제관계이론이 제시하고 있는 것처럼, 실재를 구성하는 다양한 요소들의 특수한 배열config-uration인 질서를 '역사적 구조'로 이해하게 되면, 역사적 구조를 구성하는

---

25 특수관계론은, 도진순, 『분단의 내일 통일의 역사』(2001); 장석, 『김정일 장군 조국통일론 연구』(평양: 2002) 참조. 분단질서론은, 박명림, "분단질서의 구조와 변화: 적대와 의존의 대쌍관계동학, 1945~1995," 『국가전략』 3: 1(1997) 참조.

요소들인 '물질적 능력' '관념' '제도'를 총체적으로 고찰할 수 있게 된다.[26] 즉, 분단체제론에 역사적 구조의 개념을 도입하게 되면 분단체제의 형태론을 만들 수 있게 된다.

분단체제의 구조를 역사적으로 살펴볼 때, 군사력으로 표현되는 물질적 능력의 분포는 불균형했고, 서로에게 위협이 되지 않을 정도로 축소된 바도 없었다. 그럼에도 분단체제의 구조가 변했다면, 남북한이 공동의 제도를 가지고 있지 않는 조건에서 물질적 힘의 중요성을 감소시킬 수 있는 관념의 변화가 그 구조의 변화를 초래한 원인일 것이다. 관념의 변화는 자아와 타자를 구분하는 정체성의 변화와 관련된다. 즉, 남북한이 서로를 적으로 생각하는가, 경쟁상대로 생각하는가, 친구로 생각하는가에 따라 역사적 구조의 이행이 가능하다. 최소한 적의 정체성을 벗어나는 집합적 정체성을 형성하게 하는 주요 변수로 구성주의적 국제관계이론에서 제시되고 있는 것들이, '상호의존' '공동운명' '동질성' 그리고 '자기억제'self-restraint 다.[27] 앞의 세 변수는 국제관계의 구조적 변화와 집합적 정체성 형성의 동인動因이다. 마지막 변수인 자기억제는 집합적 정체성 형성의 동인은 아니지만, 집합적 정체성 형성에 근본적 장애인 한 쪽이 다른 쪽을 흡수할 수 있다는 두려움을 제거하는 역할을 수행한다. 적대적 공존을 지속해 온 한반도에서 자기억제는 흡수통일에 대한 명시적 반대를 의미하는 것일 수 있다. 서로의 차이를 존중하는 원칙인 자기억제가 차이의 절대화로 가지만

---

[26] R. Cox with T. Sinclair, *Approaches to World Order* (1996), pp. 91-101.

[27] Wendt, *Social Theory*, ch. 7.

않는다면, 자기억제를 통해 형성되는 안보공동체는 상호의존과 공동운명 및 동질성의 변수가 적극적으로 작동할 수 있는 방향으로 기여할 수 있을 것이다. 구조적 변화와 집합적 정체성 형성의 동인이자 가능 조건인 네 변수를 작동하게 하는 것은 바로 행위자의 '실천'이고, 이 실천은 역사적 구조의 이행, 즉 분단체제의 형태 변환을 가능하게 하는 동력이다.

1953년 체제는 남북한이 민족이라는 동질성을 가지고 있지만, 적이라는 정체성을 산출하던 체제였다. 7·4 남북공동성명이 민족 대단결을 언급하고 있었지만, 남북한 모두 7·4 남북공동성명을 권위주의 체제의 강화에 이용했다. 냉전구조가 해체된 시점에서 남북한은 자율적 선택의 기회를 맞이하였고, 그 산물이 1991년 남북기본합의서였다. 이 기본합의서는 남북한의 교류와 협력을 통한 상호의존, 민족 동질성의 회복, 군비통제 및 군축을 통한 자기억제 등과 더불어 이를 제도화하는 전향적 내용이 담겨 있는 문서였고 따라서 남북한의 새로운 집합적 정체성 형성의 계기가 될 수 있었지만, 북한은 기본합의서의 실천이 남한이 북한을 흡수하는 방식의 통일을 결과할 것을 두려워했다. 1991년 체제가 탄생과 더불어 붕괴한 또 다른 이유는, 남북한의 상호작용을 통한 신뢰가 구축되지 않은 상황에서 불거진 북한 핵을 둘러싼 북미갈등 및 남한 사회 내부에서의 이른바 남남갈등이었다.

6·15 남북공동선언을 계기로 형성된 2000년 체제는 현재진행형이다. 2002년 10월 제2차 핵위기가 발생했고 그 위기의 해결을 위한 6자회담이 난항을 거듭하고 있음에도 불구하고 또한 6·15 남북공동선언의 해석을 둘러싸고 남북한의 잠재적 갈등과 가시적인 남남갈등이 존재함에도 불구하고 2000년 체제는 장관급회담의 정례화와 같은 공동의 제도를 창출하면서 여전히 작동하고 있다. 2006년 현재 하루에 3천 명 정도의 남한인이 북한

에 체류하고 있을 정도다. 개성공단 조성과 금강산 관광 그리고 남한의 북한에 대한 인도적 지원에서 볼 수 있듯이 남북한의 상호의존은 증대하고 있다.

2000년 체제에서 나타난 남북한의 서로에 대한 관념의 변화는, 세계질서와 축적체제의 변화를 응축하고 있는 남북한 국가형태의 변화와 그에 따른 국가 정체성의 변화에 기초하고 있다. 1990년대 중반 북한은 주민의 대량 아사가 발생할 정도의 심각한 경제 위기를 거치면서도 정치적으로는 보다 강한 군사담론인 선군정치 및 강성대국을 구호로 내걸고 있고, 실제로 최소의 비용으로 안보를 유지하기 위해 핵무기 및 장거리 미사일 개발을 시도하고 있는 듯이 보인다. 즉, 북한의 국가형태가 유격대·발전 국가에서 '실패한' 정규군국가로 변화했다고 할 수 있다.[28] 1990년대에 나타난 북중동맹과 북러동맹의 약화 및 북미갈등은 북한의 안보불안을 촉진한 요인이었다. 유격대국가에서 정규군국가로의 전환은 사실상 국가형태의 근본적 변화는 아니지만, 실패국가는 북한의 생존 그 자체를 위협할 수도 있었다. 남한이 '제안했던' 2000년 체제에 북한이 동의한 이유는, '민족'의 이름으로 집합적 정체성 형성을 정당화할 수 있는 외부 국가인 남한으로부터의 지원을 통해 실패국가를 극복하고자 했기 때문일 수 있다. 그러나 이 때문에 북한이 정규군국가의 정체성을 포기했던 것은 아니다. 즉, 북한은 2000년 체제의 등장에도 불구하고 남한을 위협으로 간주하지 않는 자기억제의 정책을 수행하고 있지는 않다. 정체성의 측면에서 실패한 정규군국가는 2000

---

28 정규군국가에 대해서는, 와다 하루키, 『북조선』 참조.

년 체제를 불안정하게 만드는 요인 가운데 하나다.

북한이 실패국가로 등장했을 때 남한 김영삼 정부의 최종 반응은 북한을 흡수하겠다는 것이었다. 즉, 자기억제가 결여된 집합적 정체성 형성의 시도였다. 이는 남한의 군사력과 경제력에서의 우위를 바탕으로 북한을 흡수할 수 있다는 자신감의 표현이었을 것이다. 그러나 외부로부터의 금융자본의 공격과 발전국가 내부 모순의 결과였던 1997년 IMF국제통화기금 위기를 겪으면서 북한을 흡수하겠다는 정책은 그 힘을 상실했다. 2000년 6·15 남북공동선언은, 부분적으로 김대중 대통령으로 대표되는 정치사회 세력의 남북한 관계에 대한 규범적 지향의 정책화이기도 했지만, IMF 위기를 통과하면서 남한의 경제 발전을 위해서는 남북한 관계의 적대성 감소가 필요하다는 인식이 확산된 결과였다. 즉, 남한 경제를 세계 경제에 편입시키려는 신자유주의적 발전 전략의 수행을 위해 남한 시장의 안정을 위협할 수도 있는 '북한 변수'를 제거하고자 했던 것이다. IMF 위기와 김대중 정부의 등장을 계기로 남한은 시장이 모든 것을 결정하게끔 하는 '시장국가'의 모습으로 변모하고 있는 반면, 안보국가의 재편은 시장국가로의 형태 전환보다 지체되었다. 이는 '개입과 확산' 또는 '개입과 전쟁'으로 요약할 수 있는 냉전체제 해체 이후 미국의 세계 전략이 확립된 시점이 1990년대 후반이었기 때문이다.[29] (미국의 세계 전략의 변화에 조응하여 남한 안보국가의 핵심 구성 요

---

29 1996년에 들어서면서 클린턴 행정부는 '탈냉전의 종언'을 선언하면서 '개입과 확산'의 전략을 구체화하기 시작했다. 소련을 대체하는 '깡패국가'가 설정되었고 예방적 방위의 이름으로 군사기술혁신Revolution in Military Affairs, RMA이 정당화되었다. 1997년 5월과 2001년 9월에 발표된 〈4개년 방위정책 검토 보고서〉는 냉전 이후 미국의 세계 전략을 전 세계적 차원에서의 '개입

소인 한미동맹의 구조조정도 추진되기 시작했다.) 북한의 정규군국가와 실패국가가 산출하는 국가 정체성이 부조응하는 것처럼, 남한의 시장국가와 안보국가의 성격도 남북한 관계와 관련하여 정체성이 충돌할 가능성이 높다. 역설적이지만 남한의 신자유주의적 전환이 우호적인 대북 정체성을 만들어 내고 있다면, 구조조정에 직면한 안보국가는 여전히 적대적인 대북 정체성을 만들어 낼 가능성이 높다.

남북한 관계를 행위자의 정체성과 그 정체성에 입각한 실천을 담지한 역사적 구조를 기준으로 시기 구분한다면, 남북한 관계는 1953년 체제에서 1991년 체제를 거쳐 2000년 체제에 진입하고 있다고 볼 수 있다. 1991년 체제는 1953년 체제를 지탱하게 했던 국제구조의 붕괴로 등장했지만 2000년 체제에 비견할 정도로 행위자의 정체성과 실천이 변한 상태에서 형성된 체제는 아니었다. 1953년 체제에서 2000년 체제로의 이행은 남북한의 정체성이 '적'에서 '친구'로 변화해 가는 과정이었다. 이 과정에서 우리가 유의해야 할 것은 같은 민족이라는 정체성이 적과 친구라는 상반된 이미지를 만들어 낼 수 있다는 점이다. 전쟁으로 상징되는 민족 내부의 갈등이 강조될 경우 서로를 흡수하고자 하는 적의 이미지가 창출될 수 있고, 다른 한편 외세에 의한 분단이 강조되면서 이른바 '민족공조'가 제기될 경우 친구의 이미지가 창출될 수도 있다. 남북한을 일반적인 국제관계에서처럼 국가로

과 전쟁'으로 규정짓는 문건이라고 해도 과언이 아니다. 이혜정, "단극시대 미국패권전략의 이해," 『한국과 국제정치』 16: 2(2000); 이삼성, "부시 행정부의 세계전략과 이라크전쟁, 그리고 한반도," 『파병안 국회 통과와 반전 평화』 학술회의 발표문 (2003) 참조.

서의 성격을 강조할 때도, 적일 수도 있고 친구일 수도 있다.[30] 정체성은 또한 '규범적 지향'을 지닌다. 냉전체제 해체 이후 남북한이 유엔에 동시에 가입한 것에서 볼 수 있듯이 남북한은 서로의 국가적 정체성을 인정하는 방향으로 움직이고 있다. 이 경향을 평화공존으로 규정할 수 있다. 그러나 남북한의 최종 기착지로 통일을 포기하거나 폐기할 수 없는 분단체제의 특성에서 자유롭지 못한 것도 사실이다.

남북한의 정체성 변화와 정체성이 지향하는 규범을 남북한 관계의 시기 구분과 결합하여 도식화한 것이 〈그림 1〉이다.

| 그림 1 | 분단체제의 시기 구분과 규범적 지향

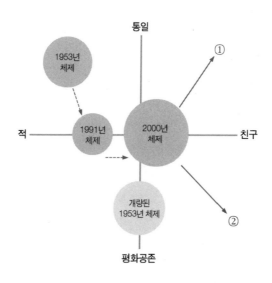

30 구갑우, "남북한 관계에 대한 메타이론적 접근,"『사회과학연구』 12집 (2004).

1953년 체제가 적의 정체성을 서로 유지하면서 통일을 주장했던 체제
라면, 1991년 체제는 적의 정체성은 일정하게 감소하면서 평화공존에 대한
의식이 형성되어 있던 체제였다. 그리고 2000년 체제는 상당 정도 친구의
이미지에 근접하고 있지만 통일과 평화공존의 갈림길에 있는 체제다. ①이
친구의 이미지로 평화통일을 이루는 방향이라면, ②는 친구의 이미지로 평
화공존를 지향하는 경우다. 서로의 국가성을 부정하지는 않는 '남북연합'은
②의 경로에 포함시킬 수 있다. 남북한이 집합적 정체성을 형성하기 위해
서 서로의 차이를 존중하는 자기억제의 정책을 추구해야 한다고 할 때, 서
로의 국가성을 인정하고 통일을 추구하는 ②를 거쳐 ①로 가는 경로도 상
정해 볼 수 있다. 아직은 추상적 가능성이기는 하지만 또 다른 방향은 남북
한이 각기 국가적 정체성을 공고히 하면서 적과 친구의 중간 상태인 경쟁
상대로 평화공존을 하는 형태다. 즉, ②의 방향으로 남북한 관계가 진행되
다가 남북한이 친구의 정체성에서 경쟁상대의 정체성으로 후퇴한 경우다.
이를 개량된 1953년 체제로 부를 수 있을 것이다.[31]

---

[31] 분단체제론의 주창자인 백낙청은 "남북의 느슨한 연합조차 마다한 채 '개량된 분단체제'를 꿈
꾸는 사람들은 그야말로 지금이 어떤 시대인지 모르는 몽상가들"이라고 평가하고 있다. 이는
"신자유주의와 신군사주의가 판을 치는 오늘의 세계에서 분단된 한반도는 미사일 위기, 핵위
기 등 온갖 위기가 속출하는 위험지대로 남을 수밖에 없으며, 종국에는 그냥 위기가 아닌
엄청난 재앙을 당할 확률이 높다"고 보기 때문이다. 백낙청, "시민참여형 통일과 민간통일운
동," 『창비주간논평』, 2006년 7월 26일.

3. 분단체제의 극복과 '평화국가' 만들기

2000년 체제의 출현에도 불구하고 안보국가의 형태를 띠는 남북한의 국가형태는 바뀌지 않고 있다. 개성공단 조성과 금강산 관광에서 볼 수 있듯이 남북한의 상호의존은 증가하고 있고 동질성 회복을 위한 사회문화 교류도 진행되고 있으며 자기억제의 출발점인 군사회담도 개최되고 있지만, 절대적인 국가안보를 넘어서서 '공동안보'와 '협력안보'를 지향하는 인식의 전환은 발생하지 않고 있다. 즉, 남북한의 안보국가로서의 정체성에는 변함이 없는 것처럼 보인다. 9·11 이후 '전쟁국가'로 변모한 미국과 북한의 갈등이 해결되지 않으면서 북한은 안보국가의 극단적 형태인 정규군국가를 유지하고 있다. 미국은 2006년에 발간한 "4개년 방위정책 검토 보고서"Quadrennial Defense Review, QDR와 "국가안보전략"National Security Strategy, NSS에서 자신들이 '장기전'에 돌입하고 있으며 북한을 포함한 폭정국가의 정권 교체를 시도하는 '변환 외교'를 하겠다는 의지를 밝힌 상태다. 미국의 대북 금융제재는 이러한 외교노선 가운데 하나다. 즉, 미국 단극 패권의 국제구조와 남북한의 국가형태는 분단체제의 극복을 가로막는 장애물이다.

분단체제를 재생산하는 역사적 구조의 이행과정에서 볼 수 있듯이 구조적 제한을 돌파하기 위해서는 행위자의 인식 전환과 그에 기초한 실천이 필요하다. 그러나 불행히도 남북한은 2000년 체제에서도 군사적 능력의 유효성을 감소시키지 못하고, 여전히 냉전체제적 실천을 반복하고 있는 것처럼 보인다. 현 노무현 정부의 안보정책은 한국과 미국의 군사동맹을 매개로 한 협력과 자주국방으로 요약된다. 노무현 정부의 국방개혁안인 "21세기 선진 정예 국방을 위한 국방개혁 2020(안)"의 기본 목표는 국방 전반의 체질 개선을 통해 효율적인 국방체제를 구축하는 것이다. 이 안은 한국군의 양적 구조를 질적 구조로 재편하려 한다는 점에서 개혁적이다. 그러나 국방비를 매년 11% 이상 증액하겠다는 계획은, 한반도를 포함한 동북아에 냉전시대와 같은 안보딜레마를 야기할 수도 있다. 북한은 2005년 2월 핵무기 보유를 밝힌 바 있다. 북한이 핵무기를 미국과의 협상을 위한 지렛대로 사용하기 위해 만들었다고 해석할 수도 있지만, 심각한 경제 위기를 겪고 있고 북러동맹은 해체되었으며 북중동맹도 과거처럼 결속력이 높지 않은 상황에서 북한의 핵무기 개발은 저비용의 안보를 추구하는 '북한판 자주국방'의 성격을 띠고 있는 것처럼 보인다. 2006년 7월 북한의 미사일 발사 실험도 동일한 맥락에서 해석될 수 있다. 이 실험은 남한에게 어느 편에 설 것인가라는 양자택일적 질문을 던지고 있다.

남북한이 냉전체제의 안보담론을 반복하고 있는 한 2000년 체제의 진화는 불가능하다. 6·15담론이 〈그림 2〉에서 표현한 것처럼 남북한이 서로를 적으로 생각하는 것에서 완전히 벗어나 있는 것은 아니다. 6·15담론이 ① 또는 ②의 방향으로 발전하기 위해서는 안보담론의 전환과 이에 기반한 실천을 필요로 한다. 즉, 관념의 변화에 기초한 자기억제의 실천이다. 남북한이 북진통일론이나 민주기지론으로 회귀하는 것은 상호 파멸의 길이기 때문에 서로의 선택에서 제외될 수 있다. 그러나 적 또는 경쟁상대로 서로를 생각하면서 분단이 지속될 가능성을 배제할 수는 없다. 따라서 안보담론의 전환이 어떻게 가능할 것인가를 고찰하는 것은 분단체제 극복 운동의 필수적 구성 부분이다. 다양한 힘의 영역 중 열세에 놓여 있는 북한이 고르바초프의 신사고와 같은 선택을 하기란 어려울 것이다. 고르바초프의 신사고가 결국 소련이라는 국가의 붕괴를 초래했다는 사실을 북한은 누구보다도 잘 알고 있을 것이다.[32] 그렇다면 북한이 남북한의 공동안보와 협력안보를 두려워하지 않을 조건을 창출해야 한다. 즉, 남북한은 서로의 안보불안을 자극하지 않으면서 '합리적 충분성'reasonable sufficiency에 입각한 국방개혁을 전개할 수 있어야 한다.

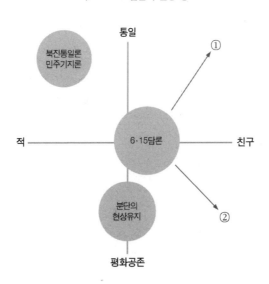

| 그림 2 | 6·15담론의 진행 경로

2000년 체제에서 경제·사회문화 교류를 통해 남북한 공동안보의 토대가 될 집합적 정체성의 형성을 위한 변수로 상호의존과 동질성이 확대될 것이라고 가정한다면, 공동운명을 구성할 수 있는 인식공동체와 자기억제를 실현할 수 있는 남북한의 실천은 결여되어 있다고 볼 수 있다. 2000년 체제에서 남북한은 교류와 협력이 서로 이익이 된다는 것에 동의한 상태다. 남북한의 비군사적 분야에서의 교류와 협력이 남북한 안보담론의 전환을 결과할 수 있지만 그 전환이 자동적일 것이라는 신기능주의적 가정이 반드시 실현된다는 보장은 없다.[33] 2000년 체제에서 남북한의 군사적 협력은 미미한 정도다. 남북한의 정체성 변혁을 지탱해 줄 물리적 변화인 군비통제와 군축에 대한 합의는 이루어지지 않고 있다. 남북한의 자기억제는 세 가지 경로를 통해 실현될 수 있다.[34] 첫째, 남북한의 상호작용을 통해 규칙을 준수함으로써 얻어지는 학습효과다. 둘째, 남북한 국내정치의 변화를 통해 자기억제적 실천을 만들어 낼 수 있다. 셋째, 자기구속self-binding의 방식으로 한 쪽이 일방적으로 위협을 하향 조정하는 것이다.

2000년 체제는 첫 번째 경로를 실험하고 있다. 그러나 남북한 관계가 경기순환처럼 호황과 불황을 반복하는 것을 극복하기 위해서는, 예를 들어 북한의 미사일 발사 실험이 남북한 관계의 불황을 만들어 내는 현실을 고

---

[33] 일반적으로 독일의 사례는 신기능주의적 접근으로 평가된다. 그러나 우리는 동서독의 교류와 협력이 안보담론의 전환을 야기한 헬싱키 프로세스 및 유럽통합과 동시적으로 진행되었다는 사실을 고려해야 한다.

[34] Wendt, *Social Theory*, ch. 7 참조.

려할 때, 두 번째와 세 번째의 경로를 모색할 필요가 있다. 남한 내부의 남남갈등을 '북한이 적인가 아닌가'라는 논쟁에서 '북한을 어떻게 할 것인가' 또는 '북한을 어떻게 볼 것인가'라는 논쟁으로 변환시키면서 세 번째 방식을 추진하는 것이 유의미한 듯 보인다.[35] 다양한 힘의 비교에서 남한이 북한의 우위에 있다고 할 수 있기 때문이다. 즉, 남한 정부와 시민사회의 인식 전환과 그에 기반한 실천이야말로 2000년 체제를 분단체제의 최종 형태로 만들 수 있는 가장 중요한 변수다. 남한 정부의 정책 전환이 이루어지면 그에 대한 북한의 반응에 따라 〈그림 1〉의 ① 또는 ②의 경로가 결정될 것이다. 남한 정부가 냉전체제의 경로를 답습하는 한 분단체제 극복은 불가능할 수 있다. 따라서 남한의 국가 정체성 변화가 현 단계 분단체제 극복에 핵심 열쇠가 될 수 있다. 그 변화를 추동할 원천은 바로 남한 시민사회다.

　남한의 국가와 시민사회가 분단체제의 극복을 위해 선택할 수 있는 경로는 대략 세 가지 정도가 있는 것처럼 보인다. 첫째, 한미동맹의 강화를 통해 분단을 극복하는 방법이다. 이 경로를 통한 분단극복은 한미동맹을 기초로 북한을 흡수하는 것이다. 둘째, "우리 민족끼리" 또는 민족공조를 통해 구조적 제약을 벗어나는 경로다. 6·15 남북공동선언 2항은 남북한의 통일에 대한 새로운 상상력을 열어 놓고 있다. 그러나 이 경로가 가능하기

---

35 남한 내부에서 북한에 대한 시각은 크게 세 종류가 존재하고 있는 것처럼 보인다. 첫째, 북한에 자유민주의와 자본주의 시장경제를 수출하고자 하는 세력으로 이들은 북한체제를 완전히 부정한다. 둘째, 북한의 체제를 존중하려는 세력도 존재한다. 셋째, 남북한이 '제3의 길'을 추구할 수 있다고 생각하는 세력도 있다.

위해서는 북한이 남한을 위협으로 느끼지 않게끔 할 수 있는 인식적, 실천적 전환이 필요하다. 셋째, 한반도 문제가 국제 문제임을 고려하면서 동북아 차원의 지역적 시각을 기초로 분단체제를 극복하는 방식이 있을 수 있다. 4차 6자회담의 9·19 공동성명에서 나타난 것처럼 한반도 평화체제와 동북아 다자간 안보협력을 연계하는 방안이다. 이 경로는 한국 사회에서의 자주냐 동맹이냐의 이분법적 논쟁을 넘어설 수 있는 대안이기도 하다.

남한 정부는 냉전체제의 실천을 반복하면서 한미동맹을 강화하는 경로를 가고 있는 것처럼 보인다. 남한 정부가 한미동맹을 축으로 남북한 관계 개선을 시도하는 이유의 저변에는 '한국판' 중국 위협론과 중국 위험론이 위치하고 있는 것처럼 보인다. 중국이 줄 수 있는 미래의 안보위협을 고려할 때, 또한 중국 경제의 내파에 의한 미래의 경제적 위험을 고려할 때, 한미동맹을 기초로 한 남북한 관계를 개선하는 것이 적절하다는 판단이라는 것이다.[36] 주한미군의 전략적 유연성에 대한 합의나 한미 FTA자유무역협정 협상의 졸속 추진 등이 그 사례다. 남한 정부의 이 선택이 2000년 체제를 후퇴시키거나 폐기시키지는 않겠지만 남한 정부가 인식의 전환을 하지 않는 한 2000년 체제의 현상유지적 성격이 강화될 수밖에 없다. 2000년 체제의 진화를 어렵게 하는 또 다른 정책 선택은, 1997년 IMF 위기를 계기로 남한이 신자유주의적 발전 전략을 선택하면서 성립한 1997년 체제의 지속 및 강화와 2000년 체제의 1997년 체제로의 포섭이다. 북한 경제의 미래를

---

[36] 한 논평자의 지적처럼 이 글이 중국의 실제 위협과 위험을 부정하고 있는 것은 아니다. 예상되는 중국의 위협과 위험을 제거하기 위해서도 평화국가 만들기가 필요하다는 것이다.

구상하면서 1997년 체제와 같은 신자유주의적 경제체제를 수출하려 할 때, 분단의 극복이 분단체제를 악화시키는 현실을 만들 수도 있다. 다른 한편, 남한의 1997년 체제는 북한에 대한 인식의 전환을 추동한 힘이었지만, 1997년 체제에 의해 남한 내부의 사회적 양극화가 심화된다면, 사회적 양극화에서 열위에 있는 사회세력들은 남북한 관계의 진전이 사회적 부富의 북한으로의 이전이라는 이유로 남북한 관계의 진전에 반대할 가능성도 있다.

남한의 진보적 시민사회는 앞서 말한 두 번째와 세 번째의 경로를 놓고 논쟁 중에 있다. 남한의 1997년 체제가 2000년 체제를 포섭할 것에 대한 우려도 간헐적으로 제기되고 있다. 2000년 체제는 남북한이 서로의 국가적 실체를 인정함으로써 성립되었다. 따라서 2000년 체제는 '분단체제의 해체가 국가성의 강화인가' 아니면 '통일을 지향하는 분단의 극복인가'라는 두 길을 앞에 두고 있다. 국가성의 강화를 통한 통일의 길도 상정해 볼 수 있다. 이 과정에서 통일운동 세력과 평화운동 세력의 분화가 나타나고 있다. 통일운동 세력이 민족공조를 통한 한반도 문제의 해결을 지향한다면, 평화운동 세력은 북한의 인권 상황과 같은 문제들을 회피하지 않으면서 평화공존의 단계로 진입해야 한다는 입장을 견지하고 있다. 극단적으로 이야기하면, 평화냐 통일이냐의 선택이 될 수도 있다. 앞서 〈그림 2〉에서 ①과 ②의 길의 분기다. 이러한 발상이 "통일을 교류협력과 체제혁신을 통해 남북을 아우른 한반도 지배체제를 해체시켜가는 과정"을 보지 못하는 것이라는 비판도 있지만,[37] 남북한 관계 및 한반도를 둘러싼 국제관계를 고려할 때, 남북한 관계만으로 핵위기와 같은 한반도 문제를 해결하는 것은 가능하지 않은 것처럼 보인다.

2000년 체제의 진화와 관련하여 평화냐 통일이냐를 선험적으로 전제하지 않으면서 이 글에서 제시하고자 하는 대안은 세 번째 경로를 통해 남북한과 동북아를 아우르는 '평화국가'를 건설하는 것이다. 남한 시민사회를 동력으로 부국강병이 아니라 부민화호를 지향하는 평화국가를 건설하는 것은, 2000년 체제의 성립 과정에서 볼 수 있듯이 북한 국가형태의 미래에 영향을 미칠 수 있는 가장 중요한 변수가 될 수 있다. 또한 군비경쟁의 위험이 잠재해 있는 동북아 지역에서 남한의 국가 정체성 변화는 동북아 지역에서 다른 국가들의 정체성 변화를 유도하면서 정치경제적 협력을 촉진할 수 있는 계기가 될 수 있을 것이다. 즉, 남한의 신사고가 될 수 있는 평화국가 만들기는 남북한 관계의 차원을 넘어 동북아적, 세계사적 보편성을 담지할 수 있는 남한 시민사회의 운동이 될 수 있을 것이다.[38]

국가폭력의 정당성을 인정하는 한, '평화국가'는 모순적 조어다. 근대 초기 "전쟁이 국가를 만들고 국가가 전쟁을 만들었다"는 주장을 상기할 때, 평화국가라는 표현은 하나의 모순일 수 있다는 것이다. 전쟁국가나 안보국가라는 표현은 사용되지만 평화국가라는 표현이 사용되지 않는 이유는 평

---

37 유재건, "역사적 실험으로서 6·15시대," 288쪽.

38 평화국가 만들기는 한반도적 특수성에서 출발한 것이지만, 세계사적 보편성을 운운하는 이유는, 우리의 세계에서 평화국가 만들기 형태의 실천이 진행 중이라는 점을 염두에 두고 있기 때문이다. 간단한 사례지만 중견 국가들의 윤리외교를 통해 대인지뢰금지협정이나 국제형사재판소 설립과 같은 성과가 만들어지고 있기도 하다. 또한 유럽연합과 같은 초국적 정치체의 등장은 초국적 민주주의가 실현되는 평화국가들의 연합을 상상하게 한다. 현재의 평화지향적 국가의 성장과 전쟁국가의 대립으로 설명할 수 있을 정도로 세계를 평화지향적 세력과 반전 평화운동의 물결을 확인할 수 있다. 이 실천들의 내용과 형태를 자세히 기술하기 위해서는 또 다른 논문이 필요할 것이다.

화국가가 국가로서 가질 수밖에 없는 존재론적 제약 때문일 것이다. 단, 평화의 실현을 위해서 반드시 폭력이 필요하다는 주장에 동의한다면 평화국가라는 표현을 쓸 수도 있지만, 평화적 방법에 의한 평화를 부정하는 국가를 평화국가로 개념화하는 것은 불필요한 것처럼 보인다. 평화국가 대신 근대국가 또는 국민국가라는 기존 개념을 사용하면 되기 때문이다. 따라서 평화국가를 이론적 개념으로 선택하기 위해서는 '평화'와 '국가'에 대한 재정의가 필요하다. 평화국가는 국가의 폭력성과 폭력적, 억압적 국가장치에 기초한 평화가 아니라 평화적 방법에 의한 평화를 추구하는 새로운 정치체를 지칭하는 개념이다.

따라서 평화국가는 국가의 안과 밖에 대한 근대적 사유의 전복을 통해 근대국가의 근본적 전환을 시도하려는 의지가 담겨 있는 논쟁적, 운동적 개념이다. 평화국가를 지시적 개념으로 한정할 때, 정치적 상상력의 경계가 설정될 수 있다. 개념의 정의가 개념의 감옥이 되는 것을 피하려는 이유는, 미래의 불확정성 때문이다. 개념의 탄력성이 필요한 이유다. 이 탄력성은 과거에 대한 상상을 기초로 미래에 대한 집합적 기억을 만들어 가고자 하는 진보적 사회운동의 창조성의 원천이기도 하다. 평화국가를 구성하는 기본 원칙은 다음과 같다.

첫째, 평화국가도 '국가'이기 때문에 근대국가의 본질적 속성인 영토성, 물리적 폭력 수단의 독점, 정당성을 가진다. 그러나 평화국가는 정당한 방법을 통해 물리적 폭력 수단의 적정 규모화 및 최소화를 추구한다는 점에서 근대국가와 구별된다. 그럼에도 폭력적, 억압적 국가장치가 존재하는 한 평화국가는 최종형태에 도달했다고 할 수 없다. 따라서 현실의 평화국가는 '과정'으로서의 평화국가의 성격을 가질 수밖에 없다. 평화국가론을 남한에 적용할 경우, 남한의 일방적인 군축이 남한의 안보를 위태롭게 할 수 있다는 반박이 있을 수 있다. 이에 대해 남북한 관계 차원에서는 두 가지 반론이 가능하다. 하나는 평화국가가 국가인 한 완전한 무장 해제를 이룬 국가가 아니라 최소한의 방어 능력을 갖춘 국가라는 점이다. 다른 하나는 1950년대 중후반 북한의 병력감축에 대해 남한이 지상군 감축으로 화답한 것처럼, 남북한 관계에서도 일방적 군축이 상호 군축으로 이어진 경험이 있다는 점이다.[39]

둘째, 평화국가는 평화외교와 윤리외교를 지향한다. 윤리국가로서의 평화국가가 국가이익을 무시하는 국가로 비판될 수 있다. 그러나 어떤 국가도 자신만의 힘으로 절대안보를 추구할 수 없는 세계에서 국가이익과 국제사회의 규범을 조화시키려고 노력할 때, 비로소 평화와 안보를 획득할 수 있다. 공동안보와 협력안보는 바로 이러한 인식의 산물이다. 한반도 차원에서 공동안보와 협력안보의 실현이 곧 한반도 평화체제의 건설이다. 우리는 공동안보와 협력안보를 매개로 안보의 대상이 사람이라는 인식의 전환을 확산시킬 필요가 있다. 즉, 인간안보 개념의 확산이다. 안보의 대상을 국가로 생각할 때, 국가보안법과 같은 억압적 국가장치가 정당성을 가질 수 있다. 평화국가는 궁극적으로는 안보담론을 평화담론으로 대체하고자 한다. 평화외교와 윤리외교의 주체로 우리는 국가뿐만 아니라 시민사회도 고려할 수 있어야 한다. 평화국가에서 전쟁억지력은 그 무엇보다도 시민사

---

39 함택영, 『국가안보의 정치경제학』, 245쪽.

회의 평화지향적 역량이다. 동북아 시민사회와 그들의 평화연대는, 동북아는 물론 한반도 평화에 대한 가장 중요한 지지세력이 될 수 있다.

셋째, 평화국가는 정치경제적인 측면에서 구조적 폭력이 제거된 적극적 평화를 지향하는 축적체제에 기초한다. 신자유주의적 축적체제는 경제적 불평등을 양산하고 있다. 사회적 양극화와 과잉자본이 공존하는 남한 사회의 불균형이 한국 민주주의를 위협하고 있고 이 한국 민주주의의 위기는 한반도 평화과정을 위협할 수도 있다.[40] 앞서 지적한 것처럼 1997년 체제가 2000년 체제를 포섭하게 될 때, 한반도 차원에서 경제적 불평등이 심화될 가능성이 높다. 평화과정과 함께 가는 지속 가능한 발전이 평화국가의 물적 기초가 되어야 한다. 북한에 대한 발전 지원이 평화과정과 함께 가는 지속 가능한 발전을 추구할 때, 이는 남한 사회의 변혁에도 기여할 수 있는 분단체제 극복의 실천 형태가 될 수 있을 것이다.

평화국가의 이상을 현실화하기 위해서는 무엇보다도 주체의 형성이 중요한 과제다. 주체의 형성과정은 사회적 합의의 과정이기도 하다. 평화국가의 정치경제적 토대를 고려할 때, 평화-진보 세력의 역사적 블록을 형성하기 위해서는 평화와 복지를 통합적으로 사고할 수 있어야 한다.[41] 즉, 남북한 경제력 격차의 해소와 남한 사회의 사회적 양극화의 극복이 긴밀히 연계된 과제로 설정될 수 있어야 한다. 평화과정과 함께 가는 북한의 발전에 대한 지원이 평화국가 만들기의 주요 과제 가운데 하나로 제시될 수 있

---

40 서동만, "6·15시대의 남북관계와 한반도 발전구상," 229쪽.

41 서동만, 위의 논문, 230쪽.

는 이유도 바로 여기에 있다. 남한의 평화국가 만들기가 북한의 국가 정체성의 변화로 연결될 수 있다면, 2000년 체제는 진화의 형태는 〈그림 1〉에서 ①과 ②의 벡터vector가 될 것이고, 이는 역사적 실험으로서 한반도식 통일에 대한 상상력을 높여 줄 것이다.

4. 결론 : 6·15담론에서 평화국가담론으로

19세기 조선의 학자였던 혜강惠岡 최한기(1803~77)는 동아시아의 전통적 사유틀과 서양의 근대적 사고를 결합하면서 새로운 세계를 구상했던 이론가였다. 서양의 제국주의적 지배를 매우 순진하게 생각했던 측면이 있지만, 그가 제시한 일통一統의 세계에서 대동大同과 화호和好의 실현은, (필자의 무지를 무릅쓰고 감히 말하지만) 이 글에서 한반도 분단체제 극복의 대안으로 제시하고 있는 평화국가 만들기와 다를 바 없다는 생각도 든다. 최한기가 인륜으로 간주되던 오륜五倫에 추가하고자 했던 '조민유화'兆民有和(백성에게 평화가 있어야 한다)는 "세계시민적 덕목의 윤리적 명제화"일 수 있다.[42] 그러나 최한기의 사상은 역사적 블록을 형성하지 못했고, 조선은 식민지로 전락했다. 지금이 19세기 말과 같은 상황은 아니지만 19세기 말에 버금갈 정도의 격동의 시기인 것은 사실이다. 한반도의 미래를 새롭게 설계해야 하

---

42 임형택, "혜강 최한기의 시간관과 일통사상," 『창작과비평』 115호(2002); 박희병, 『운화와 근대: 최한기 사상에 대한 음미』(2003).

고 그 설계를 둘러싸고 다양한 입장들이 경쟁하고 있다. 우리는 선택의 기로에 서 있는 것이다.

6·15담론은 그 선택의 하나를 담고 있다. 6·15담론이 남북한을 아우르는 공동의 언어가 되고 있다는 점도 고무적이다. 그러나 6·15담론은 궁극적 한계를 지니고 있다는 것이 필자의 생각이다. 그것은 평화과정에 대한 신기능주의적 가정의 한계다. 남북한의 군사적 대립 구도가 남북한의 경제적 교류와 협력만으로 해소되지는 않는다. 남북한 모두 안보담론의 전환을 이루지 못한다면, 2000년 체제의 진화는 불가능할 수도 있다. 이른바 북한 핵 문제가 남북한의 공조를 통해 해결될 수 있기 위해서는 두 가지 전제가 충족되어야 한다. 하나는 남북한이 군비경쟁을 포기할 수 있을 때다. 그러나 남한이 군비를 증강하고 있는 상황에서 북한 핵 문제를 남북한의 공조로 해결하는 것은 불가능하다. 남한을 평화국가화하고 남북한의 상호작용을 통해 북한 또한 평화국가의 길을 갈 수 있을 때, 북한 핵 문제의 궁극적 해결이 가능하다. 다른 하나는 한반도의 평화(통일)과정에 대한 국제적 승인이 가능할 때다. 이 승인은 평화(통일)의 한반도가 주변 국가에 위협으로 인식되지 않을 때 이루어질 수 있다. 6·15담론은 통일된 한반도에 대한 주변 국가의 안보적, 경제적 우려를 담고 있지 않다. 한반도 문제의 해결을 위해 동북아 차원의 지역적 시각이 중요한 이유다.

6·15담론에서 평화국가담론으로의 전환은 남한 사회 내부의 갈등을 승화시키기 위해서도 필요하다. 특히, 진보 대 진보 갈등의 승화를 위해 평화국가담론은 적절한 대안일 수 있다. 2000년 체제의 재생산은 보수조차도 남북한의 화해와 협력을 반대할 수 없는 상황에 이르렀음을 보여주는 것이다. (진보 대 진보의 갈등에 주목하는 이유는 2000년 체제의 진화를 위해서다.) 진보

대 진보의 갈등은 두 축을 가지고 있다. 하나는 통일 대 평화의 갈등이고, 다른 하나는 분단체제 극복의 단계 설정 문제다. 통일과 평화의 분기는 2000년 체제의 모순 때문이다. 2000년 체제는 남북한이 서로의 국가적 실체를 인정할 때, 재생산될 수 있는 체제다. 따라서 통일과 평화 모두 2000년 체제의 진화과정에서 열려 있는 대안이 될 수 있다. 그러나 아쉬운 점은 6·15담론을 주도하고 있는 통일운동 세력에서 안보담론의 근본적 전환을 발견할 수 없다는 것이다. 즉, 남북한을 아우르는 통일운동 세력에서는 여전히 낡은 민족주의에 입각한 부국강병의 논리가 발견되고 있다. 부국강병의 정책은 한반도 민중의 삶의 질을 저하시킬 뿐만 아니라 한반도 평화(통일)과정에 대한 국제적 승인을 가로막는 장애물이 될 수 있다.

분단체제 극복의 단계 설정을 둘러싼 갈등을 극단적으로 단순화하면, "분단극복 없이 민주화 없다"는 입장과 "질적 민주화가 평화의 선결 조건"이라는 입장의 대립으로 정리될 수 있다. 이는 1980년대 남한의 진보적 사회운동과 사회과학계의 논쟁이었던 '선통일 후변혁의 민족민주세력'과 '선변혁 후통일의 민중민주세력' 간의 갈등의 재생산인 것처럼 보이기도 한다. 평화국가담론은 분단체제 극복의 단계론을 극복할 수 있는 계기를 제공할 수 있다. 평화국가담론은 질적 민주화가 안보담론 및 정책의 근본적 전환과 연계될 수 있을 때 가능할 수 있다고 주장하고 있기 때문이다. 또한 실천적으로 분단체제 극복을 위한 역사적 블록의 형성을 위해서는 다양한 진보가 연대할 수 있어야 한다. 6·15위원회 내부의 갈등을 드러내고 해결할 수 있는 방안을 모색해야 한다. 평화국가담론은 진보의 연대를 위한 공통분모를 제시한다.

마지막으로 평화국가담론을 구체적 사례에 적용하면서 부민화호의 한

반도를 지향하는 평화국가담론의 현 단계에서의 적실성을 이야기하고자
한다. 그 사례로, 평화국가담론에 입각하여 이른바 개성공단 조성을 다시
금 설계하는 작업이다. 개성공단 조성은 남북한의 화해와 협력의 상징이다.
개성공단의 건설로 남북한의 군사적 긴장완화의 계기가 마련된 것도 사실
이다. 몇 개 대대병력의 수준이지만 개성공단 조성 때문에 북한군이 후방
배치되기도 했다. 그러나 개성공단 조성은 여전히 많은 한계를 가지고 있
다. 첫째, 남한의 진보 세력은 고려의 수도인 개성에 공단을 건설하는 문제
를 직접적으로 제기한 바 없다. 그 이유는, 문화도시의 유적보다는 한반도
의 화해와 협력이라는 대의가 더 중요했기 때문일 수 있다. 둘째, 개성공단
조성의 노동조건은 남한의 진보가 먼저 제기했어야 하는 문제다. 즉, 약 57
달러의 한 달 임금이 적정 수준인가, 그리고 북한 노동자 개인에게는 이
임금이 어떻게 분배되는가에 관한 문제는 남한의 민주화를 이끌었던 노동
운동 세력이 먼저 제기했어야 하는 과제였다. 셋째, 개성'공단'이라는 표현
은 한반도의 미래를 상징하기에는 너무나 협소하다. 남한의 자본과 선진기
술 그리고 북한의 값싼 노동력이 결합한 공단은 남북한의 화해와 협력을
추진하기에는 불안한 결합이다. 북한의 입장에서 본다면 개성공단 조성은
자신들의 열등한 상태를 증명해 주는 사례로 인식될 수 있다. 남과 북이
함께 개성을 첨단의 기술이 만나는 공간이면서 남북한의 화해와 협력을 실
천하는 공간으로 만들 수 있는 개성 '평화의 도시' 기획을 제안해 볼 수 있
다. 마지막으로 최근 북한과 중국의 경제협력 확대를 남북한 경제협력에
대한 방해물로 인식하는 남한 좌우 민족주의자의 인식은 한반도 평화(통일)
과정에 대한 국제적 승인의 필요성을 고려하지 않은 비판일 수 있다는 점
도 지적될 필요가 있다. 남북한의 진정한 민족공조가 이루어질 수 있기 위

해서는 그 공조에 대한 국제적 승인이 있어야 한다. 개성 '평화의 도시'에 다양한 국적의 자본이 협력하면서 동북아 공동체를 구상할 수 있는 진취적 대안을 만드는 것이 평화의 한반도를 만들 수 있는 적극적 대안일 수 있다.

평화국가담론은 남북한의 경제적 격차가 한반도의 평화를 위협할 수 있음을 지적한다. 평화외교와 윤리외교의 시각에서도 북한에 대한 개발 지원은 불가피하다. 이 개발 지원에 자본은 물론 다양한 시민사회 세력이 동참하여 평화과정과 함께 가는 지속 가능한 발전의 모형을 만들 수 있어야 한다. 남한의 신자유주의적 축적체제를 변화시키기 위해서도 북한에 대한 개발 지원의 내용과 형태에 대한 사회적 합의는 중요한 의미를 지닐 수 있다. 부민화호의 한반도를 생각할 때, 평화국가담론이 분단체제의 극복을 위한 대안으로 진지하게 고려되어야 한다.

'대량설득무기'의 위협에서 어떻게 벗어날 것인가

〈참여연대 평화군축센터〉의 '평화국가 만들기' 제안에 대해『창작과비평』편집위원 유재건 교수가『창비주간논평』에 비판적 논평을 게재했다. 평화군축센터의 "이제 '평화국가'를 이야기하자" 심포지엄에서 발표된 한 글에서『창비』가 관심을 기울이는 6·15담론의 한계를 언급하면서 6·15담론이 평화국가담론으로 진화해야 한다는 주장을 했기 때문일 것이다. 우리가 이러한 주장을 한 것은 두 가지 이유에서였다.

첫째, 지속 가능한 한반도 평화과정을 위해서는 남북한이 냉전시대의 안보담론과 안보정책을 넘어서야 하는데, 6·15담론이 주요하게 고려하는 기능주의적 접근만으로는 이 도약이 이루어질 수 없다고 생각했기 때문이다. 둘째, 남북한이 공유하고 있는, 특히 북한에서 두드러지게 나타나는 6·15담론의 강한 민족주의적 정향定向 때문이었다. 지속 가능한 한반도 평화과정은 동북아적, 세계사적 보편성을 담지할 때 실현 가능하다는 것이 우리의 생각이다. 남한 시민사회발 평화독트린이라고 할 수 있는 '평화국가 만들기'는, 남한이 안보국가에서 평화국가로 전환함을 통해 한반도 분단체제를 허물고 동아시아 평화네트워크를 구성하며 종국에는 지구적 차원에서 평화국가의 연합을 형성하고자 하는 이론적, 실천적 기획이다.

유재건 교수의 비판의 핵심은, 평화국가 만들기가 한반도 평화과정에 대한 성찰의 계기를 제공할 수는 있지만 실현 가능한 의제가 아닌 근본주의적 발상이라는 것이다. 유 교수는 두 수준에서 평화국가 만들기의 근본주의적 편향을 지적하고 있다. 하나는 남한의 평화국가화를 축으로 하는 한반도 평화과정의 설계가 현실성이 떨어진다는 것이다. 남한이 바뀐다고 해서 북한을 비롯해 미국과 동아시아 국가들이 뒤따라 변한다는 보장이 없다는 것인데, 아마도 잘 변하지 않을 것 같은 부시 행정부의 미국을 염두에 둔 생각일 것이다. 다른 하나는 평화국가 만들기가 "일반 대중의 감정과 욕구를 도외시하는" 발상이라는 것이다. 매우 놀랍게도 유 교수는 평화국가 만들기가 야기할 "일반 대중의 안보불안"을 이야기한다. 그렇다면 "지속적인 화해와 교류를 통해 이루게 되는 남북 국가연합"도 그 과정에서 혹 대중의 안보불안이 발생한다면 중단해야 한다고 생각하는 것일까. 아니면 그 과정은 안보불안 없이 진행되는 것일까. 아니지 않는가.

'담론적 실천'으로 평화국가 만들기가 개입하려는 지점이 바로 여기다. 6·15담론이 안보담론의 포로가 되는 것을 막기 위해서는 안보담론의 전환을 이룰 수 있는 내적 장치를 가져야 한다. 안보담론은, 대량살상무기만큼 때론 대량살상무기보다 위협적이며 결국 대량살상무기를 생산하게끔 하고 군비를 증가하도록 하며 전쟁의 불가피성을 정당화하는 '대량설득무기'의 역할을 하고 있다. 유 교수에게 드리는 질문은, 한반도를 아우르고 있는 안보담론이라는 대량설득무기의 위협에서 어떻게 벗어날 것인가. 평화국가 만들기는 안보가 어떻게 가능할지가 아니라 평화가 어떻게 가능할 것인가를 물으려 한다. 장기지속처럼 느껴지지만 사실은 1950년 전쟁을 겪으면서 형성된 '안보'를 절대화하는 집합적 무의식과, 안보위협을 만들어 내고 그 무의식을 도처에서 끊임없이 재생하는 가시적·비가시적 메커니즘을 해체하는 방도를 찾고자 하는 것이다.

집합적 무의식 내지 집합적 정체성의 변화는 집합적 실천의 누적과 새로운 프레임의 제시라는 외적 충격을 통해 가능하다. 굳이 패러다임의 변화를 둘러싼 과학철학계의 논쟁을 원용하지 않더라도, 새로운 패러다임이 제시되지 않는다면 집합적 실천의 누적만으로 새로운 질서로의 이행이 가능하지 않음을 우리는 한국 사회의 경험을 통해 너무나 잘 알고 있다. 평화국가 만들기는 안보담론에서 평화담론으로의 패러다임 변화에 기여하는 한 계기를 만들려는 것이다.

유 교수의 지적처럼 '지금 여기에서 그것이 가능한가'라는 질문이 당연히 제기될 것이다. 그 조건은 그 어느 때보다 성숙되어 있다. 미국군으로부터 전시 작전통제권(작통권)을 환수하는 문제를 둘러싼 논쟁을 예로 들어 보자.

초기 작통권 환수 논쟁의 구도는 자주 대 동맹이었다. 이 지점에서 6·15담론은 유효했다. 본격적으로 논쟁이 전개되면서 안보담론 생산자 네트워크의 전가의 보도인 안보위협론이 등장했다. 당연히 남북한 군사력 비교가 의제로 떠올랐다. 하지만 미국조차도 북한의 재래식 군사력이 남한에 위협이 되지 않는다고 하자 북한의 대량살상무기에 의한 안보위협이 제기되고 이른바 자주국방에 소요되는 비용이 쟁점이 되고 있다. 이제 우리의 길은 두 갈래다. 작통권 환수를 전제로 안보국가를 강화할 것인가 아니면 평화국가의 초기 모습을 보일 것인가. 적정 규모의 군사력을 계산하면서 군축을 실현할 수 있는 계기가 마련되고 있는 것이다. 한미동맹의 민주화 또한 비켜갈 수 없는 의제가 되고 있다.

작통권 환수에 소요되는 비용을 둘러싼 논쟁을 평화국가 만들기를 통해 재해석하기 위해서는 작금의 최대 논란거리인 북한의 대량살상무기와 대량설득무기를 제거할 수 있는 담론과 실천의 방향을 제시해야 한다. 북한이 안보불안을 염려하여 제한된 자원을 비대칭적 군사력 균형에 투입하는 것을 막기 위해서도 남한의 평화국가 지향이 절실히 필요하다. 예를 들어 남한의 선先군축은 작통권 환수에 드는 비용 문제를 해결하면서 동시에 북한의 안보불안을 줄일 수 있는 정책적 선택이자, 군비경쟁의 조짐이 보이는 동북아에서 한반도 평화를 위해 우리가 선택하지 않을 수 없는 대안이다. 더불어 선군축은 한반도 민주주의의 진전과 새로운 발전모델의 형성을 위한 물적 토대를 제공하는 효과를 낼 수 있다. 유일 패권국 미국조차도 평화지향적 국가를 안보국가 내지 전쟁국가로 만들 능력은 없다.

남한의 평화국가 지향이 최악의 경우 미국과 북한, 그리고 동아시아 국가들에게 연쇄적인 상호작용을 일으키지 못할 수도 있다. 남한만이 평화국가의 지향을 보이고 주변 국가들이 안보국가를 강화하는 경우로, 함께 파멸의 길을 가는 경로다. 그 최악의 길을 방지하기 위해서도, 최소한 주변국들이 평화지향적 안보국가의 형태를 띠게 하기 위해서도, 동아시아 시민사회의 평화 네트워크에 기초한 남한의 평화국가 지향은 큰 의미를 지닐 수 있다. 평화국가 만들기는, 국가안보에서 공동안보와 협력안보로, 인간안보 human security에서 지속 가능한 평화로 가기 위한 새로운 패러다임이다. 안보담론을 생산하는 대량설득무기를 해체하기 위한 담론투쟁은 평화국가 만들기의 출발점이다.

제2장

평화개념의 비판적 재구성 : 한반도적 맥락

당신(A. 아인슈타인)과 나를 비롯한 수많은 사람들은 무엇 때문에 전쟁에 그토록 격렬
히 반발하는 것일까요? 왜 우리는 전쟁을 단지 인생에서 수없이 부딪치는 고통스러
운 재난 가운데 하나로 받아들이지 않는 것일까요? …… 내 생각에 우리가 전쟁에
반대하는 주된 이유는 반대하지 않을 수 없기 때문입니다.

S. 프로이트, "왜 전쟁인가,"『문명 속의 불만』.

1. 문제 설정

'평화'는 계급, 세대, 지역의 균열을 초월하는 보편적 담론처럼 보이기
도 한다. 예를 들어 '노동해방'은 누구나 외칠 수 있는 구호가 아니지만 '평
화'는 누구도 거부감을 보이지 않는 구호일 수 있다. 2002년 월드컵의 "오!
필승 코리아"가 한반도 전쟁 위기 극복을 위한 "오! 피스peace 코리아"로 쉽

게 번안되는 것도, 민족담론에 버금가는 평화담론의 위력적인 통합력 때문이라고도 할 수 있다. 『문화일보』가 "평화를 우리 사회의 중심가치의 하나로 가꾸어나가기 위해" 추진한 "6월의 하나됨, 7월의 평화"라는 "캠페인의 일환으로" 선정한 '평화인물 100인'의 면모는 평화담론의 그 위력을 여실히 보여주고 있다.[1]

그 신문이 정의한 '화해-공존-나눔'이라는 평화의 덕목에 부합하는 활동을 하고 있는 인물로 풀뿌리평화실천가 18인, 사회운동 활동가 9인, 여성계 5인, 학계 4인,[2] 문화예술계 5인, 대중문화인 8인, 종교계 21인, 외국인사 5인, 공무원 및 국가기관 6인, 재계 및 금융계 11인, 체육계 4인, 기타분야 4인이 선정되었다. '각계각층'을 망라했다고 해도 과언이 아니다. 이 명단에서 생태운동가, "붉은 악마", 대북지원운동가와 북한인권운동가, 반전운동가, 기업가가 공존하고 있다. 반전, 반미, 남북한 화해·협력 분야의 활동가가 다수를 이루고 있지만, '신新'사회운동인 생태운동 또는 환경운동 활동가로 분류될 수 있는 인물도 20% 정도를 차지하고 있다는 점이 주목된다. 반면, '구舊'사회운동인 노동운동에서는, 노동운동 출신의 기초자치단체장과 외국인 노동자운동을 하는 외국인을 제외하고는, 한 명도 선발되지 않았다는 사실이 흥미롭다. 이 캠페인의 선정 이유는 '산업평화'에 기여한 공로였다.

---

[1] 『문화일보』, 2003년 5월 31일.

[2] 학계의 평화인물에는 평화연구자 또는 국제정치학자가 포함되어 있지 않다. 한국 국제정치학의 현실주의적 또는 반反평화적 성격 때문일까.

신문의 선정성을 충분히 감안하더라도, 우리는 이 인물 선정을 통해 평화개념의 전성성展性性을 확인할 수 있다. 평화개념을 정의하는 것 자체가 논쟁이 되는 이유다. 평화개념의 정의, 즉 평화담론을 둘러싼 논쟁은, 평화운동의 주체, 평화운동의 지향과 형태와 방법, 그리고 평화에 이르는 전략과 경로를 구성하는 문제이기도 하다. 또한 평화는 개인적, 사회적, 국가적, 국제적 수준에서 각기 다른 의미를 지닐 수 있다. 평화개념의 다의성多義性이 존재한다면 그리고 그 다의성이 사회적 실재reality라면, 평화운동의 다원주의 또한 불가피할 수 있다. 그러나 배제의 논리가 작동하는 다원주의는 실재를 재구성하려는 의도적인 담론적 실천의 결과다. 예를 들어『문화일보』의 평화인물 선정에서 노동운동 또는 더 포괄적으로 민중운동이 배제되는 이유는, 민중운동이 그 신문의 평화에 대한 정의인 화해-공존-나눔의 '표상'과 부합하지 않기 때문일 수 있다. 사회운동의 저항성을 발현하게 하는 근원에 대한 고민 없이, 저항성을 평화의 미학과 분리하는 순간, 우리는 평화를 현상유지 또는 안정stability과 등치하게 된다. 안정이 평화인가. 평화는 안정일 수 있지만, 안정이 평화는 아니다. 평화개념의 재구성, 즉 "평화란 무엇인가"라는 질문을 다시금 제기하는 이유가 바로 이 때문이다.

2. 평화의 개념 : "수입품의 시장조사"

서구의 전통에서, 평화는 '국제관계학' 사전의 항목 가운데 하나다. 즉, 평화는 어의상 국가 간 관계를 지칭하는 국제관계에서 나타나는 현상 가운데 하나다. 따라서 평화는 인간의 문제 또는 국내정치의 문제가 아닐 수 있다. 국제관계학 사전의 정의에 따르면, 평화는 "전쟁의 부재不在"다.[3] 이 '소극적'negative 정의가 함의하는 바는, 국제관계의 '정상상태'는 전쟁상태 라는 것이다. 전형적인 서구적 근대의 국제관계 인식이다. 따라서 평화는 특정한 전쟁이 끝난 후, 조약treaty에 의해 '부과되는' 그 무엇이다. 예를 들어 조약을 통해 형성되는 세력균형이 평화이며 헤게모니 국가가 부과하는 질서가 평화인 것이다. 서구에서 평화의 시대를 묘사하는 팍스 로나마Pax Romana나 팍스 아메리카나Pax Americana에서 팍스는 부과된 질서를 의미하는 것으로, 결국 이 표현은 헤게모니 국가가 만들어 가는 평화를 나타내고 있는 것이다.

즉 서구적 근대에서 국제적 수준의 평화담론은 소극적이고 부차적인 지위를 차지한다. 이 서구적 근대의 국제관계 인식은 전쟁을 평화와 정의를 실현하기 위한 필수불가결한 수단으로 간주했던 중세 기독교 신학에서 연원하고 있다. 4세기의 신학자인 성 아우구스티누스St. Augustine는, 전쟁을 신국神國의 시민이자 동시에 세속적 왕국의 시민인 타락한 인간이 감내해야 하는 것으로 생각했다. 기독교 세력 내부의 전쟁 및 기독교적 세계를 유지·확대하기 위한 이교도와의 전쟁이 불가피하다고 생각했기 때문이다. 따라서 이른바 "정의의 전쟁"은 교회가 승인한 자연적인 질서의 일부였다. 평화는 신과 함께 하는 영원한 삶을 의미했을 뿐이다.[4] 따라서 전쟁이 야기

---

[3] G. Evans and J. Newnham, *The Penguin Dictionary of International Relations* (1998), pp. 423-425. 한국의 『정치학대사전』(1975)에서도 이 정의는 반복된다. 『정치학대사전』에서는 레이몽 아롱R. Aron을 인용하면서, 평화를 "정치적 단위 간의 대립의 폭력상태가 어느 정도 계속적으로 정지되고 있는 상태"로 정의한다.

하는 혼란을 막고자 하는 자생적인 평화운동이 발생할 수밖에 없었다.

중세의 평화운동은, 아래로부터의 민중운동과 교회와 군주가 주도하는 위로부터의 평화운동으로 나타났다.[5] 이 평화운동의 목표는 서구 중세 '내부'의 평화를 실현하는 것이었다. 치안이 극도로 불안정해진 10세기 말부터 등장한 평화운동은 최초에는 교회가 주도하는 신神의 평화운동이었지만, 치안을 위반하는 귀족들에 대항하여 농노와 수도승의 생명과 재산을 지키고자 하는 민중적 평화운동으로 발전했다. 특히, 경제적 번영을 위해서도 평화를 유지하고자 했던 도시지역에서는 봉건제와 교황의 권위에 반대하는 이 평화운동에 기반하여 자치권을 획득할 수 있었다. 중세의 지배계급 또한 이교도와의 전쟁을 안정적으로 수행하기 위해 불법적인 결투권 등을 제한하려 했다. (중세의 평화운동은 평화사상을 탄생시킨 원동력이기도 했다.) 이로써 14세기 르네상스의 시작과 더불어, 중세의 정의의 전쟁론을 '보완'하는 평화사상이 등장한다.

단테와 에라스무스를 거쳐 루소와 칸트에 이르러 서구적 근대의 발명품인 평화사상은 완성된다. 에라스무스는 정의의 전쟁론을 반대하면서 자위自衛 전쟁만을 불가피하게 인정했고, 공리적 관점에서 부정한 평화가 정의의 전쟁보다 경제적으로 이득이라고 했다. 또한 평화를 위한 '국내적' 조

---

4 마이클 하워드, 안두환 옮김, 『평화의 발명: 전쟁과 국제 질서에 대한 성찰』(2002), 21-23쪽; Augustine of Hippo, "From *The City of God against the Pagans*," in C. Brown, T. Nardin and N. Rengger eds., *International Relations in Political Thought* (2002), pp. 119-135.

5 『정치학대사전』, 1644쪽; 『철학대사전』(1989), 1334쪽.

건으로 혼합정체를 지적했다.[6] 그러나 르네상스 시대의 이상이 정의의 전쟁론을 대체한 것은 아니다. 16세기 초의 종교개혁과 1648년 웨스트팔리아Westphalia 평화 등을 계기로 교회권이 군주권으로 대체되고, 새로운 제도로 등장한 '국가들' ― 국가들의 체계system ― 이 대내외적 주권을 가지게 되면서 정의의 전쟁 주체는 국가로 바뀌게 되었다. 주권국가는 필요하다면 언제든지 전쟁을 할 권리를 가지게 되었다. 국가의 생존을 최우선의 가치에 두는 마키아벨리적 '국가이성'이 신의 목소리를 대체하게 된다.

인민주권이야말로 평화의 기초라고 생각했던 루소, 즉 국내정치체제의 민주화를 통해 평화를 실현하고자 했던 루소를 거쳐 칸트에 이르러 서구적 근대의 평화사상은 재발명된다. 칸트는 국가의 정당한 권리를 제한하고 평화를 획득하기 위해서는 전쟁을 삶의 자연스러운 부분으로 인식하게 만드는 군주와 귀족 중심의 정치체제를 혁파하고 모든 국가를 '공화정'으로 만들 수 있어야 한다고 생각했다. 그리고 칸트는 영구평화를 위한 여정의 다음 단계로 국제체제의 무정부상태를 제거하고 개별적으로 처리되고 있는 안보 문제를 집단적으로 해결할 수 있는 〈국제연맹〉league of nations의 창설을 제안했다. 칸트가 설정한 영구평화의 최종단계는 "보편적 세계시민 상태"였다. 칸트는 평화를 성취하는 과정이 매우 지난하고 사실상 불가능할 수도 있다고 생각했지만, 그에게 평화는 인간 이성에 기초한 도덕적 정언명령이었다.[7]

---

6 최상용, "근대 서양의 평화사상," 하영선 엮음, 『21세기 평화학』(2002), 16-19쪽.

7 김용구, 『영구 평화를 위한 외로운 산책자의 꿈 : 루소와 국제정치』(2001); 임마누엘 칸트·빌헬

단테에서 칸트에 이르는 평화사상은 평화를 국제적 수준에서 전쟁이 없는 상태로 정의하지 않고, 인간 및 국내적 수준과의 연계를 통해 정의하여, 영구평화를 건설하려는 사상적 실험이었다. 그러나 이 평화사상은 서구적 근대의 국제관계학에서 부차적 위치를 차지할 뿐이다. 이성을 가진 합리적 주체로서의 국가가 마치 우주의 질서를 구성하는 행성들의 관계처럼 서로 상호작용하면서 형성되는 질서, 이른바 '세력균형'과 평화를 동일시하는 것이 서구적 근대의 지배적 사고였다.[8] 평화는 전쟁을 매개로 조정되는 세력균형을 통해 달성된다는 18세기의 관념은 새로이 탄생한 국가들의 관계, 즉 국제관계를 규율하는 기계적 법칙이었다. 이 뉴튼적 세력균형은, 냉전시대의 평화를 설명하는 개념이기도 하다. 국제관계학의 뉴튼적 물리학자인 현실주의 국제정치학자들에게 세력균형은 시간과 공간을 초월하여 작동하는 보편적·객관적 법칙이다. 따라서 그들에게 평화는 전쟁이 없는 상태일 뿐이다.

세력균형에 대해 다른 해석이 없는 것은 아니다. 예를 들어 영국학파의 불H. Bull은 세력균형을 국제법이나 외교와 같이 공동의 이해와 가치가 존

름 바이셰델, 손동현·김수배 옮김, 『별이 총총한 하늘 아래 약동하는 자유 : 칸트와 함께 인간을 읽는다』(2002), 78-86쪽. 사실, 칸트의 이 평화사상은 군주 및 귀족을 제치고 새로운 지배계급으로 부상하고 있던 부르주아지의 이해를 반영한 것이었다고 할 수 있다. 즉, 자본주의 생산양식이 등장하면서 부富의 극대화 논리가 전쟁의 논리를 압도하게 되었고, 따라서 전쟁은 부의 극대화에 기여할 때만 그 유용성이 인정될 수밖에 없었다. 즉, 평화사상은 중세의 기독교적 질서에 대한 비판이면서 동시에 새로운 부르주아 사상의 윤리적 정당화를 위한 무기였다. 평화는 부의 극대화에 복무하는 또 다른 질서였다.

8 마이클 하워드, 『평화의 발명』(2002), 38쪽.

재할 때 형성되는 "국제사회의 제도"로 본다.[9] 따라서 세력균형은 작용과 반작용을 통해 반복적으로 동맹을 형성하게 하는 뉴튼적인 기계적 법칙이면서도 동시에 규범과 규칙을 공유하면서 공동 이익을 추구하는 국제사회의 기초이기도 하다는 것이다. 즉, 세력균형은 적대적 세력균형일 수도 있지만, 집단안보를 실현할 수 있는 결사체적associative 세력균형의 형태로 나타날 수도 있다.[10] 결사체적 세력균형은 강대국 간의 힘의 균형이나 헤게모니 국가가 주도하는 세력균형과 달리 국제법적인 주권의 상호 인정이 관철되는 "협력적 균형"으로 평가할 수 있다. 따라서 이 주장에 따르면, 세력균형이 제공하는 평화는 국가들의 '합의'에 기초한 평화가 된다.

이상과 같은 서구적 근대의 평화개념에 대한 도전은 '평화연구'peace research 또는 '평화학'peace studies에서 시작된다. 평화연구는, 가치중립적 관점에서 주어진 현실을 해석할 뿐 '변혁'하려 하지 않는 서구 주류 학문전통과의 단절이며 동시에 평화가 획득 가능하고 소망할 만한 것이라는 인식을 기반으로 한 '사회운동'의 의미를 지니고 있다. 사회운동으로서 평화연구는, 1950~60년대에 미국과 유럽에서 "핵억지에 의한 평화"cold peace[11]에 대한 반성에서 출발했다. 그러나 평화연구의 확산에도 불구하고 국제정치

---

[9] H. Bull, *The Anarchical Society* (1977).

[10] M. Sheehan, *The Balance of Power: History and Theory* (1996), pp. 167, 199-200.

[11] 사실, 냉전을 평화로 부르는 것은 전형적인 '서구 중심적' 견해다. 이른바 냉전시대에 세계대전은 없었지만, 한국, 베트남, 아프가니스탄, 앙골라, 니카라과 등지에서 수백만 명이 전쟁으로 희생되었다.

경제의 현실 — 베트남전쟁과 같은 "군사적 제국주의"와 제3세계의 종속, 빈곤과 같은 "경제적 제국주의" — 은 오히려 악화되는 모습을 보이자, 평화연구는 위기에 직면하게 된다. 따라서 새로이 제기된 질문이 바로 '평화란 무엇인가'라는 근본적 문제 제기였다. 평화연구자들은, 과거와 같은 큰 전쟁은 없지만 여전히 평화는 없다고 느꼈기 때문이다. "운동으로서의 평화연구"의 위기였다.

평화를 전쟁이 없는 상태로 정의하고 국제협력을 통해 평화를 달성하고자 하는 미국식 평화연구에 대한 도전은 주류의 밖에서 나왔다. 1968년 국제평화학회 회의에서 '인도'의 다스굽타S. Dasgupta는 "비평화와 악개발" Peacelessness and Maldevelopment이라는 논문을 발표했다. 다스굽타는 발전된 국가에서는 전쟁의 부재가 평화이지만, 저발전국가에서는 단지 전쟁의 부재를 평화와 등치할 수 없다고 주장하면서, 평화의 반대로 전쟁이 아닌 "평화가 없는 상태"peacelessness를 제시한 것이다.[12] 또 다른 비판은 급진 좌파의 몫이었다. 급진 좌파는 "억압받는 사람들의 폭력은 정당하다"는 명제에 기초하여 기존의 평화연구를 비판했다.[13] 평화를 얻기 위한 경로에서 불가피한 수단으로서 폭력을 정당화하고자 하는 시도는 평화연구에 대한 근본적 도전이었다.

---

[12] National Committee for Peace Research, "Recommendation for Promoting Research on Peace Studies," A Report of National Committee for Peace Research, November 26, 2002. 이 문건은 일본의 평화학회가 2차대전 이후의 평화연구를 반성하면서, 대학의 학부에 평화학과를 창설하는 것을 평화연구를 위한 하나의 계기로 삼기 위해 제출한 것이다.

[13] 김명섭, "평화학의 현황과 전망," 하영선 엮음, 『21세기 평화학』, 136쪽.

이 두 도전에 대한 대응이자 수용이 요한 갈퉁Johan Galtung의 평화개념이다. 갈퉁은 "무엇이 평화가 아닌가"라는 질문이 아니라 "무엇이 평화인가"라는 질문을 제기한다. 갈퉁은 "전쟁과 평화"의 대당을 "폭력과 평화"의 대당으로 대체한다. 그리고 폭력을 직접적 폭력과 구조적 폭력으로 구분한다. 직접적 폭력의 정점에 전쟁이 위치한다. 구조적 폭력은 국내적, 국제적 차원에서 정치적 억압과 경제적 착취를 야기하는 사회구조에 의한 폭력을 의미한다. 따라서 구조적 폭력의 대상은 명확하지만, 폭력의 주체는 분명하지 않을 수 있다. 더불어 갈퉁은 이 폭력들을 정당화하는 기제로서 '문화적 폭력' 또한 언급한다. 결국 갈퉁은 전쟁이 없는 상태를 '소극적 평화'로, 구조적 폭력이 제거된 상태를 '적극적 평화'로 정의한다.[14] 다스굽타가 제기한 비평화는, "전쟁도 없고 평화도 없는 상태"no war plus no peace를 묘사하는 개념으로 자리매김된다. 갈퉁에 이르러 평화개념은 국내적, 국제적 수준에서 지배계급 및 그들의 융합으로 구성된 지배체제 또는 역사적 블록에 대한 '비판'으로서의 위치를 가지게 된다.

평화개념 정의 및 평화연구의 지향과 방법을 둘러싼 차이는, 사실 실제 세계의 구성을 둘러싼 '담론투쟁'이자 '권력투쟁'을 보여주는 것이라고 할 수 있다. 푸코의 지적처럼, 지식은 권력관계의 외부에 존재하는 그 무엇이 아니다.[15] 오히려 권력이 지식을 생산한다고 할 수 있다. 어느 특정 시공간에서 진리는 그것을 생산하고 유지하는 권력의 체계와 순환적 관계로 연결

---

14 요한 갈퉁, 강종일 외 옮김, 『평화적 수단에 의한 평화』(2000).
15 미셸 푸코, 오생근 옮김, 『감시와 처벌』(2003).

되어 있다. 서구적 근대에 순응하는 국제정치학자들이 전쟁에 대한 지식 생산에 주력하는 것은, 전쟁을 정상상태로 간주하는 또는 푸코의 용어를 차용하면 정치가 다른 수단에 의한 전쟁의 형태를 띠는, 근대적 권력의 특성이라고도 할 수 있다. 푸코의 이 언명을 뒤집는다면, 평화에 대한 새로운 지식을 생산하는 것은 국내적, 국제적 수준의 기존 권력에 대한 도전을 의미한다. 즉, 담론투쟁은 기존 권력에 도전하는 대항 헤게모니를 생산해 내는 또 다른 지점이라고 할 수 있다. 따라서 평화연구는 사회운동일 수밖에 없다.

3. 한반도의 평화담론

서구적 근대에서 평화는 전쟁이 없는 상태이기는 하지만, 평화개념은 각 문화마다 상이하다. 예를 들어 이스라엘과 아랍 문화에서 평화를 의미하는 "schalom"과 "salam"은 신권神權에 의한 정의와 공정성의 실현을 의미한다. 즉, 삶의 형식으로서 평화다. 고대 그리스의 "eirene"와 중국의 "和平"허핑은, 그것이 전쟁이 없는 예외 상태의 내적 평화를 의미하는 것이기도 했지만, 법과 질서와 번영을 담고 있다. 인도의 "ahimsa"의 의미는 "no killing"이다. 심지어 중세 유럽의 민중들에게 평화는 앞서 중세의 평화운동에서 간략히 살펴본 것처럼, 영주들 사이에 전쟁이 없는 상태가 아니라 민중 자신이 나름의 문화를 유지하기 위해 필요한 최소한의 생존 기반이 침해받지 않는 상태를 의미했다고 한다. 이처럼 평화는 각 문화에서 고유한 의미를 지니고 있다. 그러나 서구적 근대의 전파와 확산 과정에서, 근대의 발명품인 소극적 평화개념 또한 함께 수출되었고, 그 개념이 지구적 표준이 된 것처럼 보인다. 그러나 우리의 평화개념을 풍부히 하기 위해서는 이 "다양한 특수들"을 포괄할 수 있는 평화개념을 도출해야 한다.

그렇다면 한반도에는 어떤 평화의 관념이 존재했고 존재하는 것일까? 이 질문은 한반도의 평화연구와 평화운동을 위한 첫 걸음일 수 있다. 그러나 한반도가 전쟁이 끝나지도 않은 정전停戰 상태임에도 불구하고, 한반도의 평화연구 또는 평화학은 독자적 학문분과로 발전하지 못하고 있다. 국제관계 및 남북한 관계의 군사적 차원을 이해하고 설명하려는 전략연구 strategic studies의 과잉은, 담론의 영역에서 현실주의 이론의 득세 때문일 수 있다. 특히, 현실주의에 입각할 때, 한반도의 평화는 군사력 균형을 통한 억지 이상의 의미를 가지지 못한다. 따라서 위의 질문을 던지는 것조차 의미가 없는 일이 될 수도 있다. 그러나 이른바 북핵 문제와 이라크전쟁 등으로 한반도 위기가 고조되고, 다른 한편 남북한의 화해·협력이 일정하게 진행되는 정세에서, 평화연구와 평화운동을 재발견할 수 있는 기회가 형성되고 있음은 부인할 수 없다. 따라서 위의 질문은 한반도 고유의 평화개념을 복원하고 한반도에서 실현 가능한 평화체제를 구축하기 위해서도 반드시 대답해야 하는 질문이다.

'불행히도' 한반도에서 평화개념은 수입품이다. 한자로 '평화'라는 단어가 있기는 했지만 서구적 근대의 산물인 peace가 平和로 번역되면서 "의미의 변용"이 이루어졌다.[16] 즉, 유교문화권인 한반도에는 서구적 의미의 평화관념이 존재하지 않았다. 김석근 교수에 따르면, 유학儒學에서 평화는 국내외적 화합과 태평세월의 상태를 의미하고, 평화가 이상적으로 실현된 예가 대동大同이다. 대동은, 마치 루소의 인민주권론과 유사하게 "천하가 만인의 것"이라는 주장에서 출발한다. 즉, 각계각층의 화합과 재화의 공유가 이루어진 무사공평無私公平과 평등박애의 상태다. 이것이 평화라는 단어 그 자체의 유학적 의미라면, 실제로 유학에서 찾을 수 있는 서구적 근대의 평화관념은 '사대'事大와 '교린'交隣이라는 것이 김석근 교수의 주장이다. 이 두 개념이야말로 실질과 형식 양 측면에서 수직적 위계가 작동했던 유교문화권의 국제질서를 규율하는 규칙과 규범일 수 있다. 따라서 우리는 한반도의 평화관념이 존재했다면, 그것은 적극적 평화의 실현태로서의 대동과 소극적 평화의 실현을 보장하는 사대였다는 잠정적 결론을 내릴 수 있다.

그러나 한반도에 자생적 근대가 형성되고 있었다면, — 이 가정 자체가 서구적 역사관의 산물이라는 한계를 충분히 인정하면서도 — 근대 형성기에 세계에 대한 정보가 축적되면서 국제정치에 대한 나름의 해석이 존재했을 것이라고 가정해 볼 수 있다. 평화개념이 번역을 통해 이식될 수도 있지만, 자생적으로 유학의 평화개념 — 대동과 사대 — 을 수정할 수도 있었지 않을까하는 생각이다. 근대라는 표현을 쓸 수밖에 없지만, 근대 이전의 한국 사상가들 가운데 서양에 대해 가장 많은 지식을 가졌던 혜강 최한기의

---

16 김석근, "한국 전통사상에서의 평화 관념 : '사대'와 '중화'를 중심으로," 하영선 엮음, 『21세기 평화학』, 73-107쪽. 서구의 근대적 평화개념이 平和로 번역되어 쓰이기 시작한 것은, 일본 메이지 시대 평화운동의 선구자인 기타무라 도코쿠北村透谷가 1889년 일본평화회를 창설하고 1892년 기관지『平和』를 창간한 이후라고 한다. 평화라는 용어가 한반도에서 국가들 사이의 전쟁이 없는 상태라고 사용된 것은 1890년대 후반이라고 한다. 1890년대 후반의『독립신문』에서는 평화가 30회 정도 사용되고 있다고 한다. 만국공법萬國公法의 도입과 더불어 한반도에서는 서구적 의미의 평화개념이 사용되기 시작했다. 하영선, "근대 한국의 평화개념 도입사," 하영선 엮음, 『21세기 평화학』, 110-111쪽.

국제정치관은 한반도에서 국제관계학을 공부하는 이들에게 하나의 실마리를 제공해 줄 수 있다. 필자의 무지 때문에, 박희병 교수의 최한기 연구서인 『운화(運化)와 근대』의 몇 구절을 요약하는 수준에서, 한반도가 서구적 근대와 "마주치려 하던" 시점에서의 평화관에 대해 말할 수밖에 없는 게 안타깝다.[17]

최한기는 당시 조선에서 서양에 대해 가장 많은 지식을 가지고 있던 인물이지만, 서양의 자본주의 생산양식이나 식민지 쟁탈전의 의미를 통찰하고 있지는 못했다. 그리고 이 글에서 암묵적으로 전제하고 있는 것처럼, 특수성에 대한 천착을 통해 보편성을 획득하려는 노력을 보이지도 않았다. 즉, 너무 쉽게 보편을 승인하고 자신의 국제정치적 사유를 전개했다. 따라서 서양에 대해 안이할 정도의 너그러운 인식을 가지고 있었다. 그럼에도 세계 각국은 '화호'를 맺어 서로 침해하지 말고 평화롭게 교류해야 한다는 최한기의 주장, 즉 그의 '평화주의'와 '세계주의'는 흥미롭다. 그는, 지구는 하나이며 천하인민 역시 하나라는 사고에 기초하여 세계는 '대동'으로 귀결된다고 보면서, '인륜'人倫의 하나로 '조민유화'兆民有和라는 도덕적 명령을 추가한다. 이 평화주의 사상은 국내적으로는 상생과 조화를 중시하는 정치적 관용에 기초해 있다. 이 지점에서 박희병 교수는 최한기와 칸트를 비교한다.

칸트의 영구평화론이 칸트의 도덕적 이상주의에 기초해 있다면, 최한기의 세계평화사상은 기학적氣學的 이상주의에 바탕을 두고 있다. 칸트의

---

17 박희병, 『운화(運化)와 근대』(2003).

영구평화론이 서유럽 내부에서 식민주의에 대한 반성이라면, 최한기의 세계평화론은 식민주의의 위협 아래에 있던 서구 바깥에서 제기된 주장이다. 칸트의 영구평화론이 시민법과 국제법에 대한 고려 위에서 전개되고 있다면, 최한기의 세계평화론은 시민사회를 경험하지 못한 단계에서 제출된 사유다. 칸트와 최한기는 그들이 처한 역사적, 사회적 조건은 상이했지만, 모든 나라가 내부적으로 평화를 지향하며 인민의 요구에 근간을 둔 인민을 위한 정치를 펼침으로써 세계평화가 실현된다고 생각했다는 점에서 큰 차이가 없다. 그러나 칸트가 자연상태인 전쟁에서 평화를 성취하는 길을 제시했다면, 최한기에게는 평화야말로 자연상태이고 전쟁은 자연상태의 일탈이다. 이상의 간략한 요약에서 우리는 최한기가 대동과 사대라는 유교적 평화관념을 "대동과 화호"로 바꾸고 있음을 본다. 여기서 화호는, 박희병 교수의 지적처럼, 이방인을 적으로 간주하지 않는다는 칸트의 우호友好에 버금가는 것이다.

박희병 교수의 평가처럼, "최한기의 세계평화론은, 세계평화에 대한 요구가 '근사한' 근대문명의 서구 국가에서 겨우 제기됨직한 사안이 아니라 '비'근대문명의 '비'서구 국가에서도 진지하게 제기될 수 있음을 보여"준다. 그러나 한반도 현실로서의 근대는 경쟁진보와 약육강식을 인정하는 '사회진화론'의 수용으로 나타났다. 제국주의 비판을 담고 있는 사회주의, 기독교, 자유주의 평화론은 부차적 지위를 차지할 수밖에 없었다.[18] 따라서 한

18 하영선, "근대 한국의 평화개념 도입사," 124-125쪽

반도의 평화관념에서는 일본이라는 지역 문명표준을 "경유하여 수입된" 서구적 근대의 평화관념이 지배적 위치를 차지하게 된다. 남한이 전형적인 서구의 관념을 복제했다면, 북한은 사회주의적 근대를 수입했다. 1950년 전쟁은, 전쟁이 없는 상태로서의 평화개념을 남북한 두 국가 모두에게 강요한 결정적 요인이었다.

이제 한반도의 두 평화담론을 비교해 보자. 북한의 평화담론에서는 변화보다는 지속을 관찰할 수 있다. 반면, 남한의 평화담론에서는 이른바 북핵 문제로 야기된 한반도 전쟁 위기와 남한 민주주의의 심화라는 모순적 계기를 통한 질적 전환을 발견할 수 있다. 북한의 평화담론은 그들의 공식 문헌을 통해 정리한다. 반면, 남한의 평화담론은 앞서 언급한 『문화일보』에 게재된 다양한 평화담론을 분석한다. (비대칭적인 자료의 활용이 가지는 한계를 인정할 수밖에 없다.) 그러나 시민사회가 아직 형성되어 있지 않은 북한과 시민사회가 새로이 재발견되고 있는 남한의 차이를 인정한다면, 이 자료 이용의 비대칭성은 정당화될 수도 있을 것이다.

북한의 『조선말사전』에 따르면, 평화는 "전쟁, 무장 충돌이 없는 평온한 상태"다. 1962년판이나 1992년판이나 이 정의에는 큰 차이가 없다. 그러나 평화와 다른 단어가 결합될 때, 의미의 반전反轉이 발생한다. 예를 들어 보자. '평화전략'은 "미제국주의자들이 자기들의 침략과 전쟁 정책을 가리우기 위하여 ≪평화≫의 간판 밑에 들고 나온 기만적인 책략으로서 곧 전쟁 전략이다." '평화주의'는 "전쟁 일반을 반대하고 무원칙한 평화를 설교하는 반동적인 사상 조류"이고 "평화주의의 반동적 본질은 전쟁의 근원이 제국주의에 있다는 사실을 은폐하고 민족해방전쟁을 비롯한 모든 정의의 전쟁을 반대하여 피착취계급과 피압박민족에게 노예적 굴종을 설교하는

데 있다. 평화주의는 부르죠아 평화주의의 변종이다." '평화적 이행 전략'은 "자유, 평등, 인권 등 평화적 공세로 사회주의 나라들을 분렬 와해하기 위하여 미제가 고안해 낸 대사회주의 압살 전략"이다. 반면, '평화협정'은 "평화를 유지하고 담보할데 대하여 나라들이 서로 맺는 협정"으로 기술한다.[19]

위의 인용문에서 예견할 수 있는 것처럼 북한에서는 두 개의 평화가 존재한다고 생각한다. 하나는 "착취계급의 평화"다. 그들의 평화는 "략탈적이며 침략적인 정책의 연장이며 자기 나라 근로자들과 식민지 인민들을 노예화하기 위한 평화다." 다른 하나는 진정한 평화로 "평화의 교란자들을 반대하여 투쟁하며 억압자들의 통치를 뒤집어엎을 때에만 달성될 수 있다"고 본다.[20] 즉, 북한의 평화담론에 따르면 계급사회가 존재하는 한 진정한 평화란 있을 수 없다. 북한의 이 평화 인식은 전형적인 레닌주의적 사고의 연장이다. 레닌은 전쟁의 원인, 즉 민족국가들의 갈등 원인이 자본주의적 착취와 그것의 전 세계적 확장으로 발생한 자본주의 초강대국들의 영토분할 때문이라고 분석한 바 있다. 칸트가 공화정을 평화의 전제 조건으로 설정한 것처럼, 레닌을 비롯한 마르크스주의자들은 자본주의 체제가 소멸할 때 평화가 가능하다고 생각했다. 그 과정은 전 세계적 차원에서의 연속적

---

19 평화전략과 평화주의는, 김일성, "조선로동당 제5차대회에서 한 중앙위원회사업총화보고," (1970년 11월 2일) 『김일성 저작집 제25권』(평양: 1983), 232쪽. 평화적 이행전략은, 사회과학원 법학연구소, 『국제법 사전』(평양: 2002), 424쪽. 평화협정은, 김일성, "일본 이와나미 서점 사장이 제기한 질문에 대한 대답,"(1991년 9월 26일), 『김일성 저작집 제43권』(평양: 1996), 219쪽.

20 『정치사전』(평양: 1973), 1163쪽.

인 사회주의 혁명이었다. 마치 중세 기독교세력이 구상했던 정의의 전쟁처럼, 마르크스주의자들은 사회주의를 달성하기 위해서는 혁명전쟁이나 식민지 민족해방투쟁이 불가피하다고 생각하고 있었다. 북한도 평화를 위한 정의의 전쟁의 불가피성을 승인하고 있다. 따라서 북한의 평화 인식의 저변에는 짙은 "계급적 당파성"이 위치하고 있다고 할 수 있다.

그러나 전쟁과 평화의 대당을 거부하는 북한의 평화관념이 마르크스-레닌주의의 고유한 전유물이 아니라는 점을 지적할 필요가 있다. 미국이 1차대전에 참여하면서 내세운 논리는, 평화는 "모든 국가의 사람들이 자신들의 생활양식을 선택할 권리를 갖는 상태"인 민주주의를 의미했고, 따라서 독일과 같은 민주주의의 적敵이 존재하는 한, 평화의 실현을 위한 전쟁, 즉 민주주의를 위한 전쟁이 필요하다는 것이었다. 당시 볼셰비키는 이 미국의 논리가 프롤레타리아트의 이익과는 무관한 부르주아지의 논리라고 비판하면서 전쟁의 종결과 평화를 제기했지만, 볼셰비키 또한 미국과 마찬가지로 전쟁과 평화를 대립물로 보지 않고 '상대화'하고 있었다는 점에서는 동일하다고 할 수 있다.[21] 21세기 미국의 이데올로기 가운데 하나로 현대판 칸트의 영구평화론이라고 할 수 있는 이른바 '민주평화론' ─ 민주주의 국가는 서로 싸우지 않는다 ─ 도 평화를 위한 전쟁을 정당화하는 논리가 될 수 있다. 이라크나 북한과 같이 '미국의' 민주주의 기준에 부합하지 않는 국가는 잠재적 전쟁 유발 국가이고 따라서 그 국가를 '민주화'하는 것은 평

---

[21] 이리에 아키라, 이종국·조진구 옮김, 『20세기의 전쟁과 평화』(1999), 71-78쪽.

화를 실현하는 또 다른 길이라는 사고를 도출하게 하기 때문이다. 남한 사회에서 북한의 민주화를 한반도 평화를 위한 핵심 의제로 설정하는 세력도 "폭력적 방법에 의한 평화"를 추구하는 이 미국적 이데올로기에 근접해 가고 있다. 결국 평화는 계급의 언어인가.

이제 한반도 남쪽의 평화담론을 살펴보자. 남한의 국어사전에서도 평화는 "전쟁이 없이 세상이 평온함"으로 기술되어 있다. 흥미로운 점은 북한의 1992년 『조선말대사전』에 평화에 대한 두 번째 정의로 "화목한 상태"가 언급되어 있는데, 남한의 국어사전에서도 화목이 평화의 핵심 내용으로 기술되고 있다는 점이다. 평화를 화목으로 보는 것은 유교적 평화관념이라고 할 수 있다. 그러나 한반도 남쪽에서의 평화는, 서구적 근대의 수입품을 한국적으로 번역한 "튼튼한 안보에 기초할 때만 성취될 수 있는 그 무엇"이었다.[22] 즉, 군사력 균형이나 군사력의 '우위'를 통해서만 달성될 수 있는 것이 평화였다. 한국 민주주의의 진화는 그 평화개념의 뿌리가 드러나게 하고 있다.

다시금 『문화일보』의 "6월의 하나됨, 7월의 평화로" 캠페인으로 돌아가보자. 1면을 장식하고 있는 도올 김용옥의 "평화선언서 해제"의 한 구절은 서구적 근대의 평화관념에 대한 명확한 비판이 담겨 있다. "평화를 단순히 전쟁의 부재상태로 이해할 수는 없다. 그러한 평화는 전쟁이 내면화되어

---

[22] "튼튼한 안보를 바탕으로 한 평화정착"이나 "확고한 안보를 유지하면서 보다 유연한 입장"이라는 서구적 평화관은 2003년 현재에도 여전히 자취를 감추고 있지 않다. 『통일백서』(2003), 34쪽.

있는 상태이며, 전쟁의 모든 죄악에 의하여 지배되고 있는 것이다. 우리가 말하는 평화는 전쟁을 위한 평화가 아니라, 전쟁의 모든 죄악적 요소를 상쇄시킬 수 있는 절대적인 마음의 평화가 되어야 한다." 그리고 김용옥에 따르면 전쟁 패러다임에서 평화 패러다임으로의 본질적 전환을 이루고자 작성한 그 "해제"의 구호는 "소아小我를 버리고 평화의 대동大同을 이루자"였다.[23] 최한기를 떠올리게 한다. 그러나 '어떻게' 대동에 다가갈 수 있을까.

『문화일보』에 2003년 5월부터 7월까지 연재된 「평화에세이」는 우리 사회 각계각층의 평화에 대한 인식, 평화의 장애 요인, 평화 실현의 방법에 대한 동상이몽을 잘 보여주고 있다.[24] 국제정치학적 문제의식은 결여되어 있지만, 자신의 사회적 위치에 따라 이 세 문제에 대한 인식의 차이를 보인다.

첫째, 평화개념이다. 한미동맹의 강화를 통해 전쟁 억제력을 유지해야 한다는 토머스 허버드 주한 미국대사의 주장을 제외하고는, 평화를 억지된 전쟁으로 보는 견해는 없다. 평화에 대한 이미지는 목가적牧歌的 상태로 정리된다. "한 어린아이가 빈 언덕 위에 서 있다. 어린아이 곁에 염소 한 마리도 있다"(고은 시인). 반면, 보다 강한 시적 언어도 있다. 윤구병 선생은 평화

---

23 『문화일보』, 2003년 5월 27일. 각 부문별 구호도 음미해 볼 만하다. "정전상태서 종전체제로, 남북 화해·공존방안 모색" "'따뜻한 기업' 모델로 21세기 직장상 제시" "학교·가정·군대 폭력 근절 해법 찾기" "세대·이념 벽 허물기, '광화문 광장신화' 부활".

24 30명의 「평화에세이」가 우리 사회를 대표하는 생각이라고 보기는 힘들지만, 이들이 여론 주도층으로서 가지는 지위를 고려할 때, 이들의 견해를 정리하는 것은 의미 있다고 생각한다. 이 30명은, 문화예술인 6명, 사회운동가 4명, 기업인 5명, 정치인 3명, 법률가 4명, 학자 3명, 교사 1명, 종교인 1명, 학자 겸 사회운동가 2명, 미국인 1명으로 구성되어 있다. 노동운동가 가 없다는 점이 흥미롭다.

의 실체를 신동엽 시에서 찾는다. "껍데기는 가라/한라에서 백두까지/향그러운 흙가슴만 남고 그 모오든 쇠붙이는 가라"(강조는 필자). 자율, 공존, 자연과의 화해, 이타심 등도 평화를 묘사하는 용어로 사용된다. 그러나 직접적 폭력에 대한 거부는 분명하지만, 구조적 폭력에 대한 인식은 많지 않다. 30명의 대표성을 지적케 하는 부분이다. 평화를 개인의 심리적 문제로만 환원할 때, 사회관계 때문에 발생하는 국내적, 국제적 수준의 정치적 억압과 경제적 착취를 보지 못하게 될 수도 있다.[25]

둘째, 대부분의 사람들이 평화의 장벽으로 지적하는 것은 '갈등'이다. 북한문제를 둘러싼 남남갈등, 노동과 자본의 계급갈등, 국가 간 갈등, 개인 간 갈등, 그 갈등을 유발하는 이분법적 사고, 사회의 소수자를 배려하지 않는 태도 등이 바로 그것이다. "월남에서 돌아온 김상사"를 부르며 놀 수밖에 없었던 냉전시대 한국현대사도 평화의 장벽 가운데 하나로 지적된다. 이 장벽은 우리에게 내면화되어 있는 냉전의식을 지칭하는 것으로 볼 수 있다. 사회운동가들은 대부분, 한반도를 둘러싼 강대국의 정치, 북한과 미

---

[25] 프로이트의 지적처럼, 인간의 본능은 보존과 통합을 추구하는 본능과, 파괴와 죽음을 추구하는 본능으로 구성되어 있을 수 있다. 따라서 후자를 통제할 수 있는 문화적 기제를 만드는 것이 중요할 수 있다. 그러기 위해서는 사회적 실천을 통해 내면의 평화를 찾을 수밖에 없다. 한국에서도 베스트셀러 작가가 된 틱낫한 스님에 대한 소설가 정도상의 비판은 평화를 어떻게 실현할 것인가에 대한 근본적 고민을 담고 있다. 소설가 정도상은 다음과 같이 질문한다. "바그다드의 시민들이 마음의 화만 가라앉히면, 미사일이 바그다드를 비켜가나요?" "지금 당신을 가장 필요로 하는 곳은 티그리스와 유프라테스의 강변이 아닙니까?" 정도상이 참가한 '지리산 평화결사'는 10만 명이 목숨을 걸고 3·8선에서 단식기도를 하며 한반도에서 전쟁이 일어나는 것을 막자는 제안을 하고 있다. 『문화일보』 2003년 7월 2일; 11월 7일.

국의 갈등, 종미주의자從美主義者의 득세 등을 평화의 장애물로 간주한다. 놀랍게도 북한의 존재를 평화의 장벽으로 거론한 사람은 없다. 다시금 대표성의 문제일까. 아니면 탈냉전 의식의 단초일까.

셋째, 평화 실현의 방법이다. 예를 들어 기업인들은 산업평화 실현을 위해서는 역지사지易地思之의 관점이 필요하다고 말한다. 그러나 '어떻게'의 문제는 여전히 남는다. 공존과 상생의 '평화문화'와 그것을 가능하게 할 수 있는 '평화교육'의 확산은 대부분이 공유하는 평화 실현의 방법이다. 다른 한편, 현 정세와 관련하여 주목되는 것은 남북한의 화해와 협력의 추진이야말로 한반도 평화를 실현하는 방법이라는 견해다. 이 견해에는 암묵적으로 또는 명시적으로 미국에 대한 비판이 실려 있다. 한반도 평화과정에서 나타날 수 있는 균열구조를 지시하는 것이다. 과연, 남북한 관계와 한미 관계는 역함수 관계인가.

마지막으로 『문화일보』의 「평화에세이」에서 주요하게 고려되지 않은 국제정치학적 시각과 더불어 한반도에서 "평화적 방법에 의한 평화"를 실현하려는 한 저작의 평화개념을 간략히 읽어 보자. 김대중 정부에 들어서면서 형성되기 시작한 정치사회와 시민사회의 교집합 속에 위치하는 『한반도 평화보고서』는, "분단 속의 안정"과 "통일을 지향하는 평화"라는 두 평화개념을 제시한다.[26] 전자의 극복이 그 『보고서』 과제다. 그러나 후자의 평화는 모호하다. 갈퉁의 표현을 빌리면, 소극적 평화와 적극적 평화의 중

---

26 박건영·박선원·박순성·서동만·이종석, 『한반도 평화보고서: 한반도 위기극복과 평화정착의 방법론』(2002).

간 어딘가에 위치한 평화로 보인다. 그러나 분단극복을 통일로 설정하는 것이 과연 적절한 것인가. 통일은 권력게임이 아닌가. 권력이 나누어 가지는 것이 아니라면 그것은 평화의 파괴 아닌가. 한반도 평화를 위한 새로운 상상력이 필요하지 않을까.

이제 남북한의 평화담론을 비교해 보자. 북한의 평화담론은 계급적 당파성에 기초하고 있다. 평화의 성격은 어떤 계급이 실시하는 정책인가에 달려 있다는 것이다. 특징적인 것은 평화 실현을 위해 폭력을 허용한다는 점이다. 반면, 남한의 평화담론은 '다원주의적' 양상을 보이고 있다. 그럼에도 최한기의 용어를 빌리면, 남한의 평화담론 일부에서도 사대에서 화호로의 전화에 대한 고민이 절실함을 볼 수 있다. (이는 바로 미국 비판이다.) 따라서 남북한 평화담론의 공유점을 미국 비판에서 찾을 수도 있다. 그러나 미국 비판이 공유점이 될 수 있을까. 미국 비판이 이른바 민족공조로 이어질 수 있을까. 국제적 차원의 구조적 폭력에 대해서는 암묵적 합의를 도출할 수도 있지만, 남북한 각각의 내부에서 작동하는 구조적 폭력의 제거에 남북한의 지배계급이 동의할 수 있을까.

4. 평화운동의 평화담론 : 결론에 대신하여

남한의 평화운동은 하나가 아니다. 사회운동으로서 평화운동이 집합적 주체의 형성을 통해 세계를 변혁하고자 하는 의지의 구체적 표현이라고 할 때, 이 집합적 주체를 호명呼名하는 담론 또한 하나가 아니다. 평화운동의 궁극적 지향을 대동세상이라고 하더라도, 그 세상의 내용―생명평화부터 여성해방, 노동해방 등―이 다르다. 대동에 이르는 경로 또한 차이가 있다. 평화운동의 주체도 지향과 방법에 따라 달리 설정된다. 중단기적으로 직접적 폭력의 제거, 즉 한반도 전쟁 위기의 방지를 위해 다양한 평화운동이 연대하고 있지만, 근본적 분기의 가능성이 있다. 그럼에도 평화를 군사주의, 빈곤, 환경 파괴, 가부장제 등이 야기하는 모든 억압을 제거하는 것으로 규정하려는 움직임도 나타나고 있다. 반전을 넘어서서 노동, 환경, 여성운동 등과 '결합된' 적극적 의미의 평화운동이야말로 전쟁과 폭력을 동반하지 않고 한반도 분단체제를 극복하는 길이라는 주장도 나오고 있다.

구조적 폭력의 제거를 도모하는 운동도 평화운동의 범주에 포함시킬 때, 우리는 운동의 방법과 주체의 측면에서 남한의 평화운동을 분류하는 기준을 설정할 수 있다. 첫째, 전쟁과 폭력에 대한 거부에서 "절대주의적 시각"과 "상대주의적 시각"으로 나누어질 수 있다. 이른바 '정의의 전쟁'의 존재 여부가 쟁점이다. 둘째, 평화운동의 주체 측면에서 '시민적' 평화운동과 '계급적' 또는 '민중적' 평화운동으로 구분할 수 있다.[27] 구조적 폭력에 대한 정의가 쟁점이다. 구조적 폭력을 가하는 주체로 국가와 자본이 설정될 수 있다면, 반反국가·반反자본의 평화운동의 가능성 여부다. 이라크 파병 반대의 목소리 가운데 이른바 '국가이익'에 대한 고려가 있다는 사실에서 우리는 반국가와 반자본의 문제 설정이 쉽지 않음을 알 수 있다. 셋째, 한반도의 특수적인 분단체제 때문에 민족주의적 평화운동과 반反/비非민족주의적 평화운동이 구분될 수 있다. 현 국면에서는 반전反戰을 목표로 하는

---

27 '여성적' 평화운동을 또 하나의 범주로 설정할 수 있지만, 독자적 위치를 차지하기보다는 두 평화운동 가운데 하나와 결합할 가능성이 크다.

공동전선 형성이 가능하기 때문에 이 차이가 두드러지지는 않는다.

일단 평화운동의 장기적 전망을 "가지려 하는" 〈참여연대 평화군축센터〉와 〈다함께〉의 예를 들어 보자. (평화운동의 분기 가능성을 보기 위해 두 단체를 자의적으로 참고했다.) 참여연대 평화군축센터는 현 단계 평화운동의 과제를 다음과 같이 설정하고 있다. 첫째, "남한 사회의 평화운동은 무엇보다도 국민국가 중심의 안보관을 벗어나야" 한다. 둘째, "평화운동은 평화문화를 형성하기 위한 운동이다. 우선 평화문화운동은 우리의 오래된 민족해방전쟁 논리를 거부한다. 궁극적으로 우리는 하나의 생활양식으로서 평화를 이야기해야만 한다." 셋째, "평화운동은 새로운 사회경제체제의 모색을 요구한다. 평화운동은 억압을 필요로 하지 않는 새로운 사회경제체제를 추구한다. 평화운동은 환경운동이자 평등주의운동이다."[28] 요약하면, 참여연대 평화군축센터는 절대주의적 시각에서 반전·반국가, 반전·반자본과 친환경, 비민족적 평화로 실현운동을 하려는 모습을 보이고 있다. 그러나 남한, 한반도, 국제체제 또는 세계체제에 대한 총체적 인식과 평화운동의 주체 설정 문제는 공백으로 남아 있다.

〈다함께〉는 또 다른 사례다. 이들은 세계 반전운동이 "신자유주의적 세계화에 반대하는 운동으로부터 성장해 나왔다"고 주장한다. 그리고 다른 어떤 세력보다도 노동자들이 "개인으로서든 조직으로서든 시위에 참가했음"에 주목한다. 그러면서도 반전운동이 "이색적이고 다채로운 풍경"으로

---

[28] 참여연대 평화군축센터, 『21세기 초 한반도 질서 변화와 한국사회의 평화운동』, 참여연대 평화군축센터 발족기념 심포지움 (2003).

보일 정도로 "새로운 좌파"의 등장을 야기했다고 본다. 반제국주의 투쟁의 세계화를 강조하는 이들은 반제투쟁을 자주의 문제, 즉 민족문제로 본다면 반자본의 문제 설정이 희석되고 따라서 사회의 근본 변혁이 상실하게 된다고 주장한다. 이들의 독특한 경향이다.[29] 요약하면, 〈다함께〉는 절대주의와 상대주의의 문제를 제기하지 않는다. 반제국주의, 반국가와 반민족, 반자본 평화운동을 지향하고 있고, 주체의 문제에 있어서도 노동자를 중심으로 다양한 좌파를 흡수하려는 경향을 보이고 있다.

두 사례에서 볼 수 있듯이 평화운동의 지향은 다양한 조합이 가능하다. 따라서 평화운동은 다양한 특수들이 하나의 보편을 획득하기 위한 공론장으로 자리매김할 수도 있다. 예를 들어 근대 초기처럼 자본의 평화운동도 가능하다. 만약 우리가 하나의 보편을 상정하면 평화운동 내부의 헤게모니 쟁탈전이 부각된다. (즉 평화운동 내부의 권력투쟁이다.) 다른 한편 하나의 보편이 아니라 다수의 보편이고 특수들이 공존할 수 있다면, 평화운동의 다원주의가 실현될 수도 있다. 1980년대의 노동해방담론과 달리 21세기 평화담론은 우리에게 '진보란 무엇인가'라는 질문을 새롭게 던져 주고 있다.

대동에 대한 상상력을 유보한다고 할 때, 우리에게 남겨지는 과제는 사대에서 화호로의 이행 문제다. 어떻게 화호를 실현할 수 있을 것인가. 단기적인 반전운동이 적극적 대안을 제시하는 운동으로 발전할 수 있을까. 한반도 전쟁 위기를 막는 것에 동의하지 않을 평화운동 세력은 없을 것이다.

---

29 최일붕·김하영, "반전운동의 평가와 과제,"『진보평론』17(2003).

소극적 평화조차 실현하기 어려운 과제다. 그렇다면 그 방법은 무엇일까. 우리의 시각에서 중단기적 전망에 대해 생각해 보자. (평화운동의 방향타를 명확히 하기 위해서 객관적 조건을 잠시나마 무시해 보자.) 화호를 이루기 위해서는 무엇보다도 한미 관계 및 남북한 관계의 조정이 필요하다. 그렇다면 한미 관계와 남북한 관계가 어떻게 바뀌어야 할까.

일단 현실주의자처럼 세력균형 또는 힘의 우위에 의한 평화를 생각해 볼 수 있다. 한미동맹 강화론 그리고 그것의 변종인 자주국방론이 바로 그것이다. 이는 한반도에서 안보딜레마를 지속하게 하는 대안일 뿐만 아니라 화호보다는 사대를 추구하는 선택이다. 여기서 화호와 사대의 선택이 단순히 명분의 문제가 아니라는 점을 지적할 필요가 있다. 우리 스스로를 파탄에 몰아넣을 수 있는 전쟁의 결정권을 상실한다는 점에서 화호냐 사대냐의 문제는 단순한 명분 싸움이 아니다. 그렇다면 어떤 대안이 있을까. 우리는 또 다른 세력균형을 생각해 볼 수 있다. 앞서 언급한 것처럼, 한반도 주변 국가들의 합의에 기초한 세력균형이다. 이 합의를 도출하기 위해서는 한미동맹의 유연화 또는 해체와 남북한의 화해와 협력 그리고 무엇보다도 중요하게는 남한이 동아시아에서 균형자로서의 역할을 수행할 수 있어야 한다. 이른바 결사체적 세력균형에 기반한 집단안보의 구축일 수 있다. (한반도의 중립화라는 또 다른 대안을 제시할 수 있지만 일단은 요원한 일이다. 장기적 방향으로는 설정해 볼 수 있겠다.)

그렇다면 중단기적으로 한반도 평화와 동아시아 차원의 집단안보를 가로막는 요인이 무엇인가에 대해 생각해 볼 필요가 있다. 두 가지를 지적해 본다. (심리적 차원이면서 동시에 전략적 차원의 문제 제기다.) 첫째, 무엇보다도 한미동맹을 안보의 절대적 조건으로 간주하는 "자발적 종속의 심리"에서 벗어나야 한다.[30] 둘째, 한반도 분단체제를 지속시킴으로써 이익을 얻는 세력이 누구인지를 명확히 할 필요가 있다. 구조의 수준에서 행위자 수준으로의 하강이다. 이를 위해서는 미국과 남한의 군사적, 산업적 기득권 세력과 북한의 보수파가 그들의 의도와 상관없이 초국가적으로 공유하고 있는 한반도 문제에 대한 인식이야말로 한반도를 위기에 빠뜨릴 수 있는 가장 위험한 요인이라는 인식이 필요하다. 즉, 이 암묵적 동맹 또는 냉전적 역사적 블록의 해체 과정이 곧 한반도 평화과정이다.

한반도 평화운동은 민주화가 열어준 공간 속에서 성장하고 있다. 즉, 21세기 한반도 평화운동은 외교·안보 정책 또한 민주화해야 한다는 한국 민주주의 심화의 결과물이다. 그리고 또한 한반도 평화운동은 한반도 민주주의를 전방위적으로 민주화해야 한다는 시대적 요청을 마주하고 있다. 예를 들어 평화운동의 중단기적 과제인 반전을 실현하기 위해서는 우리가 민주화운동의 과제로 설정하지 않았던 "국제관계의 민주화", 즉 화호의 문제 설정이 필요하다. 이러한 문제 설정은 부정적, 소극적 운동을 넘어서서 대안적, 적극적 운동으로 모색할 때, 비로소 가능할 수 있다. 우리가 구조적 폭력의 제거를 의미하는 적극적 평화의 담론에 기초하여 평화운동을 전개해 나갈 때, 사회운동의 궁극적 목표인 대동은 그 과정에서 발견되는 그 무엇이지 않을까.

---

30 이삼성, "한미동맹의 유연화를 위한 제언," 『국가전략』 9: 3(2003).

제3장

남북한 관계에 대한 메타이론적 접근

1. 서론

관계의 이론화를 위한 출발점으로 두 "존재론적 가정"이 있다. 그 첫째는 남북한 관계를 국가 대 국가의 관계로 가정할 수 있겠고, 두 번째는 1991년 남북한이 합의한 "기본합의서"에 규정되어 있는 것처럼, 남북한 관계는 "나라와 나라 사이의 관계가 아닌 통일을 지향하는 과정에서 잠정적으로 형성되는 특수관계"로 가정할 수 있겠다. 이 두 가정을 혼합하여 남북한 관계를 분단국가 대 분단국가의 관계로 정의할 수 있다. 그러나 분단국가는 '분단'과 '국가' 중 어느 편을 강조하느냐에 따라 이론화의 내용과 형태가 달라진다. '분단'은 원래 하나이던 것의 나뉨을 의미한다. 따라서 분단을 강조하면, 남북한 관계는 분단의 기원과 동학 그리고 그 형태의 변화로 정의되고, 분단의 해소와 통일을 지향하는 당위와 규범을 내장하게 된다.

반면, '국가'에 중점을 두면 남북한 관계는 갈등, 경쟁, 협력을 그 내용으로 하는 국제관계의 성격을 띠게 된다.

따라서 두 범주의 남북한 관계 이론이 있게 된다. 단순화해 보자. 하나가 분단의 역사에 기초하여 남북한 관계를 이론화하려는 경향이라면, 다른 하나는 국제관계이론을 원용하여 남북한 관계의 이론화를 시도하려 한다. 전자가 남북한 관계의 역사적 특수성에 주목한다면, 후자는 남북한 관계에서 국가 대 국가의 관계가 가지는 보편성을 추출한다. 또 전자가 개별기술적idiosyncratic 이론을 추구한다면, 후자는 법칙정립적nomothetic 이론을 모색한다. 전자가 이론을 현재의 비판을 통해 현재를 지양하기 위한 무기로 생각하려 한다면, 후자는 과거, 현재, 미래를 관통하는 동일구조를 인식하기 위한 도구로 이론을 사고한다. 물론, 두 경향의 교집합이 없지는 않다. 의식적이든 무의식적이든 두 범주의 이론을 접목하려는 시도도 있다. 이 글은, 남북한 관계에 대한 메타이론적 접근―이론의 이론 또는 이론의 성찰―을 통해 기존의 이론을 분류·비판하고 새로운 이론화를 위한 단초를 제시하려 한다.

2. 남북한 관계의 연구 방법 : 이론의 분류

제1범주 ‖ 국가 대 국가의 관계

남북한 관계의 존재론적 가정을 국가 대 국가의 관계로 설정하면, 이론화 과정에서 분석 수준과 분석 단위의 문제가 제기된다. 국가의 '안'과 '밖'

을 고려해야 하기 때문이다. 첫째, 국가를 단일체로 가정하고 국가를 분석 단위로 설정한다면, 국가의 밖에 대한 문제 설정이 필요하다. 남·북한 두 국가의 밖은 남북한 관계 및 남북한 관계의 상위에 존재하는 국제관계라는 두 수준이 설정될 수 있다. 둘째, 만약 국가의 내부를 고려한다면, 국가 안의 다양한 행위자를 고려하는 이론화를 시도해야 한다. 국가 내부의 행위자 설정은 어떤 이론 ─ 예를 들어 다원주의, 엘리트주의, 마르크스주의 ─ 을 선택하느냐에 따라 달라질 수 있다. 그러면 국가 내부 행위자가 국가를 통해 자신의 선호를 표현하는가 아니면 국가를 거치지 않고 자신의 선호를 표현하는가가 논란의 대상이 된다. 셋째, 만약 다양한 분석 수준을 고려해야 한다고 한다면, 국가 밖에서 안을 들여다 볼 것인가 아니면 안에서 밖을 볼 것인가도 방법론적으로 중요한 쟁점이 된다. 일단 '국가'를 분석 단위로 놓고 시작해 보자.

분석 수준으로서 국가와 남북한 관계

남북한 관계는, 남북한 관계라는 표현 그 자체를 존중한다면 남한과 북한 두 '행위자'와 이 둘의 '상호작용'을 통해 산출되는 '관계'로 정의할 수 있다. 따라서 Z를 남북한 관계로 X와 Y를 각각 남한과 북한으로 놓으면, 남북한 관계를 종속변수로 설정하는 모형은, 남북한 각각이 남북한 관계에 영향을 미치면서 동시에 둘의 상호작용이 또한 남북한 관계에 영향을 주는 $Z=a_1X+a_2Y+a_3XY$라는 방정식으로 정리될 수 있다.[1]

일단 남북한이라는 '국가'가 행위자라는 가정을 유지하자. 그러면 위 방정식에서 남북한의 상호작용을 의미하는 a_3XY가 독립변수의 역할을 할 수 있는지가 논란의 대상이다. 즉, 남북한이라는 두 개체로 환원되지 않는 '관계속성'relational properties 또는 '구조'의 존재 여부다. 만약 비가시적 실재로서 관계속성을 인정하는 '과학적 실재론'scientific realism을 수용하게 되면 이 관계속성 a_3XY는, 개체 X와 Y의 행위를 제약하면서 동시에 남북한 관계에 영향을 미치는 독립변수가 된다. 이 관계속성이 X와 Y의 상호작용을 통해 만들어진다고 가정할 때, 행위자의 '능력'capabilities과 '관념'ideas 가운데 어느 것이 더 중요한 역할을 하는가가 또 다른 논쟁점이다.[2]

X와 Y의 상호작용이 발생한 '이후의' 정리이기는 하지만 a_3XY를 제거할 수 있는 도식화도 가능하다. $X^*=X(1+a_3Y/2a_1)$, $Y^*=Y(1+a_3X/2a_2)$로 설정하면, $Z=a_1X^*+a_2Y^*$가 된다. 만약 이 식을 수용하면, 남북한 관계는 남북한 두 행위자로 환원될 수 있는 것처럼 보인다. 즉, 두 행위자의 능력과 관념이 남북한 관계를 규정하는 독립변수의 역할을 하게 되는 방법론적 개체주의 또는 원자론적 접근atomism의 도식이 성립한다. 즉, 국가가 남북한 관계를 형성하는 "행위자적 힘"agential power을 가지는 것으로 정리할 수 있고,[3] 관계속성 또는 구조는 두 국가로 환원되어 독립변수로서의 역할을 상실하게 된다.

---

[1] 이 방정식은, 원래 전체가 부분의 합인가 또는 부분 이상인가를 둘러싼 논쟁을 정리하기 위해 도입된 것이다. E, Wright, A. Levine, and E. Sober, *Reconstructing Marxism: Essays on Explanation and the Theory of History* (1992), pp. 107-127, 특히, 전체가 '결국은' 부분의 합이라는 방법론적 개체주의methodological individualism를 비판하기 위해 이 식을 이용하고 있다. 필자는 남북한 관계에 대한 이론을 분류하기 위해 위 책의 메타이론적 문제 설정을 도입했다.

[2] A. Wendt, *Social Theory of International Politics* 참조.

[3] J. Hobson, *The State and International Relations* (2000).

따라서 남북한 관계의 존재와 설명을 둘러싸고 경쟁하는 이론들을, 개체 사이의 관계와 개체로 환원할 수 없는 관계속성 또는 구조를 축으로 분류하면 〈표 1〉과 같다. 〈표 1〉에서 '반反환원주의'는 남북한 두 행위자 사이의 관계를 인정하면서도 두 국가의 상호작용이 만들어 내는 관계속성의 환원 불가능을 주장하고, '방법론적 개체주의'는 이 관계속성이 존재하지만 그 속성은 개체로 환원될 수 있다고 주장한다. 그리고 '총체론적 접근'은 관계속성을 통해서만 남북한 관계를 설명하려 하고, '원자론적 접근'은 개체만을 통해 남북한 관계의 설명이 가능하다고 생각한다. 순수한 형태의 총체론적 접근과 원자론적 접근이 존재하지 않는다고 가정한다면, 결국 반환원주의와 방법론적 개체주의가 대립할 가능성이 높다.

| 표 1 | 남북한 관계의 존재 및 설명의 이념형

		개체로 환원할 수 없는 남북한 관계의 관계속성	
		환원의 부정	환원의 긍정
남북한 두 개체 사이의 관계	존재의 긍정	❶ 반反환원주의	❷ 방법론적 개체주의
	존재의 부정	❸ 총체론적 접근	❹ 원자론적 접근

남북한 관계의 상위 수준

이제 고려하지 않았던 남북한 관계의 상위 수준, 즉 국제적 변수를 살펴보자. 이 변수는 세계적 차원과 동아시아 차원의 변수로 나눌 수 있다. 국제적 변수의 개입은 남북한 관계의 관계속성에 직접 영향을 미치는 경로와 남북한 두 국가에 영향을 미쳐, 이들의 상호작용이 남북한 관계를 구성하는 경로를 상정할 수 있다. 전자에 따르면, 남북한 관계의 상위에 있는 국제적 변수가 남북한 관계에 독립변수가 된다. 반환원주의의 모형과 유사하다. 반면, 후자는 방법론적 개체주의와 같은 모형이 된다. 두 경로를 〈그림 1〉, 〈그림 2〉와 같이 도식화할 수 있다.

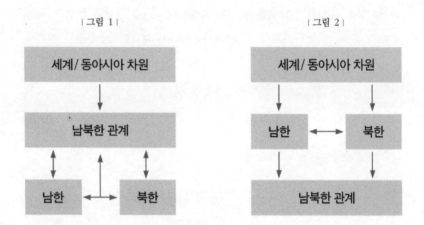

| 그림 1 | | 그림 2 |

안에서 밖으로의 방법

국제체제와 같은 남북한 관계의 상위 수준을 강조하게 되면 "밖에서 안으로"의 방법을 선택하는 것이다. 반대로 우리는 "안에서 밖으로"의 방법을 생각해 볼 수 있다. 이를 위해서는 국가가 단일한 행위자라는 가정을 파괴하고 국가를 해체해야 한다. 국가의 안에서 시작한다면 남북한 관계를 남북한 주민의 일상적 경험과 해석, 즉 존재적 수준과 연계할 수 있는 장점이 있다. 국가 내부의 행위자인 사회세력의 남북한 관계에 대한 개입은, 사회세력이 국가를 경유하여 남북한 관계에 영향을 미치는 경로와 국가를 거치지 않고 직접 남북한 관계에 영향을 미치는 경로를 상정해 볼 수 있다. 전자는 국가의 단일성을 세련되게 보완하는 방법이다. 즉, 남북한 관계를 둘러싼 국가 내부의 사회세력의 대립 속에서 국가의 행동 동기를 찾아낸다. 반면, 후자는 국가를 거치지 않은 사회세력의 행위와 국가 및 국가로 수렴된 사회세력의 행위 관계가 논란이 된다. 따라서 정세적으로 어느 편이 더 큰 영향력을 가지는가를 측정해야 한다. 두 경로를 도식화하면 〈그림 3〉, 〈그림 4〉와 같다. 이 그림들에서의 쟁점은 북한에 '사회'가 존재하는지의 여부다.

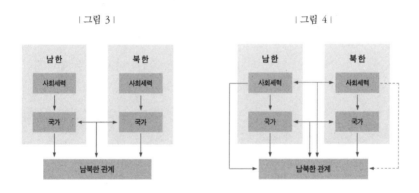

| 그림 3 | | 그림 4 |

밖과 안을 결합한, 즉 국제적 변수와 사회세력을 동시에 고려하는 더욱 복잡한 경로도 상정해 볼 수 있다. 국제적 변수가 남북한 두 국가의 사회세력들에게 영향을 미치고 그들의 집합적 의지와 실천이 남북한 관계를 구성하는 모형이다. 즉, 남북한 관계의 상위 차원에서 작동하는 관계속성을 인

정하면서도, 그 관계속성이 남북한의 사회세력 및 국가를 경유하여 남북한 관계를 구성하는 것이다. 이를 도식화하면 〈그림 5〉와 같다.

| 그림 5 |

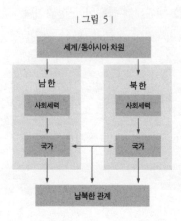

국가의 안과 밖을 남북한 관계의 이론화에 고려한다고 했을 때도 가장 중요하게 제기될 수 있는 쟁점이, 남북한 관계가 가지는 관계속성의 독립 성 여부다. 즉, 남북한 관계의 관계속성을 국가 또는 사회세력으로 환원할 수 있는가의 여부다. 반환원주의적 시각에 따르면, 사회현상은 노동자 파 업과 같은 개별 사례인 '토큰'token과 그 개별 사례를 일반화한 범주인 계급 투쟁 또는 사회갈등과 같은 '유형'type으로 구분할 수 있다.[4] 남북한 관계에 서도, 예를 들어 서해교전이나 금강산 관광이라는 토큰과 분단체제라는 유

---

[4] Wright et al., *Reconstructing Marxism*.

형이 구분될 수 있다. 여기서 서해교전이나 금강산 관광과 같은 사건이 '왜' 일어났는가를 설명하는 것과 "남북한 관계가 무엇인가"를 설명하는 것은 다르다는 것이 반환원주의의 주장이다. 따라서 토큰은 방법론적 개체주의 주장처럼 개체로 환원될 수 있지만, 유형은 개체로 환원될 수 없다는 것이 다. 만약 이 주장을 수용한다면 보다 복잡하고 절충적이지만 〈그림 1〉, 〈그림 4〉, 〈그림 5〉를 결합하는 모형을 상정해 볼 수 있다. 이 복합 모형 은 구조와 행위자를 동시에 고려하는 〈그림 6〉의 "구조화structuration 모형"5이다.

| 그림 6 |

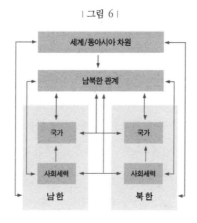

5 구조는 행위자의 실천의 '조건'이면서 '결과'다. 또한 실천은 의식적 '생산'과 구조가 강제하는 '재생산'의 두 측면을 가지고 있다. 전자가 구조의 이중성이고 후자가 실천의 이중성이다. 이것 이 구조화론의 핵심이다. R. Bhaskar, *Dialectic: The Pulse of Freedom* (1993); A. Collier, *Critical Realism: An Introduction to Roy Bhaskar's Philosophy* (1994); A. Giddens, *A Contemporary Critique of Historical Materialism* (1981).

제2범주 ‖ 민족 내부의 특수관계

이제까지 우리는 시간 차원을 고려하지 않고 남북한 관계를 이론화할 수 있는 여러 경로를 논의해 왔다. 시간 변수를 도입하게 되면 남북한 관계의 "내용과 형태의 변화"를 가정할 수 있게 되고, 따라서 남북한 관계의 '시기 구분'이 중요하게 된다. 결국 시간 차원을 도입하게 되면 남북한 관계의 "역사적 특수성"을 고려하게 된다. 즉, 지금까지의 형식논리적 접근과는 다른 정성적定性的 문제를 제기하는 것이다. 바로 이 지점에서 남북한 관계가 국제관계가 아니라 민족 내부의 특수관계라는 주장이 나오게 된다. 즉, '분단'은 민족문제라는 것이다. 남북한 관계를 민족문제로 본다면 "하나의 한국"을 지향하는 규범이 이론화의 전제가 된다. 그리고 이 규범적 지향을 방해하는 남북한 내부적 요인 및 국제적 변수를 분석하는 방향으로 가게 된다.

단선적 시간관이 아니라 복합적이고 중층적인 시간관을 도입하게 되면 보다 복잡한 이론화를 시도하게 된다. 예를 들어 아날학파의 브로델F. Braudel을 원용하면,6 남북한 관계의 장기 지속a longue dureé이 이루어지는 '구조적 시간'과 10년, 20년 등의 묶음으로 남북한 관계의 국면 변화에 주목하는 '주기적 시간' 그리고 남북한 관계의 사건사에 주목하는 '삽화적 시간' 등으로 구분할 수 있다. 만약 이 시간관을 수용한다면, 남북한 관계의 '3층 구조'를 설계하고 그 층위 사이의 관계를 정립하는 것이 이론화의 주

---

6 페르낭 브로델, 이정옥 옮김, 『역사학 논고』(서울: 민음사, 1990); I. Wallerstein, *Unthinking Social Science* (1991).

요 과제가 된다. 이 복합적 시간관에 입각한 역사적 접근은 '구조'의 변화를 가정한다는 점에서 반환원주의적 접근에 근접해 있다.

소결

제1범주가 사회과학의 이론화라면, 제2범주는 시간을 고려하는 역사학의 이론화라고 할 수 있다. 두 범주의 교집합, 즉 사회과학과 역사학이 결합된 이론화도 생각해 볼 수 있다. 두 범주에서 공통의 쟁점은 관계속성 또는 구조의 실재 및 독립적 역할의 인정을 둘러싼 반환원주의와 방법론적 개체주의의 대립이다. 그리고 제1범주에서는 국가의 상위 수준과 하위 수

| 표 2 | 남북한 관계의 사회과학적 이론화

	방법론적 개체주의	반환원주의
국가의 하위 수준	❶ 국가 중심적 현실주의 남북한 비교정치론	❷ 자유주의 분단체제론
국가의 상위 수준	❸ (신현실주의적) 구성주의	❹ 구조주의적 현실주의 자유주의 분단체제론

| 표 3 | 남북한 관계의 역사학적 이론화

	방법론적 개체주의	반환원주의
단선적 시간관	❺ 특수관계론 남북한 비교정치론	❻ 분단질서론
중층적 시간관	(성립 불가능)	?

준에 대한 고려에 따라 이론을 분류할 수 있다. 제2범주에서는 단선적 시
간관과 중층적 시간관에 따라 이론의 분류가 가능하다. "기존 이론"을 중심
으로 제1범주와 제2범주 내에서의 변이를 정리한 것이 〈표 2〉와 〈표 3〉이
다. 사회과학적 접근에서는 다양한 이론들이 경쟁하고 있지만 시간 변수,
즉 역사를 고려한 이론화는 거의 이루어지지 않고 있는 실정이다. 역사를
고려할 때는 서술적이고, 과학적 접근을 시도할 때는 시간을 고려하지 않
는 설명이 대부분이다. 다음 장에서는 각 이론들을 검토하고 그 다음 장에
서는 대안 이론의 단초를 제시하겠다.

3. 남북한 관계의 기존 이론들

국제관계학의 현실주의

국제관계학의 현실주의는 국제체제의 구조적 특성으로서 무정부상태
와 그 체제의 행위자로서 국가를 가정한다. 이 구조와 행위자의 관계에 대
한 해석을 둘러싸고, 현실주의는 국가 중심적 현실주의와 체제 중심적 또
는 구조주의적 현실주의로 나뉜다.[7] 전자는 국제관계에서 주요한 행위자로
서 국가를 강조하고 주권적 정치단위의 상위에 존재하는 정치적 권위를 인

---

[7] R. Gilpin, *Global Political Economy* (2001); 케네스 월츠, 박건영 옮김, 『국제정치이론』
   (2000).

120   제3장

정하지 않는다. 따라서 분석의 초점은 개별 국가의 행태에 맞추어진다. 반면, 후자는 국가행태의 주요한 결정 요인으로 국제체제 안에서 국가들 사이의 힘의 분포를 강조한다. 즉, 국가라는 행위자를 제약하는 "선택 주체로서 구조"에 주목한다. 따라서 구조주의적 현실주의는 국제적 결과가 국가의 의도와 행위로부터 직접 유추될 수 없다고 주장한다. 남북한 관계에도 이 두 현실주의 이론이 활용되고 있다.

현실주의 국제정치이론이 국가들 사이의 협력을 부정하지는 않지만, 국제체제가 무정부라는 문제 설정은 국가들 사이의 갈등을 정상상태로 간주하게끔 한다. 따라서 이 이론은 자연스럽게 남북한 관계에서 나타나는 갈등에 주목한다. 예를 들어 금강산 관광과 서해교전이 같은 시간대에서 발생했을 때 현실주의자들에게는 서해교전이 정상상태이고 금강산 관광이 예외가 된다. 현실주의 국제정치이론을 남북한 관계에 대입하게 되면, 남북한 관계의 존재론 ─ "남북한이 상호작용할 때 무슨 일이 발생하는가" ─ 이 적대적 국가 대 국가의 관계로 협소해질 가능성이 높다. 그리고 이 이론이 가정하는 것처럼, "군사적 안보"와 "정치적 독립"의 추구는 남북한 두 국가를 위한 사활적 정언명령이 된다. 결국 현실주의자들에게 남북한 관계는, 한 쪽의 안보 증강이 다른 쪽의 안보를 감소시키는 '안보딜레마' 및 이른바 통일을 매개로 한 명시적 '안보위협'으로 요약된다. 이 결론을 도출함에 있어 남북한 두 국가의 성격 및 형태의 차이는 중요하지 않다. 즉, 현실주의 국제정치이론은 남북한이 자본주의 국가와 사회주의 국가라는 질적 차이를 가지고 있음에도 불구하고 "국가로서의 정체성"에만 주목한다.

두 현실주의의 결론은 사실상 동일하지만, 그 결론에 이르는 경로에서 국가 중심적 현실주의와 체제 중심적 현실주의는 차이를 보인다. 국가 중심적 현실주의는 국가이익이라는 이름으로 행동하는 국가들의 상호작용을 강조한다. 반면, 체제 중심적 현실주의는 국제체제가 국가들에 가하는 제약에 관심을 가진다. 전자가 국가 내부의 외교정책 결정과정과 그것의 산물인 국가이익의 충돌로 남북한 관계를 설명하려 한다면, 후자는 양극체제나 단극체제와 같은 국제체제의 특성과 그것이 동아시아 그리고 한반도에 어떻게 영향을 미치는지를 분석하려 한다. 따라서 국가 중심적 현실주의는 남북한 사이의 경쟁에 주목하는 남북한 비교정치론과 유사한 논리 구조를 가지게 된다. 반면, 체제 중심적 현실주의는 동북아시아에서 형성되는 세력균형체제 ─ 예를 들어 신냉전적 양극체제, 고전적 세력균형체제, 강대국 협조체제 ─ 로 남북한 관계를 설명하는 주요 변수로 설정한다.[8]

이상의 간략한 요약에서 추론할 수 있듯이, 현실주의는 국제관계에서 화해와 협력의 공간이 형성될 때 설명의 한계에 봉착한다. 그러나 대부분의 사회과학 이론이 그러하듯이, 현실주의 이론은 그 이론이 준거하고 있는 현실의 '변화'를 이론의 위기로 생각하지 않는다. 오히려 현실주의는 변화를 부정하거나 항상 화해와 협력의 공간이 다시금 적대의 공간으로 역전될 가능성을 염두에 둔다. 예를 들어 "7·4 남북공동성명" 이후 남한의 유신헌법과 북한의 김일성 헌법의 등장으로 인한 남북한 관계의 적대성 강화

---

8 김태현, "동북아질서의 변동과 한반도," 『국제·지역연구』 11: 1. 그러나 구조주의적 현실주의가 세력균형체제를 주요하게 고려하고 있기는 하지만, 그 체제 내부에서 국가들의 힘의 분포 ─ 예를 들어 남북한의 힘의 분포 ─ 로 국제관계를 설명한다는 점에서, 구조주의적 현실주의도 결국은 개체주의로 귀결된다는 비판이 제기되기도 한다(Wendt, *Social Theory of International Politics*).

및 "남북기본합의서" 발효 이후 남북한 관계의 경색 등이 현실주의 이론의 적실성을 증명하는 사례로 제시될 수도 있다.[9] 따라서 현실주의 이론에 의거할 때, 남북한 관계의 '변화'를 포착하는 것은 매우 어려운 일이다.

국제관계학의 자유주의

이론이란 해질녘에 비상하는 미네르바의 부엉이처럼, 일반적으로 현실 추수追隨적이다. 구조주의적 현실주의 이론이 제출된 시점에, 구조주의적 현실주의 이론과 현실의 정합성을 위협하는 이른바 '복합적 상호의존'complex interdependence[10]이 출현하고 있었다. 국제관계학의 자유주의 경향의 이론이 부활한 것도 바로 이 시점이었다. 국제관계학의 현실주의와 이상주의의 논쟁은, 신현실주의로 불리는 구조주의적 현실주의와 신자유주의의 논쟁으로 형태 변환을 이루게 된다. 서구 국제관계학계의 선행 논쟁은, 남북한

---

9 현실주의 이론가들은 유럽공동체의 르네상스가 심각하게 자신들의 이론을 위협하고 있다는 사실을 인정하면서도 다극적multipolar 유럽에서 평화가 유지될 수 있다는 주장에 대해 회의적 견해를 피력하기도 한다. J. Grieco, "Understanding the Problem of International Cooperation," in D. Baldwin ed., *Neorealism and Neoliberalism* (1993); J. Mearsheimer, "Back to the Future: Instability in Europe After the Cold War," *International Security* 15: 1 (1990).

10 '1979'년에 월츠K. Waltz의 『국제정치이론』*Theory of International Politics*이 출간되었다. 복합적 상호의존의 핵심 특징은 국가 간 무력의 사용 또는 위협이 효과가 없을 것이라는 충분한 기대다. 이 기대는 국제협약이나 국제 레짐의 창축에 기여한다. R. Keohane, *International Institutions and State Power* (1989), p. 9.

관계가 구조적 변화를 겪고 있다는 사실에 동의하는 연구자들에게 '후발자의 이익'을 제공하기도 한다.

자유주의 경향의 국제정치이론들은 국가들 사이의 갈등보다는 상호의존적 측면을 극대화할 수 있는 방안에 주목한다. 예를 들어 남북한 관계에서는 현실주의자들이 가정하는 안보딜레마 및 안보위협을 피하면서 남북한의 협력 및 이익의 조화를 이끌어낼 수 있는 방안을 모색하고자 한다. 그런데 많은 논자들이 지적하는 것처럼 자유주의는 고정된 개념이 아니라 본질적으로 논쟁적인 개념이다. 또한 근대 사회에서 자유주의는 다른 사상적 조류와의 접합을 통해 끊임없는 형태 변환을 하고 있다.[11] 따라서 자유주의라는 이름을 붙이고 있지만 메타이론에서는 근본적 차이를 보이며 경쟁하는 이론들이 존재하고 있다.

첫째, 신자유주의적 제도주의[12]는 현실주의와 메타이론을 공유하면서도 현실주의가 직면하고 있는 변칙을 설명하기 위해 현실주의에 보조가설을 제시한다. 신자유주의 이론은 국제정치 구조가 무정부상태라는 가정에

---

11 구갑우, "서구 자유주의와 국가," 국제정치경제연구회 엮음, 『20세기로부터의 유산』(2000).

12 국제정치이론의 신자유주의적 경향은 그 핵심 이론가 가운데 한 명인 코헤인에 의해 신자유주의적 제도주의neoliberal institutionalism로 불린다. 코헤인은 세계정치의 이해를 위해서는 탈집중화와 제도화를 동시에 고려해야 하고, 이 제도의 역할을 강조하는 '사회과학적 사고로서 자유주의'를 수용하기 때문에 이 이름을 선호한다. Keohane, *International Institutions*, pp. 1-11. 따라서 '신자유주의적 제도주의'라는 명칭은 동어반복이다. 신자유주의적 제도주의가 신현실주의의 관점과 의미기반을 공유하고 있다는 점에서, 신자유주의적 신현실주의 또는 제도주의적 신현실주의로 명명하는 것이 적절한 듯하다. 다른 한편, 신자유주의적 제도주의의 인식론적 측면을 강조할 때, '합리주의적 제도주의'rationalistic institutionalism라는 이름붙이기도 가능하다. 김학노, "합리주의적 기능주의 비판과 구성주의적 대안의 모색," 『국가전략』 6: 2.

동의하면서도 행위자들이 서로 교환할 수 있는 상호 이익이 존재하고, 제도화 정도에서의 편차偏差가 국가들의 행태에 실제적 효과를 발휘할 수 있는 조건이 되면, 국제제도를 매개로 국제협력을 달성할 수 있다고 주장한다.[13] 이를 위해 현실주의의 메타이론적 기반을 '부분적으로' 수정한다. 국가가 주요한 행위자라는 가정을 유지하지만 비국가적 행위자를 더 많이 강조하고, 행위자의 합목적성rationality을 가정하지만 완전한 정보를 가정하지 않으며, 국가가 체제적 조건에 따라 상이하게 자기이익을 정의한다고 가정한다.[14]

신현실주의와 신자유주의의 대립점은 국가 간 협력의 역전 가능성, 상대이득 대 절대이득, 국가 목표의 우선성, 의도 대 능력, 상호주의 등이다.[15] 현실주의자는 국가 간 협력이 언제든지 역전될 수 있다고 생각한다. 예를 들어 남북한의 군사적 충돌로 경제협력이 폐기될 수도 있다는 것이다. 현실주의자는 국가 간 협력으로 이득이 발생하더라도 국가들은 그 이득 분배에 더 많은 관심을 가진다고 본다. 반면, 자유주의자는 협력을 통해 발생한 절대이득에 주목한다. 국가 목표와 관련하여 현실주의자는 안보를 최우선의 목표로 설정하지만 자유주의자는 안보의 중요성을 인정하면서도 경제적 이득 증진이 국가 목표로 설정될 수 있다고 생각한다. 현실주의자

[13] Keohane, *International Institutions*, pp. 2-3.

[14] R. Keohane, "Theory of World Politics: Structural Realism and beyond," in R. Keohane ed., *Neorealism and Its Critics* (1986).

[15] Baldwin, Neorealism and *Neoliberalism*, pp. 4-8.

는 아무리 좋은 의도가 있더라도 결국은 군사적 능력에 의해 국가관계가 결정된다고 생각하고, 상호주의에 있어서도 엄격한 교환형태의 상호주의를 가정한다. 반면, 자유주의자는 일정한 시간적 지체가 발생하는 상호주의를 인정하고 더불어 평화와 같은 비가치재가 식량·비료와 같은 가치재와 교환될 수 있다고 생각한다.

둘째, 신자유주의적 제도주의가 등장하기 이전의 자유주의 국제정치경제 이론인 기능주의와 신기능주의는, 국가가 아닌 개인과 집단에서 출발한다.[16] 예를 들어 지구화 시대에 등장한 지구적 시민사회를 국제적 차원에서 자유주의의 비판성을 재현하는 중요한 장場으로 간주한다. 여기서 자유주의 이론은 국가 중심적 권력정치 이론인 신현실주의 및 신자유주의적 제도주의와는 다르다. 국제 평화 및 협력에 대한 자유주의의 낙관적 가정을 실현하기 위해 국가 이외의 다양한 행위자 — 국제기구, 노동조합, 정당, 경영자단체 등 — 의 능동성에 주목하면서, 그 행위자들의 이익, 가치, 행동의 공동체, 즉 국제공동체의 실현을 매개하는 국제 제도의 역할을 강조한다. 이 '과정'을 통해 자유주의 이론가들은 안보딜레마를 벗어나려 한다.

셋째, "민주주의 국가 간에는 서로 전쟁을 하지 않는다" "민주주의 국가도 비민주주의 국가와는 비민주주의 국가만큼 전쟁을 한다"는 두 핵심 명제로 구성된 '민주평화론'도 남북한 관계에서 의미를 가질 수 있는 자유주의 경향의 이론이다. 민주평화론은 "국내체제의 유형"에 따라 국가들 간의

---

[16] D. Long, "The Harvard School of Liberal International Theory," *Millennium* 23: 4 (1995).

갈등 및 전쟁을 설명하려 한다는 점에서 국제체제를 강조하는 국제관계이론과 구분된다.[17]

　국제관계학의 자유주의는 남북한의 협력을 모색하고자 하는 이론가들에게 적극 활용되고 있다. 김대중 정부에서 시작된 대북 포용정책인 이른바 '햇볕정책'의 이론적 기초는 기능주의였다. 김대중 정부가 등장하면서 제시한 대북정책의 3원칙인 '흡수통일 배제' '상호 무력 불사용' '화해 및 교류협력 추진'은 남북한의 공동 이익을 추구하고자 하는 자유주의적 접근의 구호였다.[18] 기능주의와 더불어 신자유주의적 제도주의도 남북한 관계의 제도화가 남북한 사이의 안보딜레마 및 적대를 완화할 수 있다는 가정의 이론적 자원이다. 신자유주의에 입각할 때 남북한 사이의 도로 및 철도의 연결, 장관급회담의 정례화, 경제협력의 제도화 등은 남북한 두 국가의 냉전적 행태를 변화시킬 수 있는 제도적 계기로 평가될 수 있다. 이 점에서 민주평화론은, 북한의 '민주화'를 통해 남북한 사이의 적대가 해소될 수 있다는 주장을 정당화할 수 있는 이론적 자원이기도 하다.

---

17 이호철, "민주평화론," 우철구·박건영 엮음, 『현대 국제관계이론과 한국』(2004).

18 선이후난先易後難, 선경후정先經後政, 선민후관先民後官, 선공후득先供後得으로 요약할 수 있는 김대중 정부의 햇볕정책은 기능주의의 오래된 교의와 일치하는 것이었다. 이 사자성어는 임동원 전 국정원장이 햇볕정책의 핵심 내용으로 제시한 것이다. 구영록 교수는, 마지막의 선공후득을 선공공후득先供共後得으로 바꾸면 보다 더 기능주의와 부합할 수 있다고 주장한다. 구영록, 『한국의 햇볕정책: 기능주의와 남북한 관계』(2000). 즉, 햇볕정책은, 남북한의 갈등 해소 차원을 넘어서서 기능적인 상호의존 관계의 지속에서 발생하는 공동의 통합이익과 협력의 침투확산 및 분지효과ramification를 강조하는 것이라고 볼 수 있다. 박건영, 『한반도의 국제정치』(1999).

또한 국제관계학의 자유주의는 남북한 관계의 존재론적 전환을 인식하는 유용한 도구가 될 수 있다. 분단이 냉전이라는 외부적 계기에 의해 강제되었듯이, 탈냉전과 지구화라는 새로운 외부 환경은 분단체제의 변화를 야기하는 또 다른 외부적 계기가 될 수 있기 때문이다. 즉, 현실주의자들이 가정하는 남북한의 적대적 관계를 청산할 수 있는 기회가 형성된 것이다. 자유주의자들이 상정하는 '초국가적' 관계가 남북한 관계에서는 '민족적' 관계로 전화할 수 있다는 것이다. 그러나 이 외부적 계기는 남북한 내부에서의 구조적 변화 및 이 외부적 계기를 수용할 수 있는 사회세력과 정치세력의 형성을 수반하지 않으면 분단체제의 개혁으로 이어질 수 없을 것이다.

국제관계학의 구성주의

이론의 분류에서 언급한 구조화 모형을 국제관계학에 도입한 것이 이른바 구성주의constructivism다. 구성주의는 탈냉전과 세계화라는 새로운 국제정치경제 환경에서 행위자와 구조의 관계에 대한 새로운 문제 설정을 시도하고 있다.[19] 즉, 국제정치경제의 존재론적 전환에 조응하여 국제정치이론의 전환을 모색하고 있는 것이다.[20] 구성주의의 핵심 주장은, 사회적 현

---

[19] 하나의 구성주의가 존재하는 것은 아니다. 구성주의들은, 정체성의 변화 또는 상호주관성 또는 담론 등 다양한 영역에 강조점을 두고 있다. M. Zehfuss, *Constructivism in International Relations* (2002). 이 글에서는 남북한 관계의 이론화를 위해 도입되고 있는 구성주의가 대부분 웬트A. Wendt의 이론을 수용하고 있기 때문에 웬트의 구성주의에 초점을 맞춘다.

실이 주어진 것이 아니라 행위자와 구조의 상호작용을 통해 구성된다는 것이다. 따라서 행위자들이 공유하는 관념 또는 사상도 사회적 현실의 구성 요소가 된다. 이를 국제정치 구조에 원용하면, 국제정치 구조의 무정부상태도 능력의 분포가 아닌 '지식의 분포'distribution of knowledge에 따라 홉스적, 로크적, 칸트적일 수 있다는 것이다.

구성주의를 남북한 관계의 이론화에 도입하려는 논자들이 주목하는 것은 남북한 관계에서 발생하는 "정체성의 변화"다. 정체성이 외생적으로 주어지는 것이 아니라 행위자들 사이의 다양한 상호작용을 통해 만들어지는 것이라고 가정하면서, 구성주의적 남북한 관계이론은, "남북한은 분단 상황, 그리고 한국전쟁과 냉전시대의 경험으로 인하여 서로 '적' 그리고 '단일민족의 분단국가'라는 정체성을 동시에 가지고 있음"에 주목한다. 또는 남북한 관계에서 때로는 "주권국가의 정체성"이 다른 한편으로 "분단국가의 정체성"이 발현되는 복수의 정체성 관계에 있음을 보기도 한다.[21] 그리고

---

20 웬트의 주장처럼, "구성주의는 하나의 국제정치이론이 아니"라 메타이론이다. 따라서 신현실주의의 메타이론적 기반의 구성주의적 개혁을 통한 구성주의적 현실주의로의 전화가 이루어질 수도 있다. 즉, 국제체제에 대한 구성주의적 접근은 국가 중심적 권력정치를 정당화하는 메타이론으로 사용될 수 있다. 웬트는 다음과 같이 주장한다. "구성주의적 감수성은 우리에게 어떻게 행위자가 사회적으로 구성되는가를 보도록 고무한다. 그러나 그 감수성이 우리에게 어떤 행위자를 연구해야 하는지 또는 그들이 어디에서 구성되는지를 우리에게 말해 주는 것은 아니다. 우리가 어떤 것에 관한 구성주의자일 수 있기 전에, 우리는 '단위'와 분석'수준' 또는 행위자와 그들이 내재되어 있는 구조를 선택해야 한다." Wendt, *Social Theory of International Politics*, p. 7.

21 이근, "구성주의적 시각에서 본 남북정상회담," 『국가전략』 7: 4(2001); 이근·전재성, "안보론에 있어 구성주의와 현실주의의 만남," 『한국과 국제정치』 17: 1(2001).

남북정상회담에 대한 사례분석을 통해 평화적인 정체성의 변화 가능성을 발견하기도 한다. 따라서 메타이론으로서 구성주의는 정체성의 변화 가능성을 관찰하게 한다는 점에서 장점을 가진다. 그러나 그 정체성 변화 이후의 남북한 관계에 대한 설명은 국제관계학의 현실주의와 자유주의 어느 한 편으로 귀결될 가능성이 높다.

분단체제론

세계체제론에 근거하여, 남북한의 적대적 대립과 상호의존을 규명하고자 하는 '분단체제론'은 비판적 이론의 수입 및 응용의 사례일 수 있다. 백낙청 교수가 제안한 분단체제론은, 한반도의 현실이 단순히 남북한 각각의 체제만을 고려하거나 세계체제와 남북한 체제라는 두 차원의 체제 개념만을 동원해서는 제대로 해명할 수 없다는 인식에서 출발한다.[22] 그리고 분단 현실에는 남북한의 대립뿐만 아니라 일정한 '상호의존'까지 뒤섞여 있고 거기에 외국의 작용까지 지속적으로 가세하기 때문에 현실 자체의 복잡성을 정리하기 위해 분단체제 개념을 도입하고자 한다.

분단체제론은, 분단체제에서 남북한 양측의 지배계급이 내세우는 각각의 분단 이데올로기는 남한의 반공주의와 북한의 김일성주의로 집약될 수 있는 바, 양자는 민족의 통일을 내세우면서도 실제로는 남북한 지배계급의

---

[22] 백낙청, 『분단체제 변혁의 공부길』(1994); 『흔들리는 분단체제』(1998).

기득권 유지에 봉사하고 있다고 본다. 따라서 분단체제에서 남북한 민중은 모두 공통의 이해관계, 즉 분단극복이라는 과제에 있어서 동일한 이해관계를 가지고 있으므로, 분단극복을 위한 운동은 외세 축출, 남한의 변혁이라는 비현실적인 과제에 집착할 것이 아니라 이 분단체제를 허물기 위한 남북한 민중의 자기 사회 민주화와 개혁의 노력에서 출발해야 한다.

분단체제론이 남북한의 기득권 세력과 이 체제의 희생자인 남북한 민중을 그 주요 대립항으로 설정한다고 해서 남북한의 정권을 무조건 적대시하는 포퓰리즘populism(정서적 민중주의적) 운동을 제창하는 것은 아니다. 민중의 입장이라는 것 자체가 때로는 상충하는 이해관계를 포괄하는 복합적인 성격을 띠고 있기 때문이다. 분단체제의 이 복잡한 방정식에는 분단체제의 상위체제인 세계체제의 작동이 반영되어야 하고, 특히 미국, 중국, 일본, 러시아 등 주변 강대국들을 중요한 변수로 대입해야 한다. 이들의 역할도 국제정세에 따라 변화한다. 예를 들어 미국은 분단에 가장 큰 작용을 한 국가이기는 하지만 남북한 통일이 자본주의적 세계질서를 벗어나지 않는 한 관련 당국이 주도하는 합의통일에 대해서는 위협을 제일 덜 느낄 처지에 있을 수 있다는 것이다.[23]

---

23 분단체제론은 사실상 비록 분단으로 불구화된 국가지만 두 개의 국가가 한반도에 공존함을 인정하고 그것이 평화적 공존이어야 한다는 명제를 제시한다. 이러한 현실적인 자세를 바탕으로 추구할 다음의 과제는, 분단체제가 전쟁재발이라는 파국적 방식을 통해 무너지는 사태는 피하면서도 고착과정을 무한정 끌고 가려다 결국에는 전쟁 또는 전쟁에 버금가는 어떤 재앙으로 끝맺는 결과를 막아 줄 국가체제를 구상하는 것이다. 통일을 향한 획기적 한 걸음을 뜻하면서도 분단체제의 급격한 붕괴를 피하는 국가체제는 느슨한 형태의 복합국가인 국가연합confederation이라는 것이다. 북한의 연방공화국 제안이 영어로는 confederal republic국가연합

분단체제론의 공헌으로는 첫째, 남북한이 하나의 분단체제를 구성한다는 가설이 시사하듯 남북한 사회 간의 상호 연관성을 강조한 점, 둘째, 남북한 지배세력 간의 대립, 즉 체제모순만을 주목해 온 종전의 사고에 비해 이들 간의 통일성과 공통성, 특히 분단의 유지에서 얻어지는 이해관계의 공유라는 측면을 부각시킨 점, 셋째, 분단이 강제하는 이데올로기 지형의 협소화, 즉 일반 대중의 수준에서 이데올로기적 보수화 등 분단의 부정적 효과에 대한 적절한 지적, 넷째, 정치적 현실주의의 측면에서 세계체제론을 수용함으로써 현 정세에서 세계체제 이탈의 현실적 불가능성을 언급했다는 점 등이다.

반면 분단체제론에 대한 비판도 존재한다. 첫째, 남북한 사회체제의 차이를 과소평가하고 사실상 양 사회를 대칭적으로 보고 있다는 한계를 가지고 있다. 따라서 남북한 사회의 내적인 재생산과정과 특징은 무시되기 쉽다. 즉, 분단체제론은 북한 사회에 대한 구체적 규정을 결여하고 있다.[24] 둘째, 분단체제론은 역사적으로 우리가 상이한 분단체제를 가지고 있었을 가능성을 고려하지 않고 있다. 즉, 남북한 관계의 변화에 따라 분단체제의

공화국으로 표현되었고, 1991년 남한 정부의 한민족공동체 통일안에 국가연합 단계가 포함됨으로써, 남북한 간에는 국가연합을 향한 더욱 실질적인 합의가 이미 이루어진 상태라고도 볼 수 있다. 분단체제론은 국가연합 이후의 단계에 대해서는 미리 못을 박아 분란을 자초할 까닭이 없다고 생각한다. 단일민족국가가 적절한 대안적 통일형태가 되지 않을 수도 있기 때문이다.

[24] 손호철, "'분단체제론'의 비판적 고찰," 『창작과비평』 84호(1994); 김동춘, "주제서평: 분단체제론," 『통일시론』 창간호(1998).

내용과 형태가 달라질 수 있다는 것이다. 분단체제의 역사적 구조에 기초한 형태론이 필요하다고 할 수 있다. 셋째, 분단체제론은 남북한 민중의 체제변혁을 위한 능력을 강조하면서도 자본과 정부 주도로 이루어지고 있는 분단체제 극복 사업에 대한 비판적 인식을 결여하고 있는 것처럼 보인다.

특수관계론과 남북한 비교정치론

남북한 관계를 민족 내부의 특수관계로 생각하는 역사학적 접근은, 남북한 관계를 상징하는 '분단'을 민족문제로 생각한다. 한반도의 분단은 과거의 독일과 같은 분단체제가 아니며, 분단이 "생성·유지되는 보다 근원적인 뿌리는 한반도의 민족문제"이며, "분단의 본질은 '한반도와 강대국 또는 세계의 접촉 문제'" 특히 "남북한의 문제일 뿐 아니라 북미 간의 문제"라는 인식이다.[25] 따라서 민족 내부의 특수관계에 주목하는 시각은, 남북한 관계에서 안정된 재생산이 이루어지는 하나의 '체제'system를 찾기보다는 남한·북한·미국의 힘power의 대치로 야기되는 불안정을 보려고 한다. 이 접근법은 한반도의 역사를 고려하면서 "하나의 한국"을 규범적 목표로 설정하고, 미완未完의 국민국가인 남북한과 미국이 상호작용하면서 만들어 내는 관계속성보다는 개체의 상호작용에 주목한다는 점에서 논리적으로는 방법론적

---

25 도진순,『분단의 내일 통일의 역사』(서울: 당대, 2001); 장석,『김정일장군 조국통일론 연구』 (평양: 2002), 153-176쪽.

개체주의에 근접하고 있다.[26]

남북한 비교정치론은 특수관계론과 국가 중심적 현실주의의 혼합 형태라고 할 수 있다. 비교정치론적 시각에서 남북한 관계를 설명하고자 하는 이론 또는 모형으로는 "적대적 상호의존 관계" '통일 정치 게임' '거울 영상 효과' 등이 있다.[27] 이 이론들의 출발점은 남북한 각각의 국내정치다. 따라서 남북한 관계는, 두 국가 사이의 정통성 경쟁, 체제 또는 권위주의적 통치를 합리화하는 기제 등으로 설명된다. 즉, 비교정치적 접근은, 남북한 관계와 남북한 두 국가의 국내정치가 상호작용하는 이론 또는 모형을 만들고자 한다. 여기서 남북한 각각이 자신의 권력을 정당화하기 위해서 상대방을 필요로 한다는 "분단의 특수성"이 이 이론 또는 모형에서 주요 변수가 된다.

분단질서론

역사학과 사회과학의 문제의식을 결합하여 남북한 관계를 이론화하려는 시도들이 '분단질서론'이다. 분단질서론은, "유기적 완결성을 갖는 체제"

---

[26] 다른 한편 남북한 관계를 민족 내부의 특수관계로 보면서도 반환원주의적 접근을 시도할 수도 있다. 이를 위해서는 구조의 변화를 가정하는 '역사적 구조' 개념을 도입해야 한다. 이 반환원주의적 접근은 대안적 이론의 모색에서 다룰 예정이다.

[27] Y. Khil, *Politics and Policies in Divided Korea* (Boulder: Westview Press, 1984); M. Lee, "The Two Koreas and the Unification Game," Current History (1993); 최완규, "전환기 남북한의 국내정치와 통일게임,"『한국과 국제정치』11: 1(1995); 이종석,『분단시대의 통일학』(1998); 이정균 외,『남북한 비교정치론』(1998).

와 "결정론적 이해의 경향을 내포하는 구조" 개념보다는 분단의 역사적 형태를 구분할 수 있는 유연한 '질서' 개념을 도입하고 있다.[28] 즉, 분단질서론은 "남한과 북한은 한 질서를 형성하고 있는 두 개의 분단국가"라는 주장으로 요약된다.[29] 따라서 남북한 관계는 일반적인 상호 관계와 달리 두 행위자가 역사특수적인 질서를 구성하고 이 구성된 질서가 행위자를 제약하는 '대쌍관계 동학'의 성격을 가지는 것으로 정리된다. 그리고 분단질서의 형태이자 시기 구분으로, 해방에서 한국전쟁 종결까지의 분단질서 형성기, 분단고착과 지속의 시기, 냉전 해체와 더불어 시작된 분단 해소의 시기를 제시하고 있다. 냉전과 분단이 밀접한 연관을 가지고 있지만, 국제전이자 내전이었던 1950년 전쟁의 효과로, 냉전 해체가 분단의 해체를 의미하지 않는다는 점에서 한반도 분단의 독특성이 있다는 것이 분단질서론의 주장이다.

4. 비판과 대안: 역사주의적 시각

남북한 관계의 이론화에 있어 쟁점은, 관계속성의 존재 여부 및 정의

---

[28] 분단을 구조로 보는 견해로는, 김진균·조희연, "분단과 사회상황의 상관성에 관하여: 분단의 정치사회학적 범주화를 위한 시론," 『분단시대와 한국사회』(1985); 이종석. 『분단시대의 통일학』(1998) 등을 참조. 체제가 구조와 행위자로 구성되는 개념이라고 할 때, 분단구조론은 국제관계학의 국제체제론이나 세계체제론에 입각한 분단체제론으로 경도될 가능성이 높다. 분단구조론자들도 결국은 구조의 자기 재생산 기능을 강조할 수밖에 없기 때문이다.

[29] 박명림, "분단질서의 구조와 변화: 적대와 의존의 대쌍관계동학, 1945~1995," 『국가전략』 3: 1(1997).

방식과 시간 변수를 고려한 이론화의 가능성으로 정리할 수 있다. 전자가 방법론적 개체주의와 반환원주의의 논쟁이라면, 후자는 사회과학과 역사학의 대립이라고 할 수 있다. 국제정치이론과 분단체제론은 남북한 관계의 관계속성을 자기재생산 기제를 담지한 체제 개념으로 인식하려 하지만, 시간 변수를 도입하지 않는 약점이 있다. 반면, 특수관계론과 비교정치론은 방법론적 개체주의에 경도되어 관계속성을 포착하지 못하고 있다. 분단질서론은 반환원주의적 접근을 기초로 사회과학과 역사학을 결합하려 한다는 점에서 기존 이론의 약점을 보완하는 작업으로 평가될 수 있다. 그러나 국제관계이론과 같이 정치精緻한 형태로 발전하지는 못하고 있다.

여러 이론의 약점은 보완하면서 새로운 남북한 관계 이론을 만들기 위해서는 다음과 같은 점들이 고려되어야 한다.

첫째, 만약 관계속성의 형성 이후에만 방법론적 개체주의가 성립한다는 반환원주의의 주장을 수용한다면, 관계속성을 어떻게 정의할 것인가가 쟁점이다. 국제관계이론에서 사용하는 체제의 개념은 체제의 이행보다는 체제 내부에서의 힘의 변화에만 초점을 맞춘다는 점에서 역사적 변화 또는 이행을 설정할 수 없는 한계를 지니고 있고, 세계체제론에서 체제의 개념을 도입한 분단체제론도 분단체제의 "역사적 형태론"을 결여하고 있다. 반면, 분단질서론이 제시하는 질서의 개념은 역사적 변화를 고려한다는 점에서 체제 개념보다 유연하다. 그러나 구조 개념을 사회과학적 의미에서 결정론을 함유한 것으로 이해할 필요는 없다.[30] 오히려 다양한 힘들forces의 특수한 배열configuration인 질서를 역사적 구조로 이해하게 되면, 역사적 구조를 구성하는 다양한 힘인 관념, 물질적 능력, 제도를 총합적으로 이해할 수 있을 뿐만 아니라 사회세력, 국가형태, 세계질서라는 세 수준의 상호 관계를 통해 남북한 관계를 설명하고 이해할 수 있는 가능성이 열릴 수 있다.[31] 다른 한편, 역사적 구조의 개념은 브로델이 제시한 사회적 시간의 다원성을 남북한 관계의 이론에 도입할 수 있게 하는 접점에 위치해 있기도 하다. 〈그림 6〉(이 책의 117쪽)이 바로 이 복합적 이론화에 근접해 있는 구조화 모형이다.[32]

둘째, 남북한 관계의 역사적 구조는 "분단국가의 성격과 형태"를 통해 확인할 수 있다. 분단국가의 성격과 형태는 분단국가 안과 밖의 요인 그리고 분단국가 자체의 논리에 의해 결정되는 분단질서와 동의어일 수 있기 때문이다.[33] 분단국가의 형태론에서는 분단과 국가의 관계가 중요한 쟁점이 된다.[34] 이 지점에서 구성주의의 유용성이 있다. 분단국가의 정체성 변

---

[30] "사회과학자들이 쓰는 구조라는 말은 조직, 제반 현실과 사회적 집합체 사이에 세워진 일관성 있고 다분히 고정된 일련의 관계를 뜻한다. 우리 역사학자에게 구조란 조립이요, 건축물을 뜻하면서도 무엇보다도 그것은 시간이 쉽사리 소모시키지 못하며 아주 느리게 운반하는 하나의 현실을 가리킨다." 페르낭 브로델, 『역사학 논고』, 55쪽.

[31] R. Cox with T. Sinclair, *Approaches to World Order* (1996), pp. 91-101; 신종대, "한국정치의 북한요인 연구: 1961~72년을 중심으로," 서강대학교 정치외교학과 박사학위논문 (2002), 52쪽

[32] 이 복합적, 중층적 이론화에 대해 이론의 단순성parsimony을 결여하고 있다는 비판이 제기될 수 있다. 특히, 자연과학적 방법에 의거하는 실증주의 이론가들에게 있어 이론의 가장 큰 덕목은 단순성일 수 있다. 그러나 이론은 "어느 정도"로 단순해야 하는가? 구조화 모형을 도입한 연구성과로는, 박건영·박선원·우승지, "제3공화국 시기 국제정치와 남북관계: 7·4 공동성명과 미국의 역할을 중심으로," 『국가전략』 3: 1(2003) 참조.

[33] 그러나 불행히도 북한 내부의 정보부족 때문에 남북한을 아우르는 분단국가론을 전개하기 힘든 실정이다.

[34] 한 논평자의 지적처럼, 분단과 국가의 관계는 민족주의와 주권의 관계로 치환될 수도 있다.

화가 분단질서에 미치는 영향에 대한 이론화의 도구가 될 수 있기 때문이다. 그러나 기존의 이론에서 암시되는 것처럼, 분단국가의 두 구성 요소인 분단과 국가가 적과 친구라는 정체성과 일대일 대응을 하는 것은 아니다.[35] 분단은 전쟁으로 상징되는 민족 내부의 갈등이 강조될 경우 '적'의 이미지를 창출하는 기제이지만 다른 한편 외세에 의한 분단이 강조되면서 이른바 '민족공조'가 제기될 경우 '친구'의 이미지를 창출하는 기제가 될 수 있다. 즉, 같은 민족이라는 상상을 공유하더라도 두 개의 상반된 이미지를 만들어 낼 수 있음에 주목할 필요가 있다. (국가도 일반적인 국제관계에서 나타나는 것처럼, 적 또는 친구의 이미지를 만들어 낼 수 있다.) 따라서 분단국가의 형태가 분단과 국가 어느 한편의 정체성을 강화하는 방향으로 전개된다고 해서 선험적으로 규범적 결론을 도출하는 것은 오류일 수 있다.

이 글에서 남북한 관계의 대안적 이론화를 모색하면서 제시하려는 가설은 다음과 같다.

① 분단 형성기에, 분단은 남북한에게 서로를 적으로 간주하게끔 하는 기제였다. 이 기제는 데탕트와 같은 세계질서의 변화에 따라 완화되는 모습을 보이기도 했다.

---

[35] 또한 구성주의는 국제정치 구조의 변화를 언급하고 있다는 점에서 신현실주의의 근본적 한계를 극복하려는 시도로 평가될 수도 있지만, 구조의 변화를 관념으로만 환원할 때 물질주의materialism의 역편향인 관념주의idealism일 수 있다. 우리는, '어떤 시공간'에서 사상이 구조의 변화를 야기할 수 있는 지를 검토해야 한다. 구성주의가 '역사주의'historicism와 만나야 하는 이유가 바로 여기에 있다.

② 탈냉전 세계질서의 등장과 더불어 분단국가인 남북한은 암시적으로 또는 명시적으로 서로의 국가적 실체를 인정하기 시작했다.

③ 남북한이 서로의 국가적 실체를 인정하고 국제사회에서 정상국가로 승인되는 과정에서, 다양한 세력은 통일을 지향하는 분단의 극복인가 또는 국가성의 강화를 통한 공존인가 아니면 국가성의 강화를 통한 분단의 극복인가라는 선택의 기로에 서게 된다.

〈그림 7〉에서 B와 C의 방향은 특수관계론과 국제관계이론이 제시하는 분단국가의 형태론이라고 할 수 있다. 분단과 국가의 긴장에서 B는 분단성을 C는 국가성을 강조하는 모습이다. 그러나 〈그림 7〉은 남북한 관계의 역사적 구조가 이행하는 과정을 포착하지 못한다. 즉, 남북한 관계의 역사가 분단에서 국가로 그리고 그 다음에는 어디로 갈 것인가를 예측하기 어렵다는 것이다.

반면 〈그림 8〉과 〈그림 9〉는 분단국가의 형태에 대한 고려를 담고 있다. 〈그림 8〉은 분단성과 국가성의 반비례 관계를 설정하고 있다. 즉, 분단성의 약화는 국가성의 강화를 의미하게 된다. 예를 들어 〈그림 8〉은 2000년 6·15 남북공동선언 이후의 남북한 관계가 한반도에 정상적인 두 국가의 공존으로 흘러갈 것이라는 예측을 담고 있다. 그러나 국가성의 강화가 반드시 남북한 관계의 협력으로 이어질 것이라고 예측할 수는 없다. 협력과 갈등에 관한 국제관계이론의 응용이 필요한 부분이다. 반면, 〈그림 9〉는 탈냉전 세계질서의 등장과 더불어 점차 분단성이 약화되고 국가성이 강화되고 있지만, 남북한이 서로를 정상국가로 인정하고 국제사회가 이를 승인하게 된 이후, 분단에 대한 남북한의 인식이 강화되는 방향을 설정하고 있다. 즉, 분단 해소라는 민족적 과제에 대한 인식이 제고되는 방향이다.

이 글에서 제시하고 있는 대안적 이론화는 몇 가지 측면에서 기존의 남북한 관계의 이론보다 경쟁력을 가질 수 있다. 첫째, 이 글에서는 국제관계이론의 구조편향적 성격과 특수관계론의 행위자 중심적 성격을 넘어설 수 있는 구조화 모형을 제시한다. 둘째, 구조화 모형은 역사적 구조를 설정함으로써 국제관계이론과 특수관계론이 간과하고 있는 분단질서 및 분단국가의 형태론을 전개하게 한다. 셋째, 구조화 모형은 분단질서 및 분단국가의 형태에 대한 예측을 그 이론 내부에 담지하고 있다. 분단질서 및 분단국가의 형태는 분단성과 국가성을 둘러싼 사회세력 및 국가를 포함한 다양한 행위자의 갈등과 협력을 통해 그 방향이 설정될 것이다. 이 과정에서 단일민족국가가 아닌 '복합국가'와 같은 분단국가의 대안적 형태를 둘러싸고 다양한 상상력의 경쟁이 전개될 것이다.

5. 이론의 규범적 차원 : 결론에 대신하여

모든 이론은 그 내부에 특정 시공간에 있는 특정 사회세력의 입장에서 도출되는 관점을 가지고 있다. 세련된 이론은 관점을 직접적으로 표현하지 않지만, 최초의 관점이 이론 내부에 포함되어 있음을 부정할 수 없다.[36] 남북한 관계의 이론도 예외는 아니다. 국제관계학의 현실주의가 '평화'를 세

---

[36] Cox, *Approaches to World Order*, pp. 87-88.

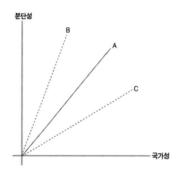

| 그림 7 |

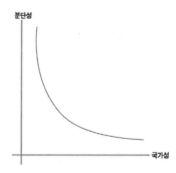

| 그림 8 |

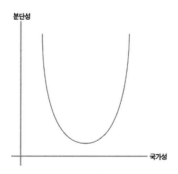

| 그림 9 |

력균형과 등치하는 것처럼, 특수관계론은 '통일'이라는 규범에 입각하여 자신의 이론을 전개한다. 즉, 남북한 관계의 이론들에서 고려되는 주요한 규범은, "평화와 통일"이다. 평화는 전쟁이 없는 상태를 의미하는 '소극적 평화'와 구조적 폭력이 제거된 상태인 '적극적 평화'로 구분할 수 있고, 통일은 남북한의 '비대칭적 통합'과 '대칭적 통합'으로 구분할 수 있다. 기존 남북한 관계 이론들의 규범적 차원을 정리한 것이 〈표 4〉다.

| 표 4 | 남북한 관계 이론의 규범적 차원

	소극적 평화	적극적 평화	비대칭적 통합 (통일 I)	대칭적 통합 (통일 II)
신현실주의	O		O	
신자유주의	O	△	△	△
남북한 비교정치	O		O	
분단체제론		O		O
특수관계론	O		O	O
분단질서론	O	O	O	△

위의 표에서 유의해야 할 것은 어떤 이론이 더 바람직한 규범적 차원을 설정하고 있다고 해서 그 이론이 더 나은 설명과 이해를 추구하는 것은 아니다. 즉, 이론의 적실성은 규범적 차원을 통해 확보되는 것이 아니다. 그러나 규범적 차원이 이론화에 영향을 미치는 것을 부정할 수는 없다. 왜냐하면 현실 또는 실재에 대한 이론화에 있어 어떤 문제 설정을 하느냐에 따라 특정한 규범적 차원의 개념이 배제될 수 있기 때문이다. 예를 들어 국제관계학의 현실주의는 적극적 평화개념을 그 이론 내부에 포함하지 않고 있다.

규범적 차원 또한 역사특수적 성격을 가질 수밖에 없다는 것이 이 글의 주장이다. 예를 들어 냉전체제가 강고한 상태에서 남북한 관계 이론이 가질 수 있는 규범적 차원은 전쟁이 없는 소극적 평화가 최대치일 수 있을 것이다. 인식의 시간이 실재의 시간을 앞설 때, 이론은 객관성을 상실하고 규범과 주장으로 전락할 수 있다. 문제는 규범적 차원 또한 역사적 변화에 따라 변할 수 있다는 점을 이론 내부에 포함할 수 있는 이론의 탄력성이다. 남북한 관계에 있어 역사적 구조의 이행이 발생하고 있지만, 인식의 변화는 발생하지 않는 경우를 보게 된다. 적극적 평화나 대칭적 통합의 가능성이 열리고 있지만, 그 규범적 차원을 의제화하지 않는 경우는 '실재'의 시간 변화에 조응하지 못하는 인식의 지체라고 할 수 있다. 다른 한편으로는 이 새로운 규범적 개념을 추동할 수 있는 사회세력이 주체로서 호명되지 못하는 상태를 의미하기도 한다. 남북한이 정상국가화하는 시점에서 소극적 평화와 적극적 평화뿐만 아니라 대칭적 통합의 가능성 또한 열리고 있다. 대안적 이론화는 이 두 평화개념과 대칭적 통합이라는 규범적 차원의 담지뿐만 아니라 이 개념을 운반할 수 있는 사회세력의 형성으로 이어질 때, 그 의미를 가질 수 있을 것이다.

제4장

비판적 국제이론과 한반도의 평화과정

1. 문제 제기 : 이론적 실천

1963년 『국제정치논총』 '창간호'에 편집위원회의 이름으로 실린 「한국국제정치학회약사」의 일부를 소개하면서 글을 시작한다.

> 오늘날의 국제정치학이 영미 특히 미국의 진영정책의 요청에 따르고 있음은 사실이다. …… 구미적 역사의 산물인 이 이론을 이 땅에서 수용하는 태도를 제창해 본다면 우리는 모름지기 그 역사를 역으로 뒤집어서 재평가하면서 국제정치이론 자체를 재음미·재평가하여 이것을 우리의 것으로 새로이 체계화하여야 한다고 생각한다. …… 한국과 같이 건국과 그 존립마저 국제정치에 거의 완전히 의존하고 있는 곳에서는 차라리 모든 사회과학은 국제정치로부터 시작하여야 할른지도 모른다.

오래된 글이지만 문제의식은 낡지 않은 것처럼 보인다. 두 이유 때문이다. 첫째, 한반도의 평화와 통일은 탈냉전에도 불구하고 여전히 국제적 변수를 배제하고 사고하기 힘든 목표다. 둘째, 그 현실을 설명하거나 변혁하려는 한국적 국제이론 또는 국제이론의 '한국적 정체성' 모색도 여전히 진행 중인 과제다.

한반도의 평화와 통일은 '진영陣營 정책'의 종료에도 불구하고 한반도의 두 '국가'인 남북한 관계 또는 민족문제로 환원되지 않고 있다. 그 이유는, 동북아 지역에서의 냉전적 적대관계의 잔존 및 사회주의권 붕괴 이후 세력균형의 와해로 발생한 불안정 때문이라고 할 수 있다. 이 한반도 문제의 국제적 성격을 '비판적critical 국제이론'을 통해 바라보면서, 한반도 평화과정의 대안인 인식론적 기반 및 연구의제를 설정하는 것이 이 글의 목적이다. 한반도 문제의 한반도화가 이 글에서 구상하는 대안적 평화과정의 출발점이 될 것이다.

이 글에서 '탈미국적 국제이론'[1]을 주도하고 있는 비판적 국제이론에 입각하여 한반도의 평화과정을 재구성해 보려는 이유는 다음과 같다. 첫째, 비판적 국제이론은 그 이론의 형성부터 강대국 중심의 국제이론이 아니었다. 따라서 강대국에 포위된 상태에서 평화를 모색해야 하는 우리에게 많

---

[1] 국제관계학 시장은 외견상 자기 고유의 이론을 가지고 있는 몇 안 되는 학파 또는 접근이 경쟁하는 '과점시장'이고, 이 시장에서 이론을 공급하는 지배적 행위자가 미국의 학계다. 국제관계학이 하나의 분과학문으로 등장하는 과정이 미국이 세계권력으로 부상하는 것과 밀접히 연관되어 있었기 때문이다. 즉, 국제관계학은 호프만S. Hoffman이 지적하는 것처럼 태생적으로 '미국의 사회과학'이었다. K. Goldman, "International Relations: An Overview," in R. Goodin and H. Klingermann eds., *A New Handbook of Political Science* (1996), pp. 401-404; S. Hoffman, *Janus and Minerva* (1987), pp. 3-24.

은 시사점을 줄 수 있을 것이라고 생각한다. 둘째, 주류 국제이론인 신현실주의에 의거한 한반도 평화과정 기획이 가질 수밖에 없는 현상유지적 경향에 대한 비판의 무기로 비판적 국제이론은 일정하게 유효성을 가질 수 있을 것이다. 셋째, 이론이 설명과 예측의 가능성뿐만 아니라 윤리적, 실천적 지평을 정의한다고 할 때,[2] 비판적 국제이론은 이 두 요소를 이론 내부에서 동시에 고려하고 있다는 강점을 가지고 있다.

비판적 국제이론의 도입은 또 다른 이론의 수입일 수 있다. 그러나 한국적 맥락을 고려한 비판적 국제이론의 재구성 및 응용을 모색하는 실험은 한반도의 평화과정이라는 규범적인 국제적 실천을 객관적 분석과 결합할 수 있는 유용한 기회를 제공할 수 있을 것이다. 즉, "우리가 무엇을 할 수 있을 것인가"라는 "가능한 것의 범위"를 묻는 질문에 대한 하나의 대안적 대답을 찾기 위해, 비판적 국제이론에 입각해서 한반도 평화과정에 대한 새로운 '문제 설정'을 모색해 볼 수 있다. 비판적 국제이론에 따르면, 비판으로서의 이론 구성, 즉 이론적 실천은 그 자체가 새로운 정치적 실천의 시작을 의미한다.

이 글의 구성 및 주장은 다음과 같다.

첫째, 신현실주의 국제이론에 근거한 한반도 평화과정을 비판한다. 비판의 핵심은, 신현실주의에 의거할 때, 한반도의 평화는 분단체제의 현상유지와 동의어일 수밖에 없다는 것이다. 둘째, 신현실주의 국제이론과 달

---

2 S. Smith, "Positivism and beyond," in S. Smith, K. Booth, and M. Zalewski eds., *International Theory: positivism and beyond* (1996), p. 13.

리 국제체제 또는 국제질서를 주어진 것으로 보지 않고 개혁 또는 변혁의 대상으로 설정하는 비판적 국제이론의 주요 개념을 소개한다. 셋째, 비판적 국제이론에 입각하여 한반도 평화과정에 대한 대안적 연구의제를 설정한다. 이 때 평화 및 안보개념의 재구성, 한반도 문제의 역사적 구조 및 이행, 대항 헤게모니의 형성 등이 주요 내용이다. 넷째, 결론으로 한반도의 평화과정을 이끌어나갈 수 있는 한국 외교정책의 방향을 간략히 제시한다.

2. 현실주의적 평화과정 비판 : 국제관계와 질서의 문제

현실주의 국제이론에서는 규범적 질문을 제기하지 않거나 그 질문을 부차적 문제로 다룬다. 국제관계는 "생존을 위한 투쟁" 또는 "권력을 위한 투쟁"의 장이기 때문이다.[3] 고전적 현실주의자들이 유토피아적 사고를 미숙한 사고로 취급하면서도 세력균형의 기저에 놓여 있는 도덕적 합의에 주목하거나 유토피아와 현실을 정치학의 두 측면으로 간주하는 모습을 보였다면,[4] 국제이론에서 역사를 추방하고 초역사적인 정치적 구조의 반복적 재생산에 주목하는 '체제system이론'인 신현실주의에 이르면 국제이론에서 규범성은 사라지게 되고, 세력균형이론이 정치이론을 대체하게 된다.[5] 여

---

3 B. Crick, *In Defense of Politics of Politics* (1964); M. Wight, *Power Politics* (1978); H. Morgenthau revised by K. Thompson, *Politics among Nations* (1997).

4 Morgenthau, *Politics among Nations;* E. Carr, *The Twenty Years Crisis, 1919-1939* (1964).

기서 더 나아가 국가, 즉 강대국은 세력균형의 유지에 관심을 가지기보다는 조건만 유리하다면 그 균형을 파괴하려 한다는 '공세적'offensive 현실주의의 주장을 수용하게 되면,6 국제적 유토피아가 강대국의 이익 실현으로 전락하는 '비극적 현실'에 이르게 된다.

이 현실주의 시각과 이론에서, "실천적으로 효과가 있고 규범적으로 정당한" 국제적 수준에서의 '정치질서' 관념이 존재한다면, 그 질서는 무정부라는 독특한 조직원리를 가진 정치구조가 작동하는 국제체제의 산물인 동맹과 세력균형을 통해, 또는 패권패권

국가의 일방적 힘에 의해 '관리'되고 '부과'되는 질서다.7 현실주의가 구조적 강제로 수용하는 이 질서는, 갈등과 분쟁을 최소화하는 질서일 뿐이다. 예를 들어 신현실주의자들에게는 냉전과 같은 양극체제가 평화를 보장한다. 그러나 냉전을 평화라고 하는 것은 전형적인 서구 중심적 견해다. 냉전시대에 세계대전은 없었지만 한국, 베트남, 아프가니스탄, 앙골라, 니카라과 등지에서는 수백만의 사람이 전쟁으로 희생되었다. 공세적 현실주의에서는 강대국의 권력정치가 작동하는 국제체제에서 평화는 실현되지 않을 것이라고 말한다.8

5 K. Waltz, *Theory of International Politics* (1979).

6 J. Mearsheimer, *The Tragedy of Great Power Politics* (2001).

7 N.J. Rengger, *Inernational Relations, Political Theory and the Problem of Order: Beyond International Relations Theory* (2000), pp. 37-70.

8 Mearsheimer, *The Tragedy of Great Power Politics*, p. xi.

현실주의 이론에 입각할 때, 탈냉전시대에 예상할 수 있는 (한반도를 포함한) 동북아질서는 세력균형 또는 단극시대의 패권국가인 미국의 힘의 우위를 바탕으로 미국과 균형을 이룰 만한 국가의 등장을 사전에 방지하려는 위협적, 일방적 정책의 지속일 수 있다.[9] 이 둘 다 한반도의 평화와 통일에는 도움이 되지 않는다. 동북아에서 어떠한 세력균형 — 신냉전적 양극체제, 고전적 세력균형체제, 강대국 협조체제 — 이 형성되든,[10] 남북한 관계의 최대치는 냉전적 평화 또는 지속적인 전쟁 위협이 존재하는 상태에서의 현상유지일 것이다. 만약 동북아에서 미국의 압도적 힘의 우위가 상당 기간 지속되면서 미국이 다자적 협력을 모색하지 않는다고 할 때, 우리의 정책 자율성은 극히 제약될 수밖에 없을 것이다.

이 현실주의적 예측은 우리에게 불가피한 현실로 다가올 수도 있다. 한반도를 둘러싸고 벌어졌던 과거의 냉전적 사건은 현실주의의 적실성을 증명하는 사례로 제시될 수 있을 뿐만 아니라 그 경험은 현실주의적 경로를 답습하는 원천이 되기도 한다.[11] 그러나 만약 우리가 부과된 질서로부터 현

---

9 신현실주의적 시각에서 미국의 단극 패권이 가지는 위험을 지적하고 있는 글로는, K. Waltz, "Globalization and American Power," *The National Interest* (2000) 참조.

10 김태현, "동북아질서의 변동과 한반도," 『국제·지역연구』 11: 1(2002), 5-7쪽.

11 한반도를 포함한 동북아 지역에서는 냉전시기에 '위협의 균형'balance of threat을 협력적 안보로 대체함으로써 전통적인 지정학地政學을 넘어서려는 정치적 실천 및 이론적 실천이 거의 없었다고 해도 과언이 아니다. 예를 들어 한반도의 두 국가인 남북한 평화가 전쟁이 없는 상태라는 것에는 동의하고 있지만, 그 평화를 교란하는 요인으로 남한은 북한의 적화통일정책을 북한은 주한미군의 존재를 강조해 왔다. 송대성, 『한반도 평화체제』(1998), 21-130쪽. 따라서 한반도는 1950년 전쟁 이후 정전협정으로 평화가 유지되는 사실상 '준準전쟁'의 상태였다. 정

상유지적 질서를 수용하지 않고자 한다면, 즉 단순한 유형으로서의 질서가 아니라 목적지향성을 담지하고 있는 질서의 구성을 통해 체제를 '개혁'하거나 체제를 '변혁'하려 한다면, 새로운 시각과 이론에 기초한 반성적 사유가 필요할 것이다. 행위자의 의식적 실천 및 개입을 통한 체제의 변혁과 새로운 질서 구축이라는 인식의 전환이 바로 그것이다.

3. 국제관계의 정치이론으로서 비판적 국제이론

비판적 국제이론의 문제의식

비판적 국제이론은 국제관계의 질서를 현실주의와 달리 국제체제를 관리하는 '수단'이 아니라 인간해방을 위한 '목적'으로 간주한다. 역설적으로 표현하면, 비판적 국제이론은 '질서의 종언' 또는 '질서로부터의 해방'을 위한 국제이론의 수립을 모색한다.[12] 즉, 비판적 국제이론에 입각하면, 국제체제 또는 국제질서는 고정불변의 것이 아니라 개혁 또는 변혁의 대상이다. 이는 기존의 국제질서가 특정한 목적과 특정한 국가 또는 집단의 이해

치적 실천의 부재는 한반도의 평화과정을 기획하는 이론적 실천의 부재와 맞물려 있었다. 냉전 시기 동안 한국의 국제관계이론 연구자들은 미국적 국제관계이론의 완제품을 수입하거나 수입대체화를 시도하는 경우에도 그 이론의 보편성을 부인하지 않았다. 박상섭, "한국국제정치학과 외래이론수용의 문제점," 『국제정치논총』 28집 1호(1988).

[12] Rengger, *International Relations*, pp. 143-166.

를 위해 구성되었다고 생각하기 때문이다.

비판적 국제이론을 정초한 콕스R. Cox는 이론의 가치중립성에 문제를 제기하면서, 국제이론을 '비판이론'과 '문제해결problem-solving이론'으로 구분한다.[13] 비판이론이 지배적 질서의 발생에 문제를 제기하고 그 질서를 변화시킬 수 있는 방법 및 그 가능성을 탐색하는 이론이라면, 문제해결이론은 기존의 지배적 질서를 주어진 것으로 간주하고 특정 문제의 해결에 집중하는 이론이다.[14] 즉, 비판적 국제이론에서 이론의 목적은, 이론화 과정에서 불가피하게 문제해결이론이 포함될 수밖에 없지만, 궁극적으로는 국제질서의 '역사적 특수성'을 드러내는 것이다. 따라서 비판적 국제이론에서 이론은 '비판'과 동의어다.

어떤 이론이 "더 좋은 이론"인가라는 문제는 일차적으로 현실의 구체적 성격과 그 현실에 대한 설명력에 의해 결정된다. 그러나 이론 또한 현실을 구성하는 요소라고 할 때, 이론 선택의 담론인 메타이론—이론의 철학적 기초, 즉 존재론, 인식론, 가치론 등—이 가지는 의미를 간과할 수 없다. 메타이론의 차원에서 신현실주의는 현상유지적 평화를 설정할 수밖에 없는 한계를 가지고 있을 뿐만 아니라 현실과 미래에 대한 "더 좋은 역사 서

---

13 R. Cox, "Social Forces, States and World Order: Beyond International Relations Theory," in R. Cox with T. Sinclair, *Approaches to World Order* (1996), pp. 87-91.

14 콕스의 이 공격에 대해 신현실주의 이론가인 케네스 월츠는, 문제해결이론에 집중하는 것이 무슨 문제를 야기하는가라고 되묻고 있다. 비판이론과 주류 이론의 메울 수 없는 간극을 보여주는 대화다. K. Waltz, "Reflections on Theory of International Politics: A Response to My Critics," in R. Keohane ed., *Neorealism and Its Critics* (1986), p. 339.

술"을 가로막는 이론이다.[15] 역사 속에서 가능한 것의 한계를 찾으려는 이론, 즉 정치이론이 포함된 국제이론의 구성이 바로 비판적 접근의 문제의식이다.

비판적 국제이론의 주요 개념

탈냉전과 더불어 국제이론이 미국 외교정책의 도구로 사용되는 현실에 대한 근본적인 자기성찰이 이루어지고 있다. 신현실주의의 철학적 기초에 대한 공격을 통해 국제적 수준에서도 '좋은 사회' 건설을 도모하려는 이른바 국제관계학의 '세 번째 논쟁'이 바로 그것이다.[16] 즉, 국제체제의 지속보다는 변화 또는 변혁 가능성을 모색하려는 움직임이다. 따라서 이론이 현실을 구성하는 능력 및 현실의 상호 주관성intersubjectivity이 논쟁의 중요한 주제다. 다양한 형태의 탈미국적, 탈현실주의적, 탈근대적 국제이론이 제시되고 있다.

---

[15] 이론 선택의 담론으로서 메타이론에 대한 천착으로는, M. Neufeld, *The Restructuring of International Relations Theory* (1995) 참조. 역사이론으로서 사회이론에 대한 언급은, J. Rosenberg, *The Empire of Civil Society: A Critique of the Realist Theory of International Relations* (1994), pp. 52-53. 탈미국적이라고 하기는 어렵지만, 역사학자 존 루이스 개디스는 그의 책 『새로 쓰는 냉전의 역사』(박건영 옮김, 2002)에서 신현실주의의 매우 단순한 가정, 예를 들어 힘을 물질적 능력으로 환원하는 가정이 "사람들이 머리 속에서 일어나는 것은 측정하기 어렵고 따라서 무시"했다는 평가를 내리고 있다. 즉, 신현실주의 이론은 더 좋은 역사 서술을 가로막고 있다.

[16] M. Hoffman, "Critical Theory and the Inter-Paradigm Debate," *Millennium* 16: 2 (1987).

비판이론과 국제이론의 접합을 시도하는 비판적 국제이론이 단일의 이론은 아니다. 비판적 국제이론으로 분류될 수 있는 이론들 사이에도 경쟁이 존재할 뿐만 아니라, 그 이론들의 철학적 기초도 상이하다. 예를 들어 종속이론, 세계체제론, 페미니스트 국제관계이론,[17] 탈근대적, 탈구조주의적 국제이론[18] 등도 비판적 국제이론에 포함될 수도 있다. 이 글에서는, 프랑크푸르트학파의 비판이론과 마르크스주의자 그람시A. Gramsci의 이론을 결합한 비판적 국제이론을 중심으로 논의를 전개한다. 이 중 그람시적 접근은 다른 비판적 이론과 달리 체계적 이론을 구축하고 있고, 이른바 '성찰적reflective 접근'[19]에 결여되어 있다고 주장되는 '연구 프로그램'을 가지고 있다.[20]

앞서 지적한 것처럼, 비판적 국제이론은 비판이론과 문제해결이론의

---

17 평화와 통일 문제에 대한 남성 중심적 사고를 고려할 때, 페미니스트적 시각의 도입도 우리 사회에서 중요한 과제가 될 수 있다.

18 탈근대적, 탈구조주의적 국제이론과 비판적 국제이론은 신현실주의의 공격에서는 일정한 동맹을 형성하고 있지만, 사실 화해할 수 없는 철학적 기초를 가지고 있는 듯이 보인다. 전자는 지식 또는 진리의 기초를 부정하는 입장anti-foundationalist인 반면, 후자는 철학적으로 최소주의적 기초를 유지minimalist foundationalism하려 한다. Rengger, *International Relations*, pp. 146-147; R. Asheley, "The Achievements of Post-Structuralism," in Smith et al. (1996).

19 국제이론에서 이른바 합리적 접근과 성찰적 접근의 구분은, R. Keohane, *International Institutions and State Power* (1989) 참조.

20 이와 더불어 그람시적 국제이론은 실천적으로도 가능한 대안을 제시하고 있다는 장점이 있다. 국제연합을 매개로 1970년대부터 제3세계 국가가 추진했던 '신국제경제질서'New International Economic Order: NIEO 운동은 그 사례 가운데 하나다. 이 국제기구를 매개로 한 국제질서의 민주화 운동은 그람시적 국제이론의 형성을 가능하게 한 밑거름이었다. R. Cox (with H. Jacobson), "Decision Making," in Cox with Sinclair (1996).

구분에서 출발한다. 이 분류는, 기존 국제이론의 철학적 기초 및 그 이론의 성격 그리고 국제체제의 지속과 변화에 대한 근본적 문제 제기를 담고 있다. 첫째, 기존의 국제이론 또는 시각이라고 할 수 있는 현실주의, 다원주의/자유주의, 지구주의/구조주의는 '실증주의'에 기초하고 있다는 점에서 하나의 세계에 대해 세 가지로 번역할 수 있다.[21] 실증주의의 기본 교의는 주체와 객체의 분리, 사회과학과 자연과학의 방법론적 동일성, 사실과 가치의 분리로 요약할 수 있다.[22] 이 교의에 따르면, 이론과 이론가 그리고 이론과 실제 세계가 분리되며 이론은 실제 세계를 설명하고 이해하는 모델, 즉 '도구'로 인식된다.[23] 따라서 국제이론에서 상호 주관성과 해석과 윤리적 가치가 배제된다. 반면, 비판적 접근에서는 주체의 객관적 실재에 대한 중립적 개입을 부정하고, 지식은 이미 존재하는 사회적 목적과 이해를 반영한다고 주장한다. 즉, 주체와 객체의 엄격한 분리를 제거할 때, 국제적 사건은 이론에 존재론적으로 선행하지 않게 된다.[24]

---

[21] Smith, "Positivism and beyond," p. 11.

[22] Neufeld, *The Restructuring of International Relations Theory*, pp. 22-38.

[23] M. Zalewski, "'All these theories yet the bodies keep piling up': theory, theorist, theorising," in Smith et al.(1996), pp. 341-344. 위의 글에서, 이론은 '매일의 실천'everyday practice으로 규정되기도 한다. 페미니스트 국제이론가들은 이론을 명사가 아니라 동사로 본다. 즉, '이론화한다'는 것은 매일의 삶의 형태라는 것이다. 따라서 이들에게는 이론이 생산한 지식이 누구의 지식인가가 중요한 문제다. 다른 한편, 세계질서프로젝트를 주도했던 포크R. Falk는 국제체제의 지속과 변화라는 시각에서 이론을 체제유지, 체제개혁, 체제변혁 이론으로 구분하고 있다. R. Falk, *The End of World Order* (1983).

[24] A. Linklater, "The Achievements of Critical Theory," in Smith et al. (1996).

둘째, 비판적 국제이론의 실증주의와의 결별은, 국제체제 또는 세계질서의 변화 가능성을 모색하려는 철학적 시도다. (신현실주의 국제이론은 국제관계의 원형을 고대 그리스의 펠로폰네소스 전쟁에서 찾고 있다.) 시간을 초월한 공간으로서 영토국가체제가 바로 신현실주의의 지리적 가정이다. 따라서 국가들 사이의 경계가 절대화되고, 안과 밖의 분리는 방법론적 구분이 아니라 존재론적 구분으로 전화한다.[25] 즉, 신현실주의의 철학적 가정에는 이미 국제체제의 변화라는 문제의식이 결여되어 있다. 그러나 비판적 국제이론은 그 구조의 역사적 변화에 주목한다. 비판적 국제이론은 구조를 객관적 실재로 인정하면서 동시에 그 구조의 '역사적 특수성'을 강조한다. 이 역사적 특수성의 규명이야말로 비판으로서 이론의 일차적 기능이라고 할 수 있다. 비판적 국제이론의 '역사적 구조'는 '물질적 능력' '관념'ideas '제도'가 상호작용하는 모형으로, 국제체제나 생산양식과 같은 어떤 추상적 모형에서 도출되는 개념이 아니라 구조와 관련을 맺고 있는 역사적 상황을 고려한 제한된 전체를 지칭한다.[26]

비판적 국제이론에서는 이 역사주의가 사회적 현실이 구조와 주체에 의해 결정된다는 구성주의와 결합된다. 그러나 정치적 권위의 국제화에 주목한다는 점에서 미국적 구성주의처럼 신현실주의와 타협하지는 않는다.[27]

---

[25] J. Agnew, "Timeless Space and State-Centrism," in S. Rosow, N. Inayatullah, and M. Rupert eds., *The Global Economy as Political Space* (1994); R. B. J. Walker, *Inside/Outside* (1993).

[26] R. Cox, "Social Forces," pp. 97-101.

그리고 행위주체의 정체성이 형성되는 과정에서 자본주의적 사회관계의 역할에 주목한다. 비판적 국제이론은 국제관계를 자본주의적 사회관계에 선행하는 관계로 보는 것이 아니라 국제관계가 자본주의적 사회관계와 내적으로 연관되어 있다고 주장한다. 그러나 비판적 국제이론은 자본주의적 생산으로부터 자신의 논의를 시작하지만 국가가 자본주의적 축적을 위한 조건을 창출하고 생산의 전체적 구조를 결정한다고 주장함으로써 경제결정론으로부터 한 걸음 비켜나 있다. 그리고 세계질서 속에서 국가의 위치 및 상대적 힘에 의해 각 국가가 생산관계를 변화시킬 수 있는 능력이 제약된다고 주장하면서, 생산, 국가, 세계질서를 통합하는 이론을 모색하고 있다.[28] 여기서 국가는 신현실주의가 주장하는 것처럼, 즉 '국민적-영토적 총

---

27 비판적 국제이론의 구성주의에 대해서는, S. Gill ed., *Gramsci, Historical Materialism and International Relations* (1993)의 제 논문들을 참조. 구성주의는 국제정치 구조의 변화 가능성을 존재론과 인식론적 수준에서 찾으려 한다는 점에서 신현실주의의 근본적 한계를 극복하려는 시도로 평가할 수 있다. 그러나 구조의 변화를 관념으로 환원하는 것은 물질주의의 역편향인 관념주의일 수 있다. 우리는 어떤 시공간에서 사상이 구조의 변화를 야기할 수 있는지 검토해야 한다. 구성주의가 역사주의와 만나야 하는 이유가 바로 여기에 있다. 한국에서 구성주의의 도입 및 적용은, 김학성, 『한반도 평화체제에 대한 이론적 접근』(2000); 이근·전재성, "안보론에 있어 구성주의와 현실주의의 만남," 『한국과 국제정치』 17: 1(2001); 이근, "구성주의적 시각에서 본 남북정상회담," 『국가전략』 7: 4(2001) 참조. 그러나 필자는 구성주의가 현실주의나 자유주의와 비교할 수 있는 시각 또는 이론이라고 생각하지 않는다. 웬트가 말하는 것처럼, "구성주의는 하나의 국제정치이론이 아니다."(A. Wendt, *Social Theory of International Politics*, p. 7) 즉, 구성주의는 이론의 이론, 즉 메타이론이라고 할 수 있다. 따라서 구성주의는 다른 어떤 국제이론과도 접목될 수 있다. 예를 들어 A. Wendt, "Collective Identity Formation and the International State," *American Political Science Review* 88: 2 (1994)에서 볼 수 있는 것처럼, 구성주의적 신현실주의와도 충분히 접목될 수 있다.

28 R. Cox, *Production, Power, and World Order: Social Forces in the Making of History*

체'가 아니라 "역사적으로 특수한 국가/사회 복합체", 즉 국가형태로 정의된다.

국가/사회 복합체로서 국가의 재개념화는 안보이론에서도 새로운 혁신을 가능하게 한다.[29] 일반적으로 안보연구는 비판적 연구가 가능하지 않은 마지막 보루로 간주되기도 한다.[30] 현실주의 국제이론에 따르면, 안보의 대상, 즉 "안전하게 보호되어야 하는 대상"은 영토적으로 정의되는 정치공동체이고 그 목적을 추구하는 행위자는 국가다. 국제사회의 형성에 따라 국가안보와 더불어 '인간안보'를 고려하는 포괄적 안보개념의 도입에도 불구하고 무정부상태에서는 '강한 국가'가 그 인간안보의 실현을 위한 유일한 매개체라는 사실이 강조되기도 한다.[31] 그러나 국가안보의 절대화는 수단과 목적을 혼동하는 것이다. 안보의 궁극적 대상은 "사회 속에 존재하는 개인"이고 "구체적 장소에 존재하는 구체적 사람"이어야 한다.[32] 반反국가

(1987). 예를 들어 위 책에서는 세계질서의 역사적 구조로, ① 자유주의적 국제경제의 등장 (1789), ② 경쟁적 제국주의 시대(1873~45), ③ 신자유주의적 세계질서(2차대전 이후)를 제시한다. 그리고 이 연속적인 세계질서의 구조는 새로운 국가형태, 새로운 역사적 블록, 그리고 생산관계의 새로운 배열에 의해 그 독특성이 규정된다.

[29] 국가/사회 복합체 개념을 도입한다고 해서 반드시 국가 중심성을 벗어나는 것은 아니다. 사실, 비판적 국제이론은 국가 중심성과 탈국가 중심성 사이에서 미묘한 균형을 유지하고 있다. 그러나 지구적 차원의 변혁, 즉 시간, 공간, 사회적 가능성, 일상생활 등의 측면에서 '존재론적 전환'이 발생하고 있다고 인식하면서 탈국가 중심적 이론지향을 보이고 있다. 예를 들어 S. Gill and J. Mittelman eds., *Innovation and Transformation in International Studies* (1997) 참조.

[30] K. Krause & M. Willams eds., *Critical Security Studies* (1997), p. vii.

[31] B. Buzan, *People, States and Fear* (1991).

주의적 안보개념을 도입하고자 하는 비판적 국제이론에서는 안보와 해방은 동전의 양면이다. 즉, 해방이야말로 진정한 안보를 생산한다는 것이다.[33] 그렇다면 그 안보를 위한 구체적 공간 설정의 문제가 제기된다. 즉, 비판적 안보연구의 질문은, 공동안보가 강대국에 의한 약소국의 포섭이 아니라 보편적이면서도 차이를 인정할 수 있는 새로운 공동체의 건설로 나아갈 수 있을 것인가로 요약할 수 있다.

이 비판적 국제이론을 관통하고 있는 개념이 바로 그람시의 '헤게모니' 개념이다.[34] 그람시는 헤게모니적 지배가 물리력의 독점에 의한 '강제'뿐만 아니라 시민사회로부터의 '동의'에 의해 이루어진다는 사실에 주목했다. 즉, 지도력은 강제만으로 확보되지 않는다는 것이다. 강제와 동의를 통해 사회의 제 심급에서 지도력이 행사되도록 국가와 사회를 응집시키는 구조 그리고 그 구조를 재생산하는 사회세력 또는 계급의 연합이 바로 '역사적 블록'이다. 비판적 국제이론은 이 헤게모니 및 역사적 블록 개념을 세계적 차원으로 확장한다.[35] 콕스는 국제적 수준에서의 헤게모니를 단순히 국가들 사

---

[32] R. Jones, *Security, Strategy, and Critical Theory* (1999).

[33] K. Booth, "Security and Emancipation," *Review of International Studies* 17: 4 (1991).

[34] A. Gramsci, *Selections from the Prison Notebooks of Antonio Gramsci* edited and translated by Q. Hoare and G. Smith (1971).

[35] 국제이론에 그람시를 도입하는 것에 동의하면서도 그람시의 제 개념들이 생성된 "역사적 맥락을 고려하지 않고" 직수입하고 있다는 신랄한 비판에 대해서는, R. Germain and M. Kenny, "Engaging Gramsci," *Review of International Studies* 24 (1998)을 참조. 그람시적 접근의 발전을 위해서는 반드시 고려해야 하는 문제 제기라고 할 수 있다.

이의 질서만으로 규정하지 않는다. 세계 헤게모니는 정치적, 경제적, 사회적 구조이고, 더 나아가 보편적 규범과 제도와 기제를 가지고 있고, 이에 기초하여 국제관계의 다양한 행위자들의 행동을 위한 일반적 규칙이 마련된다고 주장한다.[36] 예를 들어 2차대전 이후 미국의 헤게모니는 국제기구를 매개로 형성된 사회세력의 역사적 블록으로 설명되고, 이 국제적인 역사적 블록은 미국 내부에서 이른바 포드주의 축적체제에 대한 정치적 합의를 형성했던 역사적 블록의 수출품으로 설명된다.[37]

비판적 국제이론은 세계질서의 형성 및 재생산을 설명하면서 동시에 그 과정에서 '대항 헤게모니'의 형성 가능성을 모색한다. (사실, 헤게모니의 '이행과정'에 대한 대안을 제시하지 않는 한 비판적 국제이론은 이상주의에 머무를 수밖에 없다.) 콕스는 초기에 국가적 경계 내부에서의 지난한 진지전을 통해 형성되는 새로운 역사적 블록을 세계질서의 변화를 위한 동력으로 파악한 듯하다.[38] 그러나 지구화의 전개와 더불어 자본의 권력이 확장되고 심화되는 과정에서 민주적 집합행동을 위한 정치적 행위자로 등장하고 있는 지구적 사회운동─평화, 인권, 민주주의와 같은 보편적 이슈에 기초한 사회운동과 실업, 홈리스, 빈곤과 같은 소비 영역에서의 사회운동, 노동운동─의 실천을 통한 세계질서의 변혁을 사고하고 있다.[39] 즉, 지구적 시민사회의

---

36 Cox, "Gramsci, Hegemony, and International Relations," in Cox with Sinclair (1996), p. 137.

37 M. Rupert, *Producing Hegemony* (1995).

38 Cox, "Gramsci, Hegemony, and International Relations," in Cox with Sinclair (1996), p. 141.

39 콕스는 이 세 운동의 연대가 필요함을 지적하고 있지만 과거와 같이 노동운동이 헤게모니를

등장과 더불어 비판적 국제이론은, 기존의 국민국가라는 정치공동체의 구속을 벗어날 수 있는 새로운 탈주권적 정치공동체 및 그 공동체의 민주적 통치를 모색하고 있다.

4. 한반도 평화과정에 대한 비판적 접근 : 연구의제의 설정

비판적 국제이론에 입각하면, 평화는 신현실주의가 가정하는 것처럼 단순히 전쟁이 없는 상태가 아니다. 비판적 국제이론은 기존의 강대국 중심의 질서를 주어진 것으로 받아들이지 않는다. 그 질서의 개혁 또는 변혁을 추구한다는 점에서 비판적 국제이론은 그 질서 내부에서의 협력 및 제도화를 도모하는 신자유주의적 제도주의neoliberal institutionalism와도 구분된다.[40] 비판적 국제이론은 강대국 중심의 국제이론인 신현실주의와 신자유주의를 넘어서서 한반도의 평화에 대한 새로운 시각을 제공할 수 있다. 그 시각이 이상주의가 아니라 가능한 것의 범위를 찾는 '새로운 현실주의'라는 사실을 다시 강조하는 것도 중요한 일이다. 비판적 국제이론이 한반도 평

행사하기는 어려운 상황임을 인정하고 있다. R. Cox, "Civil Society at the Turn of the Millennium," *Review of International Studies* 25 (1999). 정치공동체의 근본적 변혁에 대한 모색으로는, A. Linklater, *The Transformation of Political Community* (1998) 참조.

[40] R. Keohane, *After Hegemony* (1984).

화과정의 기획에 줄 수 있는 함의를 "경로 탐색적 연구의제"의 형태로 제시한다.

비판이론과 한반도 평화

한반도의 평화를 위한 비판이론의 구성 가능성을 타진해 볼 필요가 있다. 세계에서 가장 긴장이 높은 지역 가운데 하나인 한반도에서 나름의 철학적, 이론적 기초를 가지는 '평화학'peace studies이 발전하지 않았다는 것은 매우 놀라운 일이다. 현실주의 이론의 득세가 그 원인 가운데 하나라고 할수 있다. 특히, 현실주의에 입각할 때 한반도의 평화는 군사력 균형을 통한억지 이상의 의미를 가지기 힘들다. 반면, 비판적 국제이론에서 평화는 직접적인 물리적 폭력뿐만 아니라 구조적 폭력이 없는 상태를 의미한다. 비판적인 평화연구가 갈퉁이 지적하는 것처럼, '적극적 평화'의 실현을 위해서는 국내적, 국제적 차원에 존재하는 정치적 억압과 경제적 착취와 같은'구조적 폭력' 그리고 이 폭력을 정당화하는 기제로서 '문화적 폭력'의 제거가 필요하다.[41] 한반도의 항구적 평화를 위해서는 국내적, 국제적 수준에서전쟁을 야기할 수 있는 근본적 원인을 제거해야 한다.

예를 들어 북한과 미국 그리고 남북한의 군사적 갈등뿐만 아니라 북한

---

[41] 요한 갈퉁, 강종일 외 옮김, 『평화적 수단에 의한 평화』(2000). 갈퉁의 '평화'개념이 평화가 가지는 의미내용을 무한히 확대함으로써 결과적으로 그 개념 자체를 애매하게 만들 수 있다는 비판에 대해서는, 도변소부渡辺昭夫 외 엮음, 권호연 옮김, 『국제정치이론』(1993), 218-221쪽.

의 경제 위기가 한반도의 평화를 위협하는 요인으로 간주되는 것도 적극적 평화의 맥락에서다.[42] 북한의 내부 붕괴를 통해 냉전 해체가 이루어질 때 엄청난 경제 비용이 지출될 수 있고, 또한 열전熱戰의 가능성도 있다. 따라서 북한 경제의 재건은 한반도 평화과정에서 필수적 요소다. 그러나 북한은 가시적 경제 위기에도 불구하고 소유체제의 개혁이나 시장 기제의 도입 등과 같은 근본적 개혁을 시도하고 있는 것처럼 보이지는 않는다.[43] 토지정리사업이나 연합기업소의 재편, 과학기술정책의 중시 등의 변화가 보이기는 하지만, 북한 지도부는 여전히 '우리식 사회주의'를 고수하고 있다. '공동 이익'을 지속적으로 창출하고 유지할 수 있는 남북한 경제협력과 북한을 정상국가로 변하게 할 수 있는 북한과 미국, 북한과 일본의 관계 개선이 북한 경제의 재건을 위한 외적 환경이라고 할 때, 북한의 변화를 추동할 수 있는 '포용'이 한반도 평화의 조건임을 인식하는 발상의 전환이 필요하다.

[42] 동일한 맥락에서 남한 내부의 사상의 자유를 억압하는 국가보안법의 존재나 신자유주의적 구조조정에 따른 경제적 불평등의 심화도 적극적 평화의 실현에 장애물이 될 수 있다. 구갑우·박건영, "자유주의 국제정치경제 이론과 남북한 관계," 『국제정치경제연구』 3집 (2001), 73-74쪽.

[43] 북한 경제 전반의 점검과 변화 가능성에 대해서는, 김연철, "북한의 탈냉전 발전전략," 『창작과비평』 30: 2(2002), 41-53쪽 참조.

지구적 수준의 탈냉전에도 불구하고 냉전적 구조를 여전히 유지하고 있는 한반도와 한반도를 둘러싼 동북아의 국제정치에서 군사적 문제는 여전히 중요하다. 한반도에서는 재래식 무기, 대량살상무기, 핵무기 등이 주요 의제이고 또한 중국과 대만 사이의 군사적 긴장도 존재한다. 북한 위협론을 빌미로 한 미국의 미사일 방어 계획도 군사적 긴장을 증폭시키는 요인이다. 또한 중국, 동남아, 일본 사이에서는 영토분쟁 및 해로海路 분쟁이 해결되지 않은 상태이기도 하다. 담론 수준에서도 일본의 군국주의화라든지 중국의 군사적 패권국가로의 부상 등이 언급되고 있다. 그러므로 동아시아에서 탈냉전과 군사적 경쟁의 종언을 등치하는 것은 매우 순진한 발상일 수밖에 없다.

안보개념의 재구성과 관련하여 먼저 주목해야 할 사안은 남북한의 군비경쟁이다. 특히, 남북한은 전쟁을 거쳤기 때문에, 전통적인 안보개념을 강하게 고수하려는 경향이 있다. 남북한의 군사력 경쟁에 대한 한 연구에 따르면, 1980년대 말부터 한반도에서는 남한의 전쟁수행 능력 대 북한의 억지 능력 증강—즉 비재래식 대량살상무기의 개발 및 배치—이라는 '비대칭적 군비경쟁'이 진행되고 있다.[44]

남북한의 군사력 비교 자체에는 평가자의 편견이 반영되곤 한다. 북한의 군사적 '능력'과 군사적 '의도' 가운데 후자에 초점을 맞추는 현실주의

---

[44] 함택영, 『국가안보의 정치경제학』(1998).

이론가는, 사실 현실주의 대 자유주의의 이론 논쟁에서 후자를 지지하는 것과 다를 바 없다. 그러나 이 모순이 모순으로 느껴지지 않는 것이 한반도의 특수한 상황이기도 하다. 남북한 관계는 정상적인 국가 대 국가의 관계가 아니기 때문이다. 남북한은 각기 고유의 국가 정체성을 유지하기 위해 상호 '적대'를 반복하면서도 담론의 영역에서는 통일을 당위로 내세우는 독특한 관계를 유지해 왔다.[45] 즉, 남북한 관계는 때로는 "주권국가의 정체성"이 다른 한편으로는 "분단국가의 정체성"이 발현되는 복수 정체성의 관계라고 할 수 있다.[46] 후자의 정체성 때문에 남북한 관계에서는 한 쪽의 안보 증강이 다른 쪽의 안보를 감소시키는 '안보딜레마' 및 통일을 매개로 한 명시적 '안보위협'이 상존할 가능성이 있다.

따라서 남북한 관계에서 후자의 정체성에 근본적 변혁이 있지 않는 한, 군비경쟁은 불가피할 수밖에 없다. 그러나 비판적 국제이론에 입각한다면 한반도의 분단구조에서 군사적 능력으로 표현되는 물리적 능력은 관념의 공유를 통한 정체성의 변화 및 그 변화를 담지한 제도의 건설로 제약될 가능성도 있다. 2000년 남북정상회담은 이 정체성의 변화를 가져올 수 있는 중요한 계기였다. 정상회담은 남북한 서로의 '국가적 실체'를 인정한 사건이었다. 쌍방이 분단국가의 정체성을 탈피하고 정상국가 대 정상국가의 관계로 발전할 수 있는 기틀을 마련한 것이다. 그리고 그 성과로 개최된 남북

---

45 이것이 바로 분단체제론의 문제의식이다. 자세한 내용은, 백낙청, 『분단체제 변혁의 공부길』(1994) 참조.

46 이근·전재성, "안보론에 있어 구성주의와 현실주의의 만남," 192쪽.

국방장관회담과 비무장지대를 관통하는 철도 연결에 대한 합의는 군사적 신뢰구축의 한 사례로 제시될 수 있다.

그러나 군사적 신뢰구축은 여전히 진행 중인 과제다. 남북한이 각기 '절대안보'를 추구하게 되면, 군사적 신뢰구축은 불가능하다. 대단히 역설적이지만 분단구조가 작동하는 한, 한 쪽의 절대안보는 안보위기를 산출할 수 있다. 북한의 선택적 도발을 억지하면서도 북한의 안보불안을 자극하지 않는 '합리적 충분성' 원칙이 필요한 이유도 이 때문이다.[47] 따라서 한반도 평화과정을 기획하면서 안보개념을 재구성한다고 할 때, 일차적으로 남북한 사이의 신뢰구축에 기반한 '공동안보' 개념이 필요하다. 여기서 '공동'이란 어느 한편으로 이익이 흡수되는 것이 아니라 서로의 차이를 인정하면서 합의를 통해 형성되는 과정으로서 의미를 가져야 한다.

공동안보가 적극적 평화의 기초가 되기 위해서는 남북한 국내의 정치경제적 민주화와 함께 가야 한다. 국제체제를 통해 단위체의 행태를 도출하는 현실주의자들은 국가 내부를 들여다보는 것이 국제정치경제를 설명하고 예측하는 데 유용성이 없다고 생각한다. 그러나 비판적 국제이론에서 지적하듯, 생산 방식을 포함한 시민사회의 변화는 국가형태 및 세계질서를 변화시키는 요인으로 작용한다. 예를 들어 한반도에서 평화공존이라는 이상이 실제의 의제로 상정될 수 있었던 조건 가운데 간과할 수 없는 것이, 바로 1997년 남한의 IMF 위기와 1990년대에 들어 심화되기 시작한 북한

---

47 함택영, "정상회담 이후의 남북한 관계 및 평화체제 전망," 서대숙 외, 『정상회담 이후의 북한: 남북 관계의 변화와 전망』(2002), 278쪽.

의 경제 위기였다. 이 두 위기는 남북한에게 흡수통일이 현실적으로 이루기 힘든 과제임을 알려 준 사건이었다.

안보개념의 재구성을 위한 중요한 계기 가운데 하나로 차세대 전투기 F-X 사업에 대한 시민사회의 개입을 들 수 있다. 남한의 시민사회는 미국산 무기의 구입 과정에서 공정성과 투명성을 요구했다. 비록 시민사회의 요구가 무산되기는 했지만 우리는 이 과정에서 안보개념의 재구성을 위한 대안을 발견할 수 있었다. 첫째, 안보·외교 정책이 몇몇 전문가에 의해 결정되는 영역이 아니라는 인식의 확산이다. 즉, 외교·안보 정책의 '민주화'가 우리 사회의 새로운 의제로 떠오르고 있다. 둘째, 안보정책의 민주화는 남한의 적정 군사력 규모에 대한 사회적 논의가 활성화될 수 있는 계기가 될 수 있을 것이다. 군사력으로 환원되지 않는 안보개념의 발견 과정이라고 할 수 있다.

안보개념에서 군사적 요소를 제거하려는 것은 이상이다. 현실을 인정할 때, 역사적 경험을 통해 우리가 개발할 수 있는 대안 가운데 하나가 공동안보를 통한 군축이다. 이 공동안보는 남북한 관계뿐만 아니라 동북아 차원에서도 도입 가능한 대안일 수 있다. 이와 더불어 남한 시민사회의 활성화를 통해 우리는 안보의 대상과 주체로 인간을 상정할 수 있는 기회를 맞이하고 있다. 유럽에서 개발된 개념이기는 하지만, 상이한 체제가 공동으로 안보를 관리하려는 '협력적co-operative 안보'와 정치군사적·경제적 문제 그리고 인권을 동시에 고려하는 '포괄적comprehensive 안보'는 소극적 평화를 넘어 적극적 평화를 얻고자 하는 사람들에게는 그 과정에서 다리 역할을 할 수 있는 중요한 개념이다.

　　냉전시대 한반도 문제는 자본주의 진영과 사회주의 진영 간의 대립의 맥락에서 구성되었다. 한반도의 정전체제는 냉전적 대립선을 상징했다. 따라서 한반도 문제는 미국과 소련의 갈등을 복제한 남북한의 적대였다. 남북한 관계는 분단국가적 정체성의 지속적 재생산이었다고 해도 과언이 아니다. 한반도에도 냉전 기간 동안 세계질서 변화에 따라 화해와 협력의 공간이 열리기도 했다. 1970년대의 데탕트 분위기가 형성됨에 따라 1972년 7·4 남북공동성명 ─자주, 평화, 민족 대단결─이 발표되기도 했다. 그러나 남북한은 그 성명 이후 각기 권위주의 체제를 선택하면서 남북한 관계는 다시금 적대적 관계로 복귀했다.

　　사회주의권 붕괴로 촉발된 지구적 수준에서의 냉전 해체는 한반도 문제의 역사적 구조를 변화시킨 동인이었다. 1991년 남북한은 유엔에 동시 가입함으로써 서로의 '국가적 정체성'을 제고했다. 그리고 같은 해 "남북 사이의 화해와 불가침 및 교류·협력에 관한 합의서"(남북기본합의서)에 합의하면서 적대가 아닌 '공동의 이익' ─정치군사적 대결상태의 해소, 긴장완화와 평화보장, 다각적인 교류·협력─을 추구하려는 움직임을 보이기 시작했다. 그러나 냉전 해체는 비대칭적으로 전개되었다. 예를 들어 남한은 러시아, 중국과 수교했지만, 북한은 미국, 일본과 수교하지 못하고 비정상적 관계를 계속하고 있다.

　　이 비대칭성은 동아시아에 등장하고 있는 탈냉전적 역사적 구조의 불안정에서 비롯된 것처럼 보인다. 그 근저에는 미국의 헤게모니 행사 방식의 불안정이 자리잡고 있다. 냉전시대에 미국은 자본주의 진영에서 강제와 동의를 통해 헤게모니를 행사했다. 이 역사적 구조 속에서 남한은 미국과 군사적 동맹을 토대로 냉전의 전초기지 역할을 하는 '안보국가'이면서 동시에 미국의 지원 아래 권위주의적 독재체제가 주도한 '발전국가'라는 국가형태를 가질 수 있었다.[48] 2차대전 이후 미국이 창출한 '제국'에서 피지배자들은 협력할 것인가 아니면 저항할 것인가를 '선택'할 수 있었다.[49] 즉, 미국의 헤게모니에는 동의의 기제가 작동하고 있었다고 말할 수 있다. 그러나 미국은 냉전 이후 세계의 단일패권국가로 부상하면서 동의보다는 강제를 선택하고 있는 것처럼 보인다.

탈냉전시대에 미국의 패권도 직접지배나 신식민지 형태의 종속이 아니라 미국적인 역사적 블록의 수출로 유지되고 있다.[50] 한국의 IMF 위기는 미국 경제의 신자유주의적 전환과 분리하여 생각할 수 없다. 동아시아의 금융·외환 위기는 미국 헤게모니의 불안정을 반영하고 있다. 미국은 안보, 생산, 금융, 지식 영역에서의 구조적 권력을 토대로 '비영토적인 제국'을 건

---

[48] 2차대전 이후 세계질서의 경제적 기초는 자본주의적 사회관계의 영토화였다고 할 수 있다. 이 산물이 바로 국가자본주의들 — 예를 들어 복지국가와 발전국가 — 의 세계였다. 구갑우, "지구적 통치와 국가형태: 시민국가의 전망," 『경제와 사회』 45호(2000), 17쪽. 한국의 국가형태와 관련하여 재미있는 가설을 세워볼 수 있다. 만약 냉전체제가 유지되고 있었다면, 1997년 한국에 IMF 위기가 발생했을 것인가라는 질문이 그것이다. 미국은 동북아의 세력균형을 붕괴시킬 수도 있는 남한의 경제 위기를 최소화하려 했을 것이다. 비판적 국제이론에서 주장하는 것처럼, 국가형태의 결정 요인에 세계질서를 고려하는 것이 적절한 듯이 보인다. 예를 들어 구갑우, "자유주의, IMF 위기, 그리고 국가형태의 변화," 『경제와 사회』 40(1998) 참조.

[49] 존 루이스 개디스, 『새로 쓰는 냉전의 역사』, 479쪽.

[50] L. Panitch, "The New Imperial State," *New Left Review* 2 (2000).

설하고 있지만,[51] 그 제국은 냉전시대의 제국처럼 헤게모니에 기초하고 있지는 않다. 역사가 증명하고 있는 것처럼, 동의를 배제한 패권은 불안정할 수밖에 없다. 동북아에서 이 불안정은 점점 더 제고되고 있는 것처럼 보인다. 미국은 중국을 견제하는 것을 염두에 두면서 동북아에서 군사적 패권의 안정적 재생산을 도모하려 하고 있다.[52]

따라서 헤게모니적 구조가 군사력으로 표현되는 물질적 능력만으로 갖추어지지 않는다고 할 때, 동북아 수준에서 미국의 일방주의가 헤게모니로 전화할 구조적 여건은 여전히 마련되지 않은 것처럼 보인다. 반공을 대체할 만한 관념의 공유도 보이지 않는다. 동북아의 자본주의 국가들은 미국식 경제적 신자유주의를 도입하고 있지만, 그 때문에 경제 위기의 가능성이 상존해 있는 상태다. 더불어 이 경제 위기를 조절할 제도 또한 부재하다. "아시아·태평양경제협력체"APEC는 정책조정을 합의할 수 있는 기구라기보다는 정책협의체 수준일 뿐이다. 더불어 군사적 측면에서도 냉전시대의 세력균형을 대체할 만한 제도도 보이지 않는다.

한반도의 평화와 관련한 안정적인 헤게모니적 구조가 출현하지 않고 미국의 군사적 패권주의가 지속되고 있는 상황에서, 동북아 각국은 한반도 문제가 자신들에게 미칠 영향을 계산하고 있는 것처럼 보인다. 한반도에서

---

[51] S. Strange, *States and Markets* (1988).

[52] 부시 행정부는 중국을 전략적 동반자에서 전략적 경쟁자로 규정하기도 했다. 그러나 중국은 아직은 미국의 '잠재적' 적국일 뿐이다. 그리고 중국의 WTO 가입은 중국이 미국이 주도하는 자본주의세계질서에 일단은 순응하는 것으로 해석될 수 있다.

의 전쟁이 발발하는 것에 대해 한반도 주변 국가들 ― 러시아, 중국, 일본 ― 은 반대 의사를 밝힐 것이다. 그러나 주변 국가들이 원하는 한반도의 평화는 분단체제의 현상유지일 가능성이 높다. 그러나 그 현상유지를 위해서도 한반도 평화를 보장할 수 있는 제도적 장치로 일정한 협정 또는 정전협정의 평화협정으로의 전환에는 반대하지 않을 것이다. 문제는 미국과 북한의 관계다. 좀 더 좁히면 미국의 대북한정책이다.

북한에 대한 미국의 최우선 정책적 관심은, 북한 미사일의 생산과 수출 금지 그리고 검증 가능한 핵폐기에 있다.[53] 이 정책목표는 미국 공화당과 민주당이 이견을 보이지 않는 부분이다. 또한 북한을 바라보는 시각에 있어서도 두 당은 별 차이가 없다. 두 당은 북한이 매우 살기 힘든 이상한 나라로서 대량살상무기를 개발하여 미국의 안보를 위협할 수도 있는 '깡패 국가'라는 생각을 공유하고 있는 듯이 보인다.[54] 그러나 민주당과 공화당은 정책목표를 달성하려는 방법론에서는 차이를 보인다. 클린턴 행정부는 포용을 통해 북한의 위협을 제거하려 했다.[55] 반면, 공화당은 북한의 위협을

---

53 미국은 탈냉전에도 불구하고 냉전시대에 유지했던 핵우위를 통한 국가안보의 달성이라는 정책을 쉽사리 포기하는 것처럼 보이지는 않는다. 박인휘, "국제안보와 미국의 안보전략: 합리성의 극복과 미국 핵전략의 변화," 『평화논총』 5: 2(2001).

54 이 정책목표와 북한에 대한 이미지는 '클린턴 정부'에서 대북조정관을 지낸 셔먼W. Sherman의 생각이다. W. Sherman, "Sunshine Through Cloudy Skies: Peace and Security in Northeast Asia," (2002).

55 결국 현실화되지는 않았지만, 2000년 10월 클린턴 행정부와 북한의 공동 커뮤니케는 향후 북한과 미국의 긍정적 관계 개선을 위한 지침을 제공하고 있다. 주요 내용은, 정전협정의 평화협정으로의 전환, 1994년 북한과 미국의 기본합의의 준수, 북한의 미사일 실험 유예 등이었다.

미사일 방어 체계의 구출을 위한 명분으로 활용하면서, 협상 자체가 불가능한 분위기를 조성하는 '공격적 방치'hawkish neglect 또는 비포용정책을 구사하고 있다. 그리고 부시 행정부는 북한에 대한 군사적 응징으로 '역확산 counterproliferation 정책'과 미사일 방어 체계를 준비하고 있다.[56]

결국 문제는 강압을 통해 북한의 붕괴를 유도할 것인가 아니면 북한을 포용하면서 현상유지를 추구할 것인가로 요약할 수 있다.[57] 예측은 쉽지 않은 것처럼 보인다. 그러나 전자가 많은 비용이 드는 선택임은 분명하다. 만약 한반도 분단체제의 현상유지가 미국의 이익이라면, 북한에 대한 강압은 잠재적 수정주의 국가인 중국에서 온건파가 정치적 입지를 상실할 우려가 있고 중국의 북한에 대한 독점적 영향력을 회복시킬 가능성도 있기 때문이다.[58] 더불어 북한 붕괴가 가져올 한반도의 불안정은 미국의 국가이익에 도움이 되지 않을 수도 있다. 미국의 국가이익을 군산복합체의 이익으로 환원할 수만은 없기 때문이다. 미국이 냉전시대의 포드주의적 축적체제에서 이른바 신자유주의적 축적체제로 전환했다고 할 때, 생산자본 및 금융자본의 자유로운 흐름이 미국에게는 국가이익의 기초가 될 수 있다. 따라서 미국은 이 초국적 자본의 이해에 조응할 수 있는 세계질서 및 동북아질서를 또한 필요로 하기 때문이다.

2005년 9·19 공동성명 이후 북한 핵 문제 해결과 한반도 평화과정이

---

56 박건영, "부시 정부의 동아시아 안보전략과 제약 요인들," 『국가전략』 7: 4(2001), 104–117쪽.
57 K. Oh and R. Hassig, *North Korea: Through the Looking Glass* (2000), pp. 210–212.
58 박건영, "부시 정부와 한반도," 『한국과 국제정치』 17: 1(2001), 144쪽.

연계되는 새로운 국면이 열리는 듯 했으나, 미국이 북한에 대한 금융제재를 시작하면서 한반도를 둘러싼 국제정세는 얼어붙기 시작했다. 2006년 7월 북한이 미사일을 실험발사하고 2006년 10월 핵실험을 하면서 한반도를 포함한 동북아정세는 더더욱 어려운 국면에 진입하고 있다. 미국 내에서는 북한과의 대화를 통해 북한을 붕괴시키려는 정치사회세력과 조직적 폭력을 수반할 수 있는 강압을 통해 북한을 붕괴시키려는 정치사회세력이 대립하고 있다. 즉, 미국은 동의에 기반한 헤게모니적 구조를 창출할 것인가 아니면 일방주의를 통한 군사적 패권을 추구할 것인가라는 선택의 상황에 직면하고 있다. 한 미국 연구자의 표현처럼, 후자가 무분별함이라면 전자는 비겁함이 아니라 용기일 수 있다.[59] 역사적 구조의 이행시기에는 안정적 재생산이 이루어지는 것보다 훨씬 더 '행위자'의 의도와 능력이 중요할 수밖에 없다. 바로 한반도의 평화를 원하는 국가 및 사회세력의 개입이 그 어느 때보다 중요한 시점이다.

대항 헤게모니의 형성

미국은 한반도 문제의 주요 당사자 중 하나다. 즉, 미국은 정전협정의 당사자 중 하나일 뿐만 아니라 남한군의 전시 작전통제권을 보유하고 있다. 그리고 탈냉전시대에 한반도 문제의 주요한 축 가운데 하나인 북한의

---

59 J. Barry, *The Sword of Justice* (1998), p. 166.

핵 개발 의혹 및 미사일 실험에 대한 협상을 주도하고 있는 행위자다. 우리는 미국의 배타적인 이익구조 또는 그 구조의 전환에 한반도 분단체제가 의존적일 수밖에 없는 사건들을 보곤 한다. 예를 들어 1992년 5월부터 북한의 핵을 둘러싼 북한과 미국 및 국제원자력기구IAEA 사이의 갈등이 불거지면서 남북의 합의로 만들어진 "남북기본합의서" 체제가 붕괴하기도 했다. "인간의 얼굴을 한 현실주의"로서 비판적 국제이론은 역사적 구조가 부과하는 제약을 인정하면서도 윤리와 정치의 실현을 위한 대항 헤게모니의 형성 가능성과 방법을 찾으려 한다.

분단체제의 현상유지를 넘어서는 평화를 추구하고자 한다면, 우리는 역사적 구조가 부과하는 제약 속에서 행위자의 자율성을 극대화하는 방안을 모색할 수밖에 없다. 행위자의 선택이 결국은 구조를 변경시킬 수 있는 힘이기 때문이다. 여기서 행위자의 선택은 구체적 상황에서 구체적 문제의 해결을 위해 자원을 동원할 수 있는 능력capability이다. 이 능력을 물질적 능력으로 환원할 수는 없다. 우리는 힘의 비대칭이 분명한 상황에서도 지혜로운 행위자의 능력이 발휘되는 것을 보기도 한다. 남북한 관계가 북한과 미국 관계에 종속적이기도 하지만, 우리는 남북한 관계로부터 한반도의 평화과정을 시작할 수 있다고 생각한다. 즉, "한반도 문제의 한반도화"다.

남북한이 합의를 통해 한반도의 평화과정을 기획하고 진행한다고 할 때, 냉전과 같은 진영대립이 사라진 상황에서 미국을 비롯한 주변 국가가 명시적으로 반대 의사를 밝히기란 어려울 것이다. 독일은 냉전 상황에서도 동서독 평화체제를 구축하기도 했다. 미국의 국가이익은 고정된 것이 아니라 미국 국내의 정치과정 및 국제정치의 역학 속에서 구성되는 것이다. 즉, 신현실주의적 시각에서처럼 미국의 국가이익을 외생적으로 주어진 것으로 볼 수 없다. 예를 들어 민주당과 공화당의 대북정책을 둘러싼 작지만 중요한 차이는, 남북한이 한반도 평화과정에서 제한적이지만 상대적 자율성을 획득할 수 있는 원천이기도 하다.

한반도 평화과정의 출발점은 남북한의 신뢰구축이다. "남북기본합의서" 체제의 좌초가 부분적으로 구조적 제약 때문이기도 했지만, 다른 한편으로 남북한 사이의 충분한 신뢰구축의 결여 및 남한 국내정치의 분열이 그 붕괴의 요인이었음을 기억할 필요가 있다. 남북한의 신뢰구축은 남북한 공동이익을 창출할 수 있는 계기를 제공한다. 남북한의 공동안보와 남북한의 경제협력은 신뢰구축 없이는 진행될 수 없는 사안이다. 남북한 사이의 안보딜레마를 벗어나기 위해 기능적인 상호의존 관계의 지속에서 발생하는 공동의 이익과 그 이익의 다른 영역으로의 침투확산에 주목하는 자유주의 이론은 남북한 관계에 유용한 지침을 제공할 수 있는 것처럼 보인다.[60] 특히, 단기간의 군사적 신뢰구축의 어려움을 감안한다면, 경제적 협력을 통해 정치군사적 문제로 나아가는 우회의 길이 적절할 수 있다. 이 과정은 일정하게 북한의 변화를 생산할 것이고, 이는 북한이 국제사회에서 정상국가로 인정받을 수 있는 길을 열 수 있을 것이다.

---

[60] 급진적·비판적 자유주의 이론은 국가가 아닌 개인과 집단을 위한 '해방의 공간'으로 국제정치경제의 장을 사고하기도 한다. 국제평화와 협력에 대한 자유주의의 낙관적 가정을 실현하기 위해 국가 이외의 다양한 행위자의 능동성에 주목하면서 그 행위자들의 이익, 가치, 행동의 공동체, 즉 '국제공동체'의 실현을 매개하는 국제제도의 역할을 강조한다. D. Long, "The Havard School of Liberal International Theory," *Millenium*, 24: 3 (1995). 비판적 국제이론과 급진적 자유주의 국제정치이론은 상당한 공유점을 가지고 있다.

그러나 기능주의적 접근을 계속하고 있는 상태에서 북한이 과거로 회귀하거나 회귀하려는 유인이 발생했을 때, 사실 북한의 발목을 잡을 수 있는 방법은 별로 없는 듯이 보인다. 최선의 방책은 지속적인 공동 이익의 창출 및 그 공동 이익의 배분 몫을 둘러싸고 야기될 수도 있는 남북한 사이의 갈등을 관리할 수 있는 남북한 관계의 다양한 제도화를 통해 북한의 국내정치에 우회적으로 개입하는 것이다. 예를 들어 경의선의 연결과 개성공단의 건설과 같은 기능망의 확대와 그에 기초한 '남북한 평화협정'이 이루어질 때, 남북한 관계의 역전을 막을 수 있는 제도화가 가능할 수도 있다. 이 제도화 과정에 참여하는 주체의 확장은 남북한 관계의 역전을 야기하는 또 다른 변수 가운데 하나인 남남갈등을 제어하는 방법이기도 하다. 전형적인 기능주의적 접근이라고 할 수 있는 김대중 정부의 햇볕정책은 정부와 자본에 의해 주도되었다. 비판적 국제이론에서 지적하듯, 안정적인 헤게모니적 구조는 다양한 행위자의 동의로 설립되는 역사적 블록의 형성을 통해 가능할 수 있다. 남북한이 민족이익과 국가이익을 논의하고 소통할 수 있는 개방화된 비판적 공론장을 건설하고 이를 매개로 새로운 '역사적 주체'를 형성하는 것이야말로 한반도의 평화를 위한 출발점이다.

한반도 문제의 국제적 성격을 고려할 때, 한반도 문제의 한반도화는 국제협력 없이는 진행될 수 없는 사안이다. 2002년 10월 고농축 우라늄에 의한 북한의 핵 개발이 논란이 되면서 시작된 6자회담은 이 국제협력을 도출하는 유용한 틀일 수 있다. 6자회담이 미국의 일방주의와 북한의 핵 및 미사일 개발로 새로운 돌파구를 마련하지 못하고 있지만 6자회담은 한반도의 정전체제를 평화체제로 전환하는 과정으로서 그리고 북한을 국제사회의 정상국가로 인정하는 과정으로서 그 의미를 지닐 수 있다. 만약 6자회담이 파국으로 끝을 맺는다면, 한반도를 포함한 동북아에서의 정치군사적 긴장은 예측할 수 없는 수준으로 전개될 수도 있다. 이 6자회담이 유럽에서 나타난 것과 같은 다자간 안보협력 및 경제협력으로 발전할 수 있을 때, 한반도의 평화과정은 완료될 수 있을 것이다.

유럽에서 개발된 협력적 안보와 포괄적 안보라는 개념 및 규범이 동북아 또는 동아시아에 적용될 수 있을 것인가라는 문제는 큰 논쟁의 대상이다.[61] 동북아에서의 다자적 안보협력 및 경제협력은 동북아 지역에서 가장 갈등의 가능성이 높은 한반도의 위기를 예방할 수 있다는 장점이 있기 때문에, 한반도에 유리한 안보 및 경제질서로 인식되고 있다. 그러나 한반도를 둘러싼 권력정치에서 한국은 열위에 있다. 그리고 동북아 지역에서 패권을 행사하고 있는 미국은 한·미, 한·일 군사동맹을 통해 지역 차원의 균형을 유지하려 하고, 경제적 측면에서도 자국이 배제된 동아시아 또는 동북아시아 협력보다는 이른바 아시아-태평양 공동체를 선호하고 있다. 따라서 동북아 차원에서 공동 이익을 추구하는 협력은 현실을 벗어난 이상으로 간주되기도 한다.

그러나 동북아 다자적 안보협력은 유럽의 경험을 반추하면서 후발자의 이익을 얻을 수 있을 뿐만 아니라 국제안보에서 자유주의적 철학의 확산 및 심화를 고려할 때, 실현 가능성이 있을 수 있다는 주장도 있다. 특히, 동북아시아에서 북한 위협론이 다자적 안보협력을 저해하는 요인으로 등

---

[61] 유럽의 경험은, 구갑우, "국제기구의 인도적 포용정책," 『국가전략』 7: 2(2001) 참조.

장하고 있는 시점에서 개최된 남북정상회담이 한반도 문제와 동북아의 전략적 지형의 변혁을 초래할 수 있는 가능성을 제공하고 있다는 것이다.[62] 다른 한편으로 1997년 동아시아를 휩쓴 금융·외환 위기는 동아시아 국가들에게 정부 및 민간 차원의 협력이 없다면 위기의 반복적 재생산을 막을 수 없다는 교훈을 주고 있다. 이 위기를 계기로 동아시아 국가들이 위기의식을 공유하고 있고, 위기의 반복적 재발을 방지하기 위한 제도가 모색되고 있다.[63] 즉, 동북아에서도 안보협력 및 경제협력을 위한 수요 요인이 증가하고 있음은 부정할 수 없다.

다른 한편 동북아 및 동아시아지역에서도 시민사회의 연대에 기초하여 자본주의 사회의 변화에 개입하기 위한 계기로 동아시아 공동체의 건설을 추구하는 '비판적 지역주의'도 형성되고 있다.[64] 지적 실험으로서 '동아시아'라는 문제 설정은 동아시아지역에서의 시민사회 중심의 수평적 연대를 창출하려는 움직임이다. 비판적 국제이론의 문제의식처럼, 한반도의 평화과정은 지구적, 지역적 수준의 민주주의에 기초한 초국가적 정치공동체의 건설이 없다면, 그 실현이 어려울 수도 있다. 동북아 또는 동아시아 수준에서 '시민국가의 연합체'로서 지역국가의 구상은 한반도의 평화과정에 기여할

---

62 박건영, "동북아 다자간 안보협력의 현실과 전망: 탈냉전, 세계화, 한반도 상황 변화가 가지는 함의를 중심으로," 『한국과 국제정치』 16:2(2000), 88-89쪽.

63 김용복·구갑우, "동아시아지역 국제경제기구의 형성 및 제도화" 『한국과 국제정치』 16: 2(2000).

64 정문길 외 엮음, 『발견으로서의 동아시아』(2000).

수 있는 대안적 구상이라고 할 수 있다.[65] 이 시민국가는 국가의 경계를 가로지르는 초국가적 시민사회가 국가의 우위에 선 국가라고 할 수 있다. 즉, 그람시의 국가/사회 복합체로 정의되는 확장국가의 역전된 형태다.

국가 간 경쟁에서 야기되는 안보위기와 전 지구적 자본주의가 초래할 수 있는 경제적 불평등을 규제하려는 새로운 정치공동체로서의 시민국가의 연합에 대한 구상은, 한반도에서의 탈/비국가적 통합 또는 통일 구상에 도움을 줄 수도 있다. 유럽적 상상력이기는 하지만 주권의 부분적 이양은 남북한 관계에도 가능할 수 있다. 즉, 통일을 평화의 부분집합으로 설정하면서 통일이 야기할 수밖에 없는 권력투쟁을 우회하는 시민사회/경제사회 중심의 통합을 생각해 볼 수 있다. 남북한의 국가성을 유지하면서 비폭력적 강제를 행사하는 중앙 권위체를 설립하고자 하는 국가연합이나 다층적 통치가 작동하는 복합국가의 구상도 가능하다. 예를 들어 "다원적 안보공동체 더하기 경제적 국가연합"을 통일국가의 형태로 상정할 수도 있다. 이 '국제정치적 상상력'은 무력통일, 흡수통일, 합의/무력통일이라는 역사적 경험에 대한 반성으로도 그 의미를 지닐 수 있을 것이다.

---

[65] Y. Sakamoto, "An Alternative to Global Marketization," Alternative 24: 2 (1999).

5. 결론

현실주의 이론에 입각할 때, 한반도의 평화과정은 냉전적 평화 또는 지속적인 전쟁 위협이 존재하는 상황에서의 현상유지를 수용하는 것이다. 강대국 중심의 정치에 한국과 같은 소국이 개입할 수 있는 여지가 거의 없다고 생각하기 때문일 것이다. 그러나 현실주의 이론이 주장하듯, 국제정치경제의 세계가반드시 물질적 능력으로만 환원되는 것은 아니다. 다양한 행위주체가 다양한 방식의 의식적 실천과 개입을 통해 국제체제의 변화와 새로운 질서의 구축을 모색할 수 있다. 탈냉전과 더불어 이 자율적 공간이 확대되고 있음을 부정할 수는 없을 것이다.

비판적 국제이론에 입각한 한반도 평화과정의 기획은 대안적 문제 설정으로서의 의미를 지닌다. 즉, 현실주의 이론과 권력정치를 우선적으로 고려하는 국제정치경제의 세계에서 한반도 평화과정에 대한 대안적 경로를 모색하는 것이다. 그러나 이는 유토피아적 사고로 폄하될 수도 있고, 평화의 실현을 위한 치밀한 지도가 작성되지 않은 미완의 기획으로 평가될 수 있다. 대안적 연구의제 설정이 현 수준에서 비판적 국제이론의 최대치임도 부정할 수는 없다. 그러나 현실의 변화를 견인할 수 있는 유토피아적 사고가 없다면, 우리는 주어진 현실을 수용하는 것 이상의 행동을 하기 힘들다. 구조적 한계를 인식하면서도 그 구조를 변혁할 수 있는 맹아를 발견하려는 노력이 절실히 요구된다. 특히, 한반도 평화와 같은 규범적 목표 실현에서는 더욱 그러하다. 비판적 국제이론에서 지적하듯이 이론적 실천은 다른 수단에 의한 정치적 실천이기 때문이다.

한반도의 평화를 위한 비판적 접근의 가능성은 현실에서 발견되어야 한다. 그리고 그 현실에 기초하여 다시금 비판적 기획을 수정할 수 있어야 한다. 이 변증적 과정은 한국 외교에도 적용되어야 한다. 한반도 문제의 국제적 성격을 고려할 때, 한반도 문제의 한반도화를 이루기 위해서는 한반도 평화과정에서 한국 외교가 차지하는 위치를 아무리 강조해도 지나치지 않을 것이다. 한국 외교는 남북한 관계 및 한반도를 둘러싼 주변국과 북한과의 관계에서 적극적인 중개 역할을 할 수 있다. 그러나 이 중개 역할이 사전에 포기된다면, 한반도 평화과정은 출발부터 난항에 직면할 수밖에 없을 것이다.

한국 외교는 다양한 국제적 차원의 진보적인 외교적 자산 — 예를 들어 유럽연합의 북한에 대한 '건설적 포용정책' — 을 활용할 수 있도록 외교정책에서 균형성과 탄력성을 가져야 한다.[66] 한국 정부는 미국과 협력적 관계를 유지하면서도 국제사회 및 한국 시민사회에서 합의된 '규범'을 미국 정부에 이야기할 수 있어야 한다. 그리고 이 규범에 기초하여 미국에 대해 탄력적 외교를 구사할 수 있어야 한다. 이 새로운 외교는 한반도에서 남한의 협상력을 제고할 수 있을 것이다. 한반도의 평화를 국제적 공공재로 만들기 위해서 그리고 한반도 문제의 한반도화를 위해서도 사고의 전환이 필요하다. 한반도의 평화는 주어지는 것이 아니라 우리가 만들어 가는 것이라는 사실을 명심해야 한다.

---

[66] 구갑우, "탈냉전시대, 북한과 유럽연합의 관계,"『평화논총』 5: 2(2001).

한반도 평화체제와 다자간 안보협력

I

평화연구의 개척자이자 평화운동가인 요한 갈퉁은, 마치 환자를 진찰하는 의사처럼, 하나의 민족이 두 국가를 형성하고 있는 한반도에서의 갈등을 진단하고 예후豫後와 치료의 방향을 제시하고 있다.[1]

> 진단 : 외부 세력에 의한 민족의 분리 및 국가의 분단
> 예후 : ① 1950~53년에 일어난 한국전쟁의 약간 변용된 형태로의 반복 및 흡수통일
> ② 현상유지
> ③ 협력의 단계를 거쳐 국가연합을 경유하여 연방과 통일로 이어지는 점진적 과정
> 치료 : 철도와 도로를 개통하면서 한반도의 동아시아 공동체로의 편입

---

[1] J. Galtung, C. Jacobsen and K.F. Brand-Jacobsen, *Searching for Peace: The Road to TRANSCEND* (2000), pp. 184, 219-220.

갈퉁이 주목하는 한반도 평화과정은 협력을 통한 점진적 통일의 과정
이다. 그리고 한반도 평화과정을 동아시아 공동체의 건설의 맥락에서 사고
하고 있다. 한반도 평화과정이 동아시아 공동체와 철도·도로와 같은 '기능
망'을 통해 연계될 때, 한반도의 평화와 통일이 가능하다는 것이다. 갈퉁의
한반도 평화과정 설계는 "평화적 수단에 의한 평화"의 달성이라는 평화연
구의 규범적 목표에 근거한 것이다.

평화적 수단에 의한 평화의 달성이라는 규범을 누구도 명시적으로 부
정하기는 힘들다. 즉, 평화적 수단과 그에 입각한 평화는 많은 사람들이 동
의하는 가치다. 그러나 현실이 반드시 이 방향으로 움직이는 것은 아니다.
갈퉁도 인정하는 것처럼, 한국전쟁 이후 40여 년이 지난 현재, 과거의 갈등
을 경험하지 않은 새로운 세대가 등장했지만 한반도의 갈등은 전환되거나
해소되지 않고 있다. 그 이유는 무엇일까. 갈퉁이 그 원인으로 제시하고 있
는 것이 노령老齡의 지도자, 너무 강한 유교주의, 남북한 두 국가의 자율성
결여 및 미국과 중국의 현상유지 선호 등이다. 유교주의를 서구적 편견의
산물로 정리하여 그 원인에서 제거한다면, 노무현 정부의 출범으로 정치권
의 세대교체가 이루어졌다는 점을 고려할 때, 한반도의 현상유지를 원하는
미국과 중국의 정책을 한반도 갈등의 지속 요인으로 설정할 수 있을 것이다.

그러나 한반도의 갈등을 한반도 외부의 요인으로만 돌리는 것은 적절
하지 않은 것처럼 보인다. 만약 외부적 요인이 한반도의 갈등을 지속시키
고 있다면, 그 외부적 요인의 변화가 없는 한 한반도의 갈등은 치료될 수
없기 때문이다. 우리는 한반도의 평화라는 규범적 목표의 실현을 위해 한
반도 내부의 변화를 통해 주변 국가의 정책을 전환시키는 경로를 상정해
볼 수 있다. 김대중 정부의 '햇볕정책'은 그 사례 가운데 하나다. 햇볕정책

은 갈퉁의 대안과 유사하게 평화적 수단에 의한 평화를 추구했다. 그러나 햇볕정책은 이른바 '남남갈등'에 발목이 잡히곤 했다. 그리고 북한이 화답하지 않는 한, 정책의 한계를 드러낼 수밖에 없다. 규범과 정치의 부조응 현상이다.

김대중 정부 햇볕정책의 최대의 결점으로 지적되는 것 가운데 하나가, "왜 좋은 정책인데 지지하지 않느냐"는 일방주의적 태도다. 진리를 알고 있다고 생각하는 어떤 사람이나 세력이 정치의 세계에서 반드시 승리하는 것은 아니다. 김대중 정부는 최초로 남북한 정상회담을 개최하는 큰 성과를 거두기는 했지만, 한반도의 평화에 대해 서로 다른 상을 가지고 있는 정치 세력들이 공존하면서 남남갈등을 승화할 수 있는 방법론을 제시하지는 못했다.[2] 다른 한편으로, 김대중 정부의 햇볕정책과 이를 계승한 노무현 정부의 평화번영정책은, 기능주의적 접근을 넘어서서 남북한이 정치군사적 갈등을 의제화할 수 있는 새로운 지평을 열지는 못했다. 한반도의 두 국가인 남북한의 한반도 평화과정에 대한 생각도 수렴의 길로 가지 않고 있다. 이는 서로 다른 정치경제체제를 유지하고 있고 그 내부에서도 한반도 평화과정에 대한 서로 다른 생각들이 공존하고 있기 때문이다. 평화적 수단에 의

---

[2] 김대중 정부의 햇볕정책은 국민적 지지의 우위를 바탕으로 한 정책의 관철에 있어서도, 다른 정치세력을 설득할 수 있는 합의의 기제를 창출하는 것이 정치권력 및 정책의 정당성 제고를 위해 중요하다는 교훈을 제공하고 있다. 정치세계에서의 갈등은 이익갈등의 수준을 넘어선다. 이익의 갈등은 짧은 기간을 지배하지만, 자신들이 그리고 있는 미래의 상을 둘러싼 갈등은 역사를 지배한다. T. Sowell, *A Conflict of Visions: Ideological Origins of Political Struggles* (2002). 한반도 평화과정을 둘러싼 갈등에도, 한반도의 미래에 대한 합의되기 쉽지 않은 갈등이 자리 잡고 있는 것처럼 보인다.

한 갈등의 해결 및 평화의 달성이 진리일 수 있지만, 기능주의적 접근의 절반의 성공은 정치의 세계가 진리의 세계가 아닐 수 있음을 보여주는 것이다. 즉, 정치의 세계는 다양한 의견이 경쟁하면서 "합의"를 통해 진리가 무엇인가를 말하는 세계일 수 있다.[3]

한반도 내부의 변화를 통한 평화과정이 장벽에 부딪힐 때, 우리는 '다시금' 국제환경의 변화를 통해 한반도 평화과정을 추동하는 경로를 사고하게 된다. 한반도를 둘러싼 주변 국가들과 탈냉전시대 유일 초강대국의 역할을 하고 있는 미국이 한반도 평화과정에 대해 합의할 수 있다면, 한반도 내부의 평화적 변화가 있을 수 있다는 것이다. 한반도 평화과정은, 동아시아 '지역적 수준'은 물론 '지구적 수준'의 안보동학과 연계되어 있을 뿐만 아니라, 한반도를 둘러싼 국가들의 국내정치와도 분리될 수 없다. 한반도 주변 국가들 내부에도 한반도처럼, 한반도의 평화에 대해 서로 다른 생각을 가지고 있는 정치·사회 세력이 '국내적 수준'에서 경쟁하고 있는 것처럼 보인다. 즉, 한반도 외부의 변화를 통해 평화체제를 수립하고자 하는 경로에는 더욱 더 많은 변수가 놓여 있다.

---

3 김선욱, 『정치와 진리』(2001).

II

고전적 현실주의자인 모겐쏘H. Morgenthau는, 국제정치에서 세력균형이 선택의 문제가 아니라 주권국가들의 자율성을 보존하게 하는 일반적 원칙이라는 주장을 개진하면서, 세력균형의 두 전형적 유형으로 "직접적 적대"와 "경쟁"을 제시하고 있다.[4] 전자가 A국가와 B국가가 대립하고 다른 국가들이 그 대립에 참여하는 형태라면, 후자는 C국가의 자율성이 A국가와 B국가의 힘 관계의 함수인 경우다. 이 두 유형의 사례로 모겐쏘는 한반도를 언급하고 있다. 2천 년이 넘는 기간 동안 한반도의 운명은, 한반도를 통제하려는 한 국가의 힘의 압도적 우위 또는 한반도를 통제하기 위해 경쟁하는 두 국가 사이의 세력균형의 함수였다는 것이다. 한반도와 같은 소국小國의 독립 또는 자율성은 "세력균형"이나 소국을 보호하는 국가의 "힘의 우위" 또는 그 소국이 제국주의적 침탈을 받을 정도로 매력적이지 않을 경우에 유지된다는 것이 고전적 현실주의의 결론이다.

모겐쏘의 "2천 년 이상"이라는 표현은, 현실주의의 세력균형론을 한반도의 운명을 관통하는 "불변의 법칙"처럼 간주하게 한다. 노무현 정부의 등장 이후, 21세기 한국의 외교 전략을 둘러싼 논쟁이, "자주냐 동맹이냐"의 형태로 전개되는 것도 이 불변의 법칙을 인정할 때 가능한 구도다. 자주는 일견 세력균형을 벗어난 것처럼 보이지만, 사실 미국과 중국 사이의 균형

---

4 H. Morgenthau, Hans, *Politics among Nations: The Struggle for Power and Peace*, sixth edition (1997), pp. 187-197, 459.

을 전제하고 있고, 동맹은 기존의 한미동맹을 유지·강화하는 것이 중국, 일본 등 강대국에 둘러싸여 있는 한국의 안보를 유지하기 위한 최선의 길이라는 주장을 담고 있다.[5] 결국 한미동맹에 대한 강조는 "안보와 자율성의 교환"이 불가피하다는 논리로 이어진다. 따라서 두 선택은 모겐쏘가 제시했던 한반도 운명의 법칙의 테두리를 벗어나지 않는다. 해양과 대륙을 연계하는 한반도의 지정학적 매력은 더욱 세력균형론을 불가피한 현실로 받아들이게 하는 요소이기도 하다.

그럼에도 자주든 동맹이든 동아시아 또는 동북아시아 다자간 안보협력체를 그 내부에서 하나의 대안으로 고려하고 있다는 점이 흥미롭다. 21세기 한국의 외교 전략을 둘러싼 논쟁이, 자주에 기초한 다자간 안보협력과 동맹에 기초한 다자간 안보협력의 대립으로 발전하고 있는 것이다.[6] 노무현 정부도 이른바 "협력적 자주국방"이라는 이름으로 자주와 동맹 사이에서 미묘한 줄타기를 하면서, "동북아 군사적 긴장을 예방하고 역내 국가 간 신뢰구축을 위해 다자간 안보협력의 강화가 필요"함을 인정하고 있다.[7] 그러나 자주든 동맹이든 아니면 동맹 속의 자주든 다자간 안보협력체의 건설은 미래에 가능한 선택지로 제시될 뿐이다. 즉, 자주냐 동맹이냐는 이분

---

5 윤덕민, 『한국의 전략적 선택』(2004).

6 자주의 입장에 설 때, 미국과 충돌이 불가피하더라도 동아시아 지역국가들과 협력해서 다자간 안보협력체를 만드는 경로를 생각해 볼 수 있다. 동맹의 입장에서는, 한미동맹과 미일동맹을 결합하는 지역동맹체를 다자간 안보협력체의 형태로 발전시키는 구상을 제안할 수 있다.

7 국가안전보장회의, 『평화번영과 국가안보』(2004).

법적 선택을 보완하는 대안이지 그 대립을 넘어서는 대안으로 고려되고 있지는 않다. 그 이유는, 힘의 정치를 국제정치의 본질로 간주할 때 다자간 안보협력체는 이상이고 자주냐 동맹이냐의 선택은 현실이라는 인식 때문일 것이다. 그렇다면 모겐쏘의 한반도 운명의 법칙은 한반도의 영원한 굴레일 수밖에 없다.

약소국에는 매력적이고, 강대국은 자신들의 힘을 무력화할 가능성이 큰 대안이기 때문에 이상이지만, 그럼에도 한국이 자주냐 동맹이냐의 선택을 넘어서는 대안으로 다자간 안보협력체를 진지하게 고려할 수밖에 없는 이유가 있다. 첫째, 지구적 현실의 변화 때문이다. 현실주의적 시각에서도 냉전시대의 양극체제가 해체되고 하나의 초강대국인 미국과 중국, 일본, 러시아, 유럽연합 등의 강대국이 각축을 벌이는 "1+4체제"로 전환되고 있는 지구적 현실이, 지역적 안보의 상대적 자율성을 높이고 있다는 주장이 제기되고 있다.[8] 양극체제의 해체는 양극화를 초래했던 진영의 해체를 의미한다. 달리 표현한다면 초강대국들의 경쟁이 쇠퇴하면서 초강대국의 지역에 대한 침투의 내용과 형태가 변했고, 따라서 분석 수준의 측면에서도 지구적 수준과 구분되는 지역적 수준의 설정이 가능할 수 있다는 것이다. 이 가설이 동아시아 또는 동북아시아 지역에서도 입증될 수 있다면, 지역적 수준의 다자간 안보협력체는 실험 가능할 뿐만 아니라 실현 가능한 대안으로 부상할 수 있다.

---

[8] B. Buzan and O. Waever, *Regions and Powers: The Structure of International Security* (2003).

둘째, 한반도의 현실 때문이다. 한반도는 1950~53년의 전쟁이 공식적으로 종결되지 않은 상태다. 한반도의 휴전선은 세계 어느 지역보다도 군사적 밀집도가 높다. 이 군사적 긴장은 정전협정에 의해 관리되어 왔다. 그러나 정전협정체제도 1990년대 중반 북한에 의해 무력화된 상태다.[9] 따라서 한국의 입장에서는, 한국의 안보와 한반도의 평화를 위해서는 정전협정체제의 복원 및 정전협정체제의 평화체제로의 전환이 '사활적 과제'일 수밖에 없다. 전쟁을 공식적으로 종식시키는 평화협정이 분단을 관리하는 정전협정을 교체할 때, 비로소 '한반도 평화체제'가 수립될 수 있다. 한반도 평화체제의 수립을 위해 평화협정이 필요하지만, 평화협정은 법리적法理的 관점에서만 의미를 가질 뿐 그것의 체결이 한반도 평화체제를 실질적으로 보장하는 것은 아니다. 한반도 평화체제의 실질적 이행을 위해서는 남북한뿐만 아니라 한반도 주변 국가들이 신뢰구축, 예방외교 및 위기관리, 군비통제 및 군축 등을 통해 안보딜레마로부터 벗어날 수 있어야 한다. 따라서 동아시아 또는 동북아시아 다자간 안보협력은 한반도 평화체제의 수립을 위한 국제적 조건이기도 하다.

한반도 평화체제와 다자간 안보협력의 관계에 대해 노무현 정부는, 남

---

9 북한은 1994년 4월 군사정전위원회 대표단을 철수시키며 전후 40여 년 동안 유지되어 온 정전협정체제를 무력화시키려고 했다. 곧이어 미국에게 북·미평화협정 체결을 통한 새로운 평화보장체계 수립을 요구했다. 그리고 1996년 4월 4일에는 조선인민군 판문점대표부의 명의로 비무장지대를 인정하지 않겠다는 성명을 발표하였으며, 두 차례에 걸쳐 무장병력을 판문점에 투입함으로써 그들의 성명이 한낱 '말장난'이 아님을 과시한 바 있다. 이후 이 문제를 다루기 위해 남북한, 중국, 미국이 참여하는 4자회담이 개최되기도 했다.

북한이 평화협정을 체결하고 국제사회가 이를 지지·보장하고 이를 통해 동북아시아 안보협력을 추동하는 경로를 설정하고 있다.[10] 선先평화체제-후後다자간 안보협력의 구상이다. 이 경로에 대해, 북한의 대량살상무기 개발이 불러일으키고 있는 남북한 및 미국의 안보딜레마를 근본적으로 해결하기 위해서는 미국의 북한에 대한 안전보장이 필수적이고 따라서 남북한 평화협정이 아닌 "한반도 평화협정"을 위해서는 남북한과 미국이 평화협정 체결의 주체가 되어야 한다는 비판이 있다.[11] 이 경우, 한반도 평화체제와 다자간 안보협력의 관계는 모호하다. 미국이 한반도 평화협정의 주체로 참여한다는 것은 동아시아 또는 동북아시아 차원에서 다자간 안보협력 과정이 시작될 때만, 가능할 수 있다. 왜냐하면 미국이 한반도 평화협정에 서명하는 것은 북한을 '정상국가'로 인정하는 것이기 때문이다. 미국의 근본적 변화를 유도하기 위해서는, 미국 국내정치라는 변수를 일단 배제한다면, 한국을 포함한 동아시아 국가들이 미국을 설득할 수 있어야 한다. 이 설득이 다자간 안보협력의 시작이라면, 후자의 경로는 한반도 평화체제 구축과 다자간 안보협력의 동시 추진이라고 해석할 수 있다.

따라서 한반도 평화체제와 다자간 안보협력의 관계에 대해 두 가지 질문이 제기될 수 있다. 첫째, 선한반도 평화체제-후다자간 안보협력 구상의 실현 가능성 여부다. 이 구상은 남북한 관계의 근본적 전환이 동아시아 지

---

10 국가안전보장회의, 『평화번영과 국가안보』, 37쪽.

11 이삼성, "미국의 대북한 정보평가 및 정책의 신뢰성 위기와 북핵문제 해결방향," 『현대북한연구』 7: 2(2004), 58-68쪽.

역체제의 근본적 변화를 산출할 수 있다는 가정에 입각해 있다. 그렇다면 두 가지 질문이 또다시 제기된다. 하나는 동아시아 국가는 물론 미국의 협력 없이도 한반도 평화체제에 진입할 수 있는가의 여부다. 다른 하나는 만약 한반도 평화체제가 구축된다고 해서 그것이 동아시아 지역체제를 협력적 관계로 전환시킬 수 있는 추동력이 될 수 있는가의 여부다. 북한이 주장하는 이른바 '민족공조'가 이루어진다면, 주변 국가의 협력 없이도 한반도 평화체제에 진입할 수 있다. 이를 위해서는 남북한 공히 안보담론에 있어 질적 전환을 이루어야 한다. 그러나 남한의 재래식 군비의 확충을 위한 협력적 자주국방의 논리와 북한의 값싼 비용으로 안보를 구입하고자 하는 핵무기 개발의 논리는 남북한이 여전히 안보딜레마의 함정으로부터 벗어나지 못하고 있음을 보여준다. 한반도 평화체제가 동아시아 지역체제에 미치는 영향은 동아시아 안보구조에 대한 계산으로부터 도출될 수 있다. 다자간 안보협력은 이 계산을 필요로 한다.

두 번째 질문은, 한반도 평화체제가 수립되지 않은 상태에서 다자간 안보협력이 진행될 수 있는가의 여부다. 선다자간 안보협력-후한반도 평화체제 구상이 가능할 수 있는지를 묻는 질문이다. 사실, 이 경로는 한반도의 긴장을 유지한 채 다자간 안보협력을 통해 북한을 압박 또는 설득하면서 한반도 평화체제를 수립하려는 것이다. 한국이 한반도 평화체제를 사활적 이익으로 정의한다면, 선평화체제-후다자간 안보협력이나 둘의 병행보다는 낮은 순위의 선호일 수 있다. 그럼에도 북한과 미국 사이의 갈등이 지속된다면, 한국의 입장에서는 군사적 긴장 내지는 갈등이 최악일 것이고, 한반도 평화체제가 이루어지지 않은 상황에서 다자간 안보협력의 작동은 "차악"次惡의 선택일 수 있다. 이 구상이 실현되기 위해서는 미국이 북한을 정상국가로 인정하는 것과는 별도로 동아시아 차원에서 북한을 정상국가로 인정하는 절차가 필요하다. 이 과정에서 결정적 변수는, 지역국가이면서 지구적 수준의 강대국인 일본이 미국으로부터 가질 수 있는 내지는 가지고자 하는, 자율성의 정도다.

한반도 평화체제의 수립과 동아시아 다자간 안보협력의 관계를 정리해보자. 한반도 평화체제의 수립은 한반도 차원에서 안보딜레마를 벗어나는 것, 즉 군사력에 기초한 세력균형의 논리를 넘어서는 것을 의미한다. 따라서 남북한 두 국가가 군사력 중심의 국가안보관을 벗어나서 체제를 달리하는 국가들 사이의 공동위협과 공동안보를 도모하는 "협력적 안보"의 개념을 정립해야 한다. 동아시아 다자간 안보협력도, 유럽의 다자간 안보협력의 경험인 CSCE/OSCE유럽안보협력회의/유럽안보협력기구의 사례에서 볼 수 있는 것처럼, 군비통제 및 군축을 시도하는 협력적 안보개념을 필요로 한다. 한반도 평화체제 수립이나 동아시아 다자간 안보협력 모두 정치군사적 협력, 경제 협력, 인도적 협력을 안보 의제로 설정하는 "포괄적 안보" 개념에 입각할 필요가 있다. 즉, 한반도 평화체제 수립과 동아시아 다자간 안보협력은 군사력 중심의 국가안보관을 벗어나야 한다는 점에서 공통점이 있다.

이 공통점에도 불구하고, 둘의 선후관계를 선험적으로 설정하기란 어려운 것처럼 보인다. 노무현 정부의 선택은 선한반도 평화체제-후다자간 안보협력에 가깝지만, 북한 핵 문제가 탈냉전시대 동아시아 질서 재편의 문제와 맞물려 있는 한, 그리고 북한 핵 문제가 지구적 문제로 남아 있는 한, 이 경로를 설정하기란 어려운 것처럼 보인다. 즉, 북한 핵 문제를 남북한 관계를 통해 해결할 수 없는 한, 이 경로는 현실성이 없다는 것이다. 선다자간 안보협력-후한반도 평화체제는 한반도의 군사적 긴장이 가시지 않은 상태에서 다자간 안보협력이 진행되는 것을 전제로 한다. 예를 들어 북한 핵 문제를 둘러싼 6자회담이 다자간 안보협력의 틀로 바뀔 수 있다면, 가능성이 높은 경로다. 그러나 그 과정에서 한국은 한반도 평화체제의 수립을 위한 노력을 하지 않을 수 없다는 점에서 실질적으로 한반도 평화체제 수립과 다자간 안보협력을 동시에 추진하는 불가피한 경로라고 할 수 있다.[12] 북한 핵 문제를 고려한다면, 다자간 안보협력 없이 한반도 평화체제를 수립하는 것이 불가능하다고도 할 수 있다. 그렇다면 1+4체제하에서 동아시아 지역이 어느 정도의 자율성을 확보할 수 있고, 그 자율성을 바탕으로 군사력에 기초한 세력균형이 아닌 다자간 안보협력을 추진할 수 있는가를 검토해야 한다.

---

[12] 평화체제와 다자간 안보협력의 동시 추진에도 2(남북한)+4(주변국), 5+1(북한), 6-1(북한)의 세 가지 정책 선택이 있을 수 있다. 한 심사자는 다자간 안보협력이 추진된다면 평화체제 없이도 한반도에서 협력적 상황이 도래할 수 있음을 지적하고 있다. 그것이 5+1의 형태라면, 6-1은 다자간 안보협력이 북한을 배제하고 이루어지는 형태로, 다자간 안보협력이 이루어지고 있지만, 평화체제는 없는 경우다. 이 세 가지 정책 선택을 고려하게 해 준 한신대 이희옥 교수님께 감사드린다.

제5장

한국의 평화운동 : 비판적 평가

1. 평화운동의 전개과정

한반도는 지난 50여 년 동안 남북한 두 국가가 분단의 형태로 공존하는 정전상태였다. 지금도 이 상황은 변함이 없다. 그럼에도 불구하고 그 상태를 극복하고 평화를 실현하고자 하는 집합적 주체의 의식적 실천이라고 할 수 있는 한반도 평화운동은 냉전시대에는 없었다고 해도 과언은 아니다.[1] 즉, 한반도 평화운동은 탈냉전시대의 새로운 발명품이다. 그 이유는

---

[1] 또한 한반도에서는 평화연구 또는 평화학이 독자적 학문분과로 발전하지 못했다. 국제관계 및 남북한 관계에 대해 군사적 측면에서 접근하고자 했던 전략연구strategic studies의 과잉 때문이다. 평화연구 또는 평화학은 전쟁에 초점을 맞추는 국제정치학의 하위 연구분야 가운데 하나였을 뿐이다.

첫째, 한반도 분단의 극복을 위한 사회운동은 이른바 통일운동이었다. 통일이라는 민족적 가치가 평화라는 보편적 가치를 압도해 왔다.[2] 둘째, 한반도 평화를 남한 내부의 정치경제적 민주화 다음 단계로 설정하려는 경향이 있었는데, 이는 자본주의 사회인 남한 내부의 모순을 먼저 고민하는 사회운동 세력의 생각이었다.

서구적 근대의 안보·평화 담론 및 그에 기반한 안보정책에 개입하고자 하는 한국 시민사회 평화운동의 계기는 두 방향으로부터 왔다. 하나는 지구적 수준에서의 냉전 해체. 탈냉전의 효과는 다음과 같이 정리할 수 있다. 첫째, 냉전 해체와 더불어 단극 패권국가인 미국과 동맹을 상실한 북한과의 갈등이 심화되기 시작했다. 1994년에는 '한반도 전쟁 위기'까지 발생했고, 이 위기를 거치면서 한국 시민사회는 한반도 평화체제 구축의 필요성을 절감하게 되면서 '반전 평화운동'을 시작하게 되었다. 둘째, 북한의 체제 내부적 요인도 작용한 것이지만, 냉전 해체로 국제적 분업관계를 상실하면서 북한이 겪은 정치경제적 위기는 "북한 돕기 운동"이라는 형태의 평화운동을 탄생시킨 요인이었다. 셋째, 탈냉전은 남한이 자율적으로 북한과의 화해협력을 시도할 수 있게 했다. 김대중 정부의 대북 화해협력 정책을 탈냉전이라는 국제적 조건을 배제한 채 설명하기는 힘들다. 이른바 햇볕정책 이후 부분적이지만 통일운동과 평화운동의 융합현상이 발생하고 있다.

---

[2] 그럼에도 불구하고 평화의 가치가 무시된 것은 아니라는 주장이 있다. 박순성은 4·19혁명 이후 통일과 더불어 평화의 가치가 부활되었다고 주장하고 있다. 박순성, "남한의 평화관: 통일 논의를 중심으로," 이우영 외, 『화해·협력과 평화번영, 통일』(2005).

다른 하나의 계기는 1987년 이후 '한국의 민주화'였다. 민주화 이후 한국의 사회운동은 삶의 모든 영역에서의 '참여'를 실현하고자 노력하고 있고, 그 과정에서 소수 전문가의 영역으로 간주되던 "외교안보 정책의 민주화"를 요구하는 평화운동이 발생하고 있다.

새로운 사회운동으로서 평화운동은 탈냉전과 민주화의 산물이었다. 탈냉전과 민주화로 한국 시민사회가 재발견되면서 새로운 사회운동으로서 평화운동이 가능했다고 할 수 있다. 탈냉전의 궁극적 원인은 현존 사회주의 국가에서의 시민사회의 재발견이었고, 1987년 민주항쟁은 권위주의 시대의 신민사회가 탈권위주의 시대의 시민사회로 전환하게 한 계기였다. 시민사회의 재발견과 함께 한국의 사회운동은 "무엇을 할 것인가"라는 고민에 빠질 수밖에 없었다. 눈에 보이는 투쟁의 대상이 사라졌기 때문이다. '자율적 행동의 영역'으로서 시민사회의 형성을 가능하게 했던 사회운동은 성공의 순간에 새로운 방향을 찾아야 하는 역설적 상황에 직면하게 된 것이다. 사회운동의 갱신은 인권, 여성, 환경, 생명, 평화 등의 다양한 주제에 대한 운동적 접근과 정치적 수준의 민주주의를 사회의 모든 영역으로 확대하고자 하는 운동적 실천으로 나타났다. 평화운동은 한국적 맥락의 새로운 시민운동의 하나였다.

'1990년대'에 새로이 등장한 한국의 평화운동을 하나의 범주로 포섭하기란 쉽지 않다. 사회운동으로서 평화운동이 집합적 주체의 형성을 통해 세계를 변화시키고자 하는 의지의 구체적 표현이라고 할 때, 이 집합적 주체를 호명하는 담론 또한 하나가 아니다. 한국의 평화운동 대부분이 비판적 평화연구가 제시한 적극적 평화개념을 수용하고는 있지만, 평화운동의 '주체' 장단기 '목표' '방법' 등에서 차이를 보이고 있다. 또한 한반도 분단이라는 특수성의 산물인 통일운동과 평화운동의 관계도 명확히 설정되어 있지 않다. 중단기적으로 직접적 폭력의 제거, 즉 한반도 전쟁 위기의 방지를 위해 다양한 평화운동이 연대하고 있지만, 근본적 분기는 불가피한 것처럼 보이기도 한다.

사실, 폭력과 전쟁에 대한 시민사회의 실천적 대응을 의미하는 평화운동의 다원성은 한국만의 문제가 아니다. 오히려 평화운동의 다원주의는 평화운동의 범위와 방법을 고려할 때, 불가피한 것처럼 보이기도 한다. 평화의 과제를 총망라했다고 평가되는 2000년 〈헤이그국제평화회의〉에서 제시된 아래의 50가지 활동과제는 평화운동의 다원성을 보여주는 지표라고 할 수 있다.[3]

1 평화와 인권 그리고 민주주의를 위한 교육
2 세계화의 역효과에 반대하며
3 환경자원의 지속 가능하고 공평한 사용을 위해
4 식민주의와 신식민주의의 근절
5 인종차별, 민족차별, 종교적 차별, 성차별 제거
6 성별 정의Gender Justice의 촉진-여성권리의 신장
7 어린이와 청소년의 보호와 존중
8 국제적 민주주의와 공정한 세계적 통치의 증진
9 비폭력 선포
10 지역에서의 상호 폭력 제거
11 세계평화를 위한 종교 간의 협력, 국제 인도주의와 인권 법률과 제도
12 국제범죄법정의 설립을 위한 세계적 캠페인의 진행

3 이대훈, "한반도 평화군축운동의 필요성과 기본 방향," 미발표 원고.

13 국제 인도주의와 인권 법률의 개발과 실행을 독려
14 국제범죄법정을 위한 지원강화
15 인권을 탄압하는 국가의 범죄에 대한 전 세계적 사법권의 시행
16 세계정의를 위한 국제재판소 역할의 개선과 확장
17 무장충돌의 희생자를 위한 배상과 보호의 강화
18 무장충돌시 여성에 반하는 폭력의 근절
19 어린이 병사 사용 중단
20 인도주의 차원에서 무기회사 등이 책임질 수 있게 희생자를 도움
21 인권옹호론자, 박애주의자, 내부고발자 보호
22 인권법과 인본주의 위반의 해결을 위해 훈련 프로그램 제공
23 국제적 인본주의와 인권법을 이해시키고 가르치는 것 장려
24 인권의 체계적 보호를 위한 국제적, 지역적 활동의 집중화
25 '정치적 사면'Political Amnesties과 '진실위원회'True Commission의 성공과 실패를 조사하여 더 나은 형태 마련
26 인신보호법을 보편적이고 효과적인 시스템으로 건립
27 전쟁을 막을 수 있는 민주적 법의 형성 요구
28 평화 유지와 자원봉사 정신을 양육·훈련·교육시킬 수 있는 지역시민사회 조직의 역량 강화
29 평화를 유지시키기 위한 유엔의 역량 강화
30 충돌예방을 위해 초기 경고와 초기 응답을 우선시
31 평화 전문 인력 훈련의 증진
32 경제적 제재 사용의 변화—'보다 효율적으로, 덜 유해하게'
33 인본주의 중재 메커니즘의 강화
34 평화를 만드는 과정에서 남녀의 동등한 참여
35 젊은이에게 권한 부여
36 자결권을 위한 시민의 권리 지원
37 시민사회 조직 연대 강화
38 평화를 위한 지역과 소지역의 역량 강화
39 다중트랙Multi-Track(정부, 비정부조직, 종교그룹, 시민 등과 협력) 외교를 주류로 만들기
40 평화를 만들기 위한 사전도구로서의 미디어의 사용
41 정책의 충돌 영향 평가the Conflict Impact Assessment of Policies 독려
42 전쟁을 막기 위한 세계행동계획의 실행
43 군비예산을 경감하고 자원을 인간보호 프로그램으로 이동시켜 지구경제를 비군국화
44 핵무기 제거를 위한 국제협약의 협상과 비준
45 소화기, 총기류, 대인지뢰 등 재래식 무기의 사용과 확산의 저지
46 대인지뢰금지협약의 비준과 실행
47 새로운 군대기술과 새로운 무기의 사용과 개발의 저지
48 모든 무기의 폐지를 위한 전 지구적 노력의 일환인 생물학 무기협약BWC과 생화학 무기협약CWC의 전 세계적 비준 독려
49 건강과 환경에 영향을 주는 군사 생산물, 생화학무기 실험 등에 대한 국가와 기업의 책임 강화
50 전쟁 폐지를 위한 시민사회운동의 건설

2004년에 개최된 한국 평화활동가 워크숍에 참가한 평화운동 단체들의 면면에서도 다양성을 확인할 수 있다.[4] 장단기적 "목표"의 보편성과 특수성에 따라 한국의 평화운동을 분류해 볼 수 있다. (보편성과 특수성을 분리하는 것은 인위적이지만, 인류보편적 가치에 강조점을 두는 평화운동과 한반도적 특수성을 전면에 내세우는 평화운동을 구분해 볼 수 있다는 것이다.) 첫째, '반전·반핵·군축 운동', 생태주의적 가치를 평화와 연계하는 '생명·평화 운동'[5], 사회적

4 주요 참가단체를 열거하면 다음과 같다(무순). 좋은벗들, 평화포럼, 평화와통일을여는사람들, 한국여성단체연합, 다산인권센터, 지리산생명평화결사, 참여연대평화군축센터, 유네스코국제이해교육원, 이라크평화네트워크,반전평화팀, 평화만들기, 초록정치연대, 평화바람, 민주노동당평화군축운동본부, 미군기지반환연대, 우리겨레하나되기, 간디학교, 전교조통일위원회, 민주노총, 바보들꽃공동체, 비폭력평화물결, 평화를만드는여성회, 평화박물관, 인권운동사랑방, 통일연대, 민변통일위원회, 평화통일시민연대, 평화네트워크, 대항지구화행동, 평화인권연대, 민화협, 다함께, 생명평화마중물, 팔레스타인평화연대, 기독교윤리실천연합, 한겨레통일문화재단, 에스페란토평화연대, 한국진보운동연구소, 천주교인권위원회, 민중연대, 남북어린이어깨동무, 우리민족서로돕기운동본부, 예장통합. 2006년 11월 30~12월2일까지 평화활동가 워크숍이 제주도에서 다시 개최되었다. 2006년 평화활동가 워크샵에 대한 분석은 다음 기회로 미룬다.

5 예를 들어 김지하의 "생명 평화 선언"을 보라: "그것은 기본적으로 생명의 살림에 바탕을 두는 것이어야 하는데, 그것을 새 문명 패러다임의 두 가지 원리로 분별할 수 있다. 하나는 이분법적 분리주의를 대체하는 것으로서 생명, 우주생명의 유기적 관계성을 바탕으로 해야 한다는 것, 다른 하나는 우열에 따른 지배와 억압의 사유체계를 청산하고, 이를 대신할 호혜적 상생의 사유체계로 나아가야 한다는 것, 그리고 이를 이성적으로 인식하는 지평을 포괄하되 더 나아가 자연적 감성과 생태적 영성의 차원에서 조망할 때, 바로 생명윤리의 안팎인 '모심'과 '살림'으로 그것을 드러내야 한다는 것이다. '모심'과 '살림'이라는 새 문명의 두 화두는 생명적 기반인 자연과 인간사회의 관계에 대해 그리고 사회 내에서의 인간간의 관계에 대해 다음과 같은 연속적 세 계기를 포함한다고 본다. 한편으로 자연 생명을 존중함으로써 생태적으로 지속 가능한 문화, 즉 '생명지속적 문화'를 새롭게 구축해야 한다. 다른 한편으로 인간의 문화 구성원 각자가 개별성과 자율성을 갖고 인간으로서 존엄을 유지하면서 살아가되, 서로 협력적으로 기대어 살아가는 '생명의 분권적 융합', 즉 '호혜관계망'을 구성하고 동시에 자연으로부터 얻는

소수자를 위한 '인권운동'으로서 평화운동, '여성평화운동' '평화문화·교육운동' 지역에 기초한 '풀뿌리 평화운동' 등을 보편적 가치를 지향하는 평화운동의 범주에 포함시킬 수 있다. 둘째, '북한 돕기 운동'과 '반미·통일 운동'은 한반도적 특수성에 보다 무게를 두는 평화운동이라고 할 수 있다. 이 운동들의 목표가 서로 공유될 수도 있지만, 또한 서로 배치되는 목표가 될 수도 있다. 한국의 평화운동 진영에서도 이 차이들을 인식하고 있기 때문에 평화운동의 연대를 위한 '생산적 네트워크'를 만드는 작업에 중요성을 부여하고 있다.

이제 이념형이기는 하지만, '주체와 방법'을 기준으로 한국의 평화운동을 분류해 보자. 먼저 방법의 측면이다. 첫째, 전쟁과 폭력에 대한 거부에 있어 '절대주의적 시각'과 '상대주의적 시각'이 존재할 수 있다. 절대주의적 시각은 '정의의 전쟁'의 존재를 부정하고, 평화를 얻기 위한 방법으로 폭력과 전쟁을 인정하지 않는 것이다. 생명·평화 계열의 운동단체가 절대주의적 시각에 근접하고 있는 것처럼 보인다. 반면, 상대주의적 시각의 평화운동은 방법에 관해 구체적 입장을 밝히지 않으려는 경향이 있다. 둘째, 평화운동의 주체와 타자의 관계를 어떻게 설정하는가를 둘러싸고 '자기지향적 평화운동'과 '타자지향적 평화운동'이 구분될 수 있다. 한국의 사회운동에서 "영성"靈性, spirituality이라는 단어가 유행하게 된 이유 가운데 하나는 기존의

혜택을 공정하게 향유함으로써 정의로운 사회가 되도록 해야 한다. 또 다른 한편으로 생명호혜관계망으로 구성된 문화 민족이나 나라들 간에 앞의 두 원리가 반복 적용됨으로써 지구와 주변 우주 간의 평화를 포함한 일체 자연과의 평화는 물론 지구촌 인류 간의 평화와 인간의 내면적 평화 등 모든 평화가 함께 이룩되도록 해야 한다."

사회운동의 극단적인 타자지향성 때문이었다고 할 수 있다.[6] 그럼에도 자기지향적 평화운동이 자칫 사회적 관계망을 벗어나 자기실현의 미학으로 되는 것도 이 방법론을 채택한 세력들에게는 우려의 대상이다. 평화를 개인의 심리적 문제로만 환원할 때, 사회관계 때문에 발생하는 국내적, 국제적 수준의 정치적 억압과 경제적 착취를 보지 못하게 될 수도 있기 때문이다.

구체적 '실천의 방법'에 있어서도 한국의 평화운동은 차이를 보이고 있다. 특히, 이 차이는 평화운동의 국제정치에서 두드러진다. 한국의 평화운동이 국제정치에 개입하는 방식으로, '저항' '로비' 중장기적 대안의 모색을 위한 '연대' 등이 활용되고 있다. 시위 형태로 등장하는 저항은 민중적 평화운동의 주요한 실천의 방식이다. (칸쿤과 시애틀에서의 시위가 대표적 사례다.) 시민적 평화운동도 저항의 방식을 선택하기는 하지만, 로비와 중장기적 국제연대를 주요한 실천의 방식으로 선택하고 있다. 시민단체와 정치권이 연합하여 결성한 〈한반도평화국민협의회〉는 방미단을 파견하여 미국의 정책결정자에게 직접 로비하기도 했다. 유엔이 세계 각 지역의 시민사회를 통해

---

6 모심과살림연구소에서 출간한 『살림의 말들』(2004)에서는 영성을 다음과 같이 풀이하고 있다. "종교의 영역으로 여겨지던 영성이 최근 사회운동에서 주목을 받고 있습니다. 불의에 대한 분노와 가슴 속의 열정으로, 혹은 냉철한 비판의 힘으로 운동의 에너지를 삼았던 것이 이제 한계에 봉착했기 때문입니다.//분노나 비판이라는 것은 상대방, 좀더 극단적으로 말하면 적敵이 있을 때 생기는 인간의 감정이나 생각 같은 것입니다. 그런데 사회가 점차 민주화되어 분노해야 할, 혹은 비판해야 할 상대가 사라지게 되면, 사회운동은 에너지를 잃어버리게 됩니다. 사회운동을 유지하기 위해서는 새로운 차원의 운동 에너지 필요합니다. …… 상대가 없어도 스스로 새로움을 창조하는 과정이 사회운동의 과정이라는 것이지요. 이 창조하는 힘, 자기 조직화하는 에너지의 원천을 '영성'이라고 할 수 있습니다."

조직한 "무장갈등예방을 위한 글로벌 파트너십"Global Partnership for Prevention of Armed Conflict, GPPAC을 매개로 한 동북아 시민사회의 국제연대는 중장기적 대안을 모색한 사례라고 할 수 있다.

주체를 기준으로 평화운동을 분류해 보자. 첫째, 평화운동의 주체를 누구로 설정하느냐에 따라 '시민적 평화운동'과 '계급적' 또는 '민중적 평화운동'으로 나눌 수 있다.[7] 시민적 평화운동이 폭력과 전쟁의 희생자로서 보편적 인간을 상정한다면, 민중적 평화운동은 자본주의가 야기하는 비평화에 주목한다.[8] 두 평화운동의 구분에 있어 구조적 폭력에 대한 정의가 쟁점이다. 구조적 폭력을 가하는 주체로 국가와 자본이 설정될 수 있다. 시민적 평화운동이 '반反/反국가 평화운동'을 지향한다면, 민중적 평화운동은 '반反/反자본 평화운동'에 가깝다. 갈퉁처럼 반국가와 반자본 평화운동을 연계하는 총체적 인식은 아직 구체화되지 않고 있다. 둘째, 한반도 특수적인 분단체제 때문에 '민족주의적 평화운동'과 '반反/비非민족주의적 평화운동'이 구분될 수 있다. 주체의 문제뿐만 아니라 평화운동의 목표로 설정되고 있는 통일과 평화가 화학적 결합을 할 수 있는 가치들인지가 쟁점이다.[9] 통일은

---

7 한국의 사회운동은 민주화 이후 분화와 균열의 시대를 맞이하고 있다. 시민운동과 민중운동의 분화다. 노동운동과 농민운동과 같은 민중운동이 생산의 영역에서 성장한 사회운동이라면, 시민운동은 삶의 향상을 위한 소비 영역의 개선 및 인권과 평화와 같은 보편적 가치의 실현에 관심을 돌리고 있다.

8 민중적 평화운동 내부에서는, 주체의 문제를 둘러싸고 노동자계급의 중심적 역할의 정도를 둘러싸고 논쟁이 전개되기도 했다. 노동자계급과 다른 계급·계층과의 연합의 정도와 그 연합을 만들어 가는 과정이 쟁점이다.

9 박순성은 "통일 없는 평화"는 불완전하고 충분하지 않다고 주장한다. 한반도 분단체제의 완전

필연적으로 평화를 위협하는 권력투쟁을 수반할 수밖에 없기 때문이다. 북한 주민의 '인권 문제'를 둘러싸고도 민족주의적 평화운동과 반/비민족주의적 평화운동이 대립하고 있다.[10]

한반도 위기가 해결 국면에 진입하지 않은 현 상황에서는 반전을 목표로 하는 공동전선 형성이 가능하기 때문에 평화운동의 차이가 두드러지지는 않다. 오히려 평화운동의 연대가 주목된다. 한국군의 이라크 파병을 반대하는 연대조직인 〈이라크파병반대비상국민행동〉에는 거의 모든 사회운동의 영역에서 351개의 단체들이 참여했다(2003년 9월 22일).[11] 그 숫자만으로도 한국 시민사회의 이라크 파병에 대한 반대 의지를 확인할 수 있다. 한반도의 문제가 아닌 중동지역의 문제에 한국 시민사회가 한 목소리를 낼 수 있었던 것은, 한편으로는 한반도 문제와 이라크 전쟁이 미국의 일방주의적 정책의 산물이라는 인식의 공유와 다른 한편으로 편협한 자민족 중심주의를 벗어날 수 있는 인식의 성장이 가능했기 때문이라고 할 수 있다.[12]

극복으로서 통일은 한반도 평화의 필요조건이라는 근거에서다. 그는 한반도의 적극적 평화는 통일을 위한 평화이어야 하며 또한 궁극적으로 통일을 통한 평화일 수밖에 없다고 말한다. 그러나 그도 통일이 평화를 가져오지 않을 가능성을 우려하고 있다. 박순성, "남한의 평화관".

[10] 북한인권운동도 탈냉전과 민주화가 낳은 새로운 사회운동의 영역에 포함시킬 수 있다. 북한 체제 그 자체가 야기하는 인권 문제에 집중하는 이 운동은 주로 보수적인 사회운동 단체에 의해 주도되고 있다. 그러나 최근 들어 진보적 사회운동 단체에서도 북한인권 문제에 관심을 가지려 하는 모습이 발견된다.

[11] 2005년 12월 일본의 로카쇼무라 핵재처리 공장 가동계획의 철회를 촉구하는 성명서에는 67개 시민사회단체가 참여했다. 이라크파병반대비상국민행동에 참여한 시민사회단체와 비교되는 숫자다.

이라크파병반대비상국민행동도 결국은 권력정치 앞에서 그 무력성을 드러냈지만, 한국의 평화운동을 대중화시킨 중요한 계기였다.

그러나 현재의 연대가 미래에도 지속되리라는 보장은 없다. 앞서 살펴본 것처럼 평화운동의 지향은 다양한 조합이 가능하다. 따라서 평화운동은, 다양한 특수들이 하나의 보편을 획득하기 위한 공론장으로 자리매김될 수도 있다. 만약 우리가 하나의 보편을 상정하면, 평화운동 내부의 헤게모니 쟁탈전이 부각된다. 즉, 평화운동 내부의 권력투쟁이다. 다른 한편, 하나의 보편이 아니라 다수의 보편이고 특수들이 공존할 수 있다면, 평화운동의 다원주의가 실현될 수 있다. 그렇다면 특수들이 공존할 수 있는 조건은 무엇일까. 상생과 조화를 가능하게 하는 소통의 양식, 삶의 양식은 무엇일까. 대동은 하나의 보편이 실현된 상태인가 아니면 특수들의 공존이 이루어진 그 무엇인가. 생산, 소비, 보편적 가치의 영역에서 활동하는 평화운동들의 연대가 가능할 수 있는가에 대한 질문이다.

한국의 평화운동은 민주화가 열어준 공간 속에서 성장하고 있다. 즉, 21세기 한반도 평화운동은 외교·안보 정책 또한 민주화해야 한다는 한국 민주주의 심화의 결과물이다. 그리고 한반도 평화운동은 한반도 민주주의

---

12 이라크 파병 반대 운동은 이른바 국가이익에 대해 시민사회가 구체적으로 성찰할 기회를 제공하기도 했다. 이라크 전장에 몸으로 달려갔던 〈한국이라크반전평화팀〉과 같은 경우 "한국 정부가 이라크를 향해 파병을 결정한다면 저는 차라리 한국의 국민이기를 포기하겠다"는 발언도 서슴지 않았다. 극단적인 자유지상주의 내지는 반국가적 평화운동의 모습이다. 그러나 이라크파병반대비상국민행동의 파병 반대의 논리 가운데 하나는 파병을 안 하는 것이 "진정한 국가이익"이라는 것이었다. 주류 국제관계학의 개념인 국가이익의 이름으로 평화운동을 할 수 있음을 보여주는 사례다.

를 전방위적으로 민주화해야 한다는 시대적 요청을 마주하고 있다. 예를 들어 평화운동의 중단기적 과제인 반전을 실현하기 위해서는 우리가 민주화운동의 과제로 설정하지 않았던 '국제관계의 민주화', 즉 화호의 문제 설정이 필요하다. 이러한 문제 설정은 부정적, 소극적 운동을 넘어서서 대안적, 적극적 운동을 모색할 때, 비로소 가능할 수 있다. 구조적 폭력의 제거를 의미하는 적극적 평화의 담론에 기초하여 평화운동을 전개해 나갈 때, 평화운동의 최종 귀착점은 그 과정에서 발견되는 그 무엇일 수 있다.

2. 비판

한국의 평화운동은 그 어느 사회의 운동보다 역동적이다. 그 역동성은 끊임없이 보다 바람직한 사회를 건설하고자 했던 사회운동의 결과이기도 하다. 이제 한국의 사회운동이 한반도 남단의 경계를 넘어서려 하고 있다. 한반도의 전쟁 위기와 IMF 위기를 거치면서 국제·국내 정치경제의 연계에 눈을 떴고, 그 인식의 전환을 통해서 사회운동이 상상하는 보편적인 지구적 문명에도 다가가고 있다. 한국의 민주화에 기초하여 "국제관계의 민주화"를 새로운 과제로 제기하고 있다. 그러나 민주화운동 시절과 같은 일사불란한 대오가 평화운동에서는 보이지 않는다. 예를 들어 미국 비판도, 미국에 대한 근본적 부정에서부터 용미론用美論까지 다양한 차원에서 전개되고 있다. 또한 북한에 대한 인식도 친북親北부터 반북反北까지 그 스펙트럼이 대단히 넓다. 따라서 대안의 구상에 있어서도 큰 차이가 나타나곤 한다.

그러나 일사불란한 대오의 부재야말로 사회운동의 목표가 이제는 "권력관계의 재편"이 아니라 "권력관계의 극복"임을 말해 주는 지표일 수 있다. 한恨을 해소하는 "부정적" 사회운동을 넘어서서 다양한 주체들이 다양한 목소리로 자신들이 선택한 영역에서 민주주의를 끝까지 밀고 나가는 "긍정적" 사회운동을 시작하고 있다면, 과대평가일까. 민주화 이후의 민주주의는 바로 형식만 남아 있는 민주주의의 민주화를 통해 산출하는 다양한 대안들의 합의를 만들어 나가는 과정으로 보아야 한다. 이 측면에서 한국 평화운동의 다양성은, "다원주의와 평등의 공존"이라는 어려운 과제를 짊어지고자 하는 21세기 사회운동의 현실을 반영하는 것이다.

이제 한국의 평화운동에 대한 비판을 시작해 보자. 비판이야말로 사회운동의 건강성을 유지하기 위한 자양분이다. 사회운동의 생명력은 자기로부터의 비판과 자기를 향한 비판에 뿌리를 내리고 있어야 한다.

첫째, 한국의 평화운동이 근거하고 있다고 주장하는 한국 시민사회란, 사실 조직화된 운동과 단체일 수 있다. 즉, 한국의 사회운동은 스스로 대표를 자임하고 있고 때론 그것이 과잉일 수 있다는 것이다. 누구나 손쉽게 혹독하게 비판하는 퇴행적 한국정치를 탄생시킨 힘도 바로 한국 시민사회다. "한국 시민사회는 야누스다"는 명제를 누가 부정할 수 있을 것인가. 따라서 한국의 평화운동이, 평화운동에 관심이 없이 일상을 살아가거나 견고한 보수적 평화의 틀을 유지하고자 하는 또 다른 시민에게서 어떻게 평화운동의 정당성을 획득할 수 있느냐가 중요한 과제로 제기될 수밖에 없다. 그들만의 잔치가 계속된다면, 그 잔치는 자기만족 이외에는 아무 것도 아니기 때문이다.

둘째, 한국 시민사회를 변화시키지 못할 때, 한국의 평화운동이 마주치는 가장 심각한 문제가 바로 평화운동을 위한 재원의 확보다. 사회운동이

회원들로부터 충분한 회비를 확보할 수 있을 때, 자율적 실천이 가능하다. 회원과 회비의 규모만큼 대표성을 가질 수 있다는 생각도 필요한 것처럼 보인다.

셋째, 평화운동을 이끌어갈 인력이 부족하다. 평화운동의 다양한 의제를 고려할 때, 평화운동의 전문성 확보는 중요한 과제다. 국제정세에 대한 인식은 물론 한반도 문제에 대한 전문성을 갖출 때, 평화운동가가 수행하는 실천의 설득력이 높아질 수 있을 것이다. 즉, 평화운동의 속성상 전문가이면서 활동가인 평화운동가가 양성될 수 있을 때, 실현 가능한 대안의 제시가 가능할 수 있다. 평화운동 내부에서 구상과 실행의 분리는 평화운동의 지속을 위협하는 요인 가운데 하나다. 이를 위해서는 평화운동가의 복지 및 재교육체제를 시민사회 내에서 만들어 낼 수 있어야 한다. 더불어 평화운동 내부에서 씽크탱크형 운동과 사업형 운동과 활동형 운동의 분업체제를 구축하는 것도 고려해 볼 필요가 있다.

넷째, 대부분의 평화운동은 평화운동의 방법으로 공존과 상생의 평화문화를 가능하게 할 수 있는 평화교육의 필요성을 인정한다. 그러나 평화운동과 시민과의 만남에서 그리고 평화운동 내부에서 평화교육이 보편화되고 있지는 않은 것 같다. 한국의 평화운동에 있어 지금까지 미시적 평화의 길은 거시적 평화의 길에 압도되어 왔다. 평화문화와 평화교육이 반드시 평화를 보장하는 것은 아니지만, 평화문화와 평화교육이 없는 평화운동은 지속 가능하지 않을 수 있다. 평화제도의 건설만큼이나 평화적 정체성을 만들어 내는 작업이 소중한 이유다. 최근 평화운동 일각에서 평화를 '감정이입, 비폭력, 창조성을 가지고 갈등을 다루는 능력'으로 정의하고 갈등해결의 방법을 모색하는 "Transcend method"에 대한 관심이 높아지고 있는 것은 환영할 일이다.[13] 한국 사회에 적용하기 위한 실험의 대상은 일차적으로 평화운동 내부여야 한다. 달리 표현한다면 평화운동 내부의 민주주의가 심화되어야 한다. 그리고 한국 사회의 갈등과 남북한의 갈등과 국제적 갈등에 적용할 수 있는 모델들을 개발해야 한다. 한국의 평화운동에서 합의회의와 같은 실험을 하는 것도 갈등 해결의 새로운 형태로 고려해 볼 만하다.

다섯째, 평화운동의 영역으로 반전운동이 여전히 중요하지만 평화운동은 이미 반전운동을 넘어서서 삶의 양식을 규정하는 메타사회운동이 되어 가고 있다. 특히, 한반도적 특수성은 인도적 개입의 철학, 통일과 평화, 인권과 평화, 발전과 평화, 남북의 평화대화, 소수자와 평화, 여성과 평화 등의 평화운동과 다양한 사회운동을 접합하는 담론과 실천을 요구하고 있다. 담론과 실천의 선도성이 평화운동가의 앞선 덕목 가운데 하나여야 한다.

---

13 J. Galtung, C. Jacobsen and K. Brand-Jacobsen, *Searching for Peace: The Road to Transcend* (2000).

북한인권 문제에 관한 이론적 고려

1. 북한인권 문제를 둘러싼 국제정세

유엔 인권위원회 제59차(2003년), 60차(2004년), 61차(2005년) 회의에서는 북한인권 결의안을 채택했고, 제60차 회의에서는 북한인권 문제를 검토할 특별보고관을 임명했다. 이 결의안과 특별보고관의 임명을 통해 유엔은 북한인권 상황에 대한 우려와 북한인권 문제에 대한 개입 또는 관여의 의지를 표명했다. 2004년 특별보고관 비팃 문타폰은 북한에 직접 접근할 수 없는 상황에서 기존의 보고서, 북한인권 관련 단체 및 인사와의 접촉, 관련국의 방문을 통해 개략적인 내용을 발표했는데, 북한의 인권 상황을 "식량권과 생명권의 침해" "개인의 안전권, 인간적 대우, 차별금지, 사법적 권리에 대한 침해" "이동의 자유 및 난민보호와 관련된 침해" "건강하게 살 권리와 교육받을 권리에 대한 침해" "자결·정치 참여, 정보에 대한 접근, 표현·신념·결사·종교의 자유에 대한 침해" "여성과 어린이의 권리에 대한 침해" 등으로 분류하고 각 분야에서 심각한 문제점이 있다고 지적했다.

다른 한편 미국은 유엔 차원에서 북한인권 문제 논의와 더불어, 2004년 북한인권을 대상으로 한 "북한인권법"을 제정했다. 북한인권법은 이른바 평화적 방법을 통한 북한인권의 개선을 시도하는 국제적 개입으로 읽힐 수 있다. 그러나 실제로 미국의 북한인권법이 의도하고 있는 것은 북한의 인권 개선이라기보다는 북한 정권의 전복이라고 할 수 있다. 따라서 북한인권법은 우리에게 두 가지 질문을 제기하게 한다. 첫째, 미국이라는 한 주권국가가 다른 주권국가의 체제 전복을 의도하는 법률을 제정할 수 있는가? 둘째, 미국의 북한인권법이 실제로 북한 주민의 인권을 개선할 수 있는가? 북한은 미국의 북한인권법에 대한 주권의 침해라고 주장하고 있으며, 미국의 북한인권법은 북한이 2004년 8월 이후 상당 기간 동안 남북한 관계를 단절했던 이유 가운데 하나였다. 북한인권법은 미국적 국제정치이론 가운데 하나인 '민주평화론'에 입각한 법률이라고 할 수 있고, 미국적 기준에 따라 비민주주의 국가에 대한 미국의 적극적 개입 의사 — 이후 '변환 외교'로 정교화하고 있다 — 와 연관된 법률이라고 할 수 있다.

2. 북한인권 문제를 둘러싼 국내정치

한국 정부는 유럽연합과 일본이 적극적으로 추진했던 유엔 북한인권 결의안에 "조용한 외교" 차원에서 기권으로 대응해 왔다.[14] 한국 정부의 조용한 외교를 둘러싸고 남한 내부에서 보수와 진보의 대립이 있어 왔다. 홍

미로운 점은 진보의 화두였던 인권이라는 주제가 보수의 화두가 되어 가고 있다는 점이다. 민주화운동 과정에서 인권과 민주화를 연계했던 진보는 정부의 조용한 외교에 순응하는 모습을 보인 반면, 보수 진영에서는 정치적, 시민적 권리를 전면에 내세우면서 북한인권 문제가 심각한 상황임을 강조하면서 실제로 북한인권 문제에 개입하려는 적극적 의지를 보이고 있다. 보수 진영은 북한인권 문제를 북한체제 문제로 환원하려는 것에 반해, 진보 진영은 정치적, 시민적 권리 중심의 인권관이 북한의 인도적 재난에 대한 해결책이 되지 못한다면서 정치적, 시민적 권리와 경제적, 사회적, 문화적 권리 사이의 상호 불가분성이라는 논리를 내세우고 있다.

최근 진보 진영에서도 제한적이지만, 북한인권 문제의 실재를 인정하고 여기에 대응하려는 모습을 보이고 있다. 예를 들어 인권운동사랑방, 좋은 벗들, 참여연대 평화군축센터, 평화네트워크 등이 결성한 비공식 모임이었던 〈한반도 인권회의〉가 그 사례다. 그러나 2005년 3월 23일 토론회에서 볼 수 있는 것처럼, 진보 진영 내부에서 북한인권 문제에 대한 합의를 도출하기는 쉽지 않은 것처럼 보인다. 한반도 평화와 북한인권의 선순환적 발전이 필요하다는 것에는 동의하지 않을 수 없지만, 미국 및 유엔의 대북한 인권 정책을 '인권 제국주의'로 규정하려는 것에 대해서는 탈북자에 대한 광범위한 조사를 통해 인권 문제의 실상을 파악하고자 했던 단체들의 반발이 불가피할 것으로 보인다. 즉, 한편으로 북한인권 문제의 제기가 '미

---

14 한국 정부는 2006년 10월 북한이 핵실험을 한 이후에 열린 2006년 11월 유엔총회에서 북한 인권결의안에 찬성표를 던졌다. 이 글은 그 이전에 작성된 것이다.

국 문제'이기는 하지만, 다른 한편으로 북한인권 문제를 미국 문제로만 볼 수 없을 뿐만 아니라 만일 북한인권 문제를 미국 문제로만 볼 때 실재하는 북한인권 문제를 평가절하할 수밖에 없다는 것이다. 중립적인 입장에서 북한인권 문제에 대한 접근의 5원칙으로 "인권의 정치화 배제와 인권 개선의 윤리성 유지" "실질적 인권 개선을 위한 다면적 협력" "갈등 예방적 접근 원칙의 고수" "분단과 남북한 인권의 상호 연관성" "남북한 상호 신뢰구축과 병행" 등이 제시되기도 했다. 결국 진보 진영 내에서도 한국 정부와 진보 진영의 북한인권 문제에 대한 침묵은 더 이상 정당성을 찾기 힘들다는 인식이 확산되고 있는 것처럼 보인다.

3. 인권의 개념

인권은 "본질적으로 논쟁적인" 개념이다. 즉, 인권개념에는 이데올로기적 편견이 담겨 있다. 따라서 인권을 정의하는 것은 사실상 불가능할 수도 있다. 국제적 차원의 인권개념을 둘러싸고 보편주의와 상대주의가 대립하고 있는 이유도 거기에 있다. "서구 자연법 사상의 기초 위에서 인권을 인간이 생래적으로 보유하는 정당한 불가침의 권리"로 인식하는 보편주의 입장과 인권보다는 "인간의 존엄성"을 강조하고 국제적 합의가 가능한 인권개념을 "생존권"으로 보는 상대주의 입장이 대립하고 있다. 극단적 보편주의와 극단적 상대주의는 제국주의와 힘의 대결을 초래하는 인식이다. 극단주의에 빠지지 않고 "열린 보편주의"의 시각에서 인권의 최소개념을 정립할 필요가 있다. 이 최소개념을 서구 사회에서는 "정치사회의 최소기준"으로 표현하고 있다. 이 최소기준은 "양립할 수 없는 근본적 견해 차이가 존재할지라도 인간 행동에 적용되어야 하는 규범을 만드는 작업"이기도 하다. 이 최소기준을 대화를 통해 '구성'되는 것으로 인식할 필요가 있다.

유엔과 같은 국제기구를 매개로 국제적으로 합의할 수 있는 인권개념이 확장되고 있다. 일국적 차원을 넘어 국제적 차원에서 인권을 보호하고자 하는 노력은 분명 인류의 진보라고 할 수 있다. 유엔이 규정하고 있는 자유권, 사회권, 발전권이 북한인권 논의에도 적용되어야 하는 규범이다. 북한의 경제 위기로 인해 북한 주민의 사회권과 발전권이 심각하게 위협받고 있음은 누구나 인정하는 사실이다. 이와 더불어 우리는 북한의 독특한 정치체제 때문에 북한 주민의 시민적, 정치적 권리가 제한되고 있음에도 주목해야 한다. 인권의 여러 구성 요소 가운데 생존권이야말로 인권의 가장 기본적 요소다. "굶주림이 있는 곳에 평화란 없다"라는 『브란트 보고서』의 지적처럼, 굶주림이 있는 곳에 인권은 없다. 북한의 심각한 경제 위기를 고려할 때, 북한인권에 대한 논의에 있어 무엇보다도 먼저 이야기되어야 할 것은 북한 주민의 생존권이다. 즉, 북한인권에 대한 국제사회의 개입의 출발점은, 북한에 대한 인도적 지원이어야 한다. 북한인권 문제의 해결을 위해서는 경제적, 사회적 권리와 시민적, 정치적 권리의 불가분성에 기초한 종합적 고려가 필요하다.

4. 인권과 주권

북한의 주권에 대한 강조를 볼 때, 인권과 주권의 관계에 대한 우리의 견해를 정립할 필요가 있다. 유엔 헌장은 인권 보장의 측면에서 개인을 국제법의 주체로 등장시킴으로써 주권의 절대성을 제한할 수 있는 혁신의 길을 열었지만 인권의 보호를 위한 내정간섭을 명시하고 있지는 않다. 그럼에도 국제인권법의 발전에 따라 힘의 논리가 여전히 관철되고 있는 국제사회에서 인권의 보호가 국제기구를 매개로 하나의 규범으로 발전하고 있다. 우리의 목표는 국제사회에서 인권의 보호가 주권의 상호 인정mutual recognition과 공존할 수 있는 가능성을 모색하는 것이다. 극단적인 인도적 재난 사태가 발생할 경우 주권국가의 내정문제에 대한 인도적 군사개입을 배제할 수는 없지만, 주권의 상호인정과 인권의 보호가 함께 가기 위해서는 국제적 차원의 "포용정책"을 인정할 수 있어야 한다. 달리 표현한다면, 북한 인권에 대한 국제사회의 개입이 자칫 한반도 평화를 위협하는 것이어서는 안 된다는 것이다. 평화가 없는 상태에서 인권이란 존재할 수 없다. 주권의 상호 인정은 평화와 인권의 보장을 위한 필수 요소 가운데 하나다. 유엔 회원국인 북한을 국제사회의 정상국가로 인정하는 바탕 위에서 북한의 인권 문제가 제기될 필요가 있다.

5. 인권 문제에 대한 국제사회의 개입원칙

코소보사태나 이라크전쟁에서 볼 수 있는 것처럼, 국제사회가 인권 문제에 개입하기 위해서는 다음과 같은 원칙이 충족되어야 한다. 첫째, 개입 주체의 문제다. 개별 국가의 개입은 역사적 경험에서 볼 수 있듯이 강력한 반발을 야기할 수밖에 없다. 주권국가의 합의로 건설된 국제기구가 한계적이기는 하지만 정당한 개입 주체가 되어야 한다. 이 측면에서 유엔이나 지역기구의 역할이 중요하다. 둘째, 개입 형태의 문제다. 평화적 방법에 의한 내정간섭이 최적의 형태다. 전쟁과 같은 폭력적 개입은 최후의 선택이어야 하며 그것도 인권 문제를 겪고 있는 주민의 안전을 보장할 수 있을 때만 가능할 수 있다. 셋째, 개입의 보편성 문제다. 선택적 개입은 전략적 이해 관계를 반영할 수밖에 없다. 인도적 포용정책은 보편적 개입원칙을 통해 지속성을 유지할 때, 그 정당성을 확보할 수 있다. 넷째, 개입의 효과 문제 다. 인도적 개입이 인도적 재난을 야기한 경우를 고려할 때, 인권 문제의 확산 방지·완화·개선과 같은 점진적 개혁을 추진할 수 있는 개입이 필요하다.

6. 북한인권 문제에 적용될 수 있는 국제사회의 경험

국제사회의 경험으로 CSCE/OSCE 모델을 검토하는 것이 필요할 것이다. 1950년 "유럽인권협약"은 유럽 차원에서 세계대전 및 나치 경험에 대한 반성의 결과물이었다. 이 유럽인권협약이 CSCE 인권 정책의 선행 모델이었다. CSCE에서는 정치군사적 문제, 경제협력 문제, 인도주의적 협력 문제의 일괄 타결이 있었다. 이 과정에서 소련 및 동구 사회주의 국가는 사회 경제적 권리 및 소수자의 정당한 저항을 인권의 구성 요소로 강조했다. 반면, 서구 자본주의 국가는 동구 사회주의 국가에서 나타나고 있는 시민적, 정치적 권리의 부족을 강조했다. 결국 일괄 타결로 "인도주의 및 기타분야에서의 협력"이 이루어지게 되었다. CSCE 과정을 거치면서 이른바 "협력적 안보"와 "포괄적 안보" 개념이 탄생하게 되었다. 주권의 정당화를 위한 토대로 인권과 기본적 자유의 존중이 이루어지는 형태다. "거주 이전의 자유"와 "주민의 자유로운 왕래"가 CSCE의 최소기준이었다. 평화와 인권의 선순환을 도모했던 CSCE 모델을 원용할 때, 동아시아 차원의 다자간 안보 및 경제협력을 통한 인권 문제의 제기는 적절할 듯이 보인다.

7. 인권의 정치

인권의 정치는 인권 자체가 본질적으로 논쟁적인 개념임을 고려할 때, 불가피한 것으로 보인다. 즉, 인권 문제의 제기 자체가 정치적 과정이다. 따라서 인권의 정치를 사전에 봉쇄하려는 것보다는 북한인권 문제를 적극적으로 논의할 수 있는 적절한 대화 공간을 마련하는 것이 무엇보다도 중요하다. 시민사회는, 정부의 한계를 인정하면서, 적극적으로 국내적 차원에서 북한인권 및 남한인권을 이야기할 수 있는 공간을 창출하는 역할을 담당할 필요가 있다. 인권 문제의 정치화를 통해 합의의 창출방식을 고려해야 한다. 합의 내용으로, 시민적, 정치적 권리에서 사회적, 경제적 권리로의 발전이라는 서구적 도식을 역전시켜, 사회적, 경제적 권리에서 시민적, 정치적 권리로의 발전 경로를 제시하는 것도 한 방법이다. 그리고 이 경로에 대한 국제적 합의를 이끌어내는 것이 중요하다.

8. 북한인권 문제의 발생 원인과 탈북자 문제

북한 주민의 인권 개선을 위해서는 무엇보다도 북한 정부가 적극적 노력을 해야 한다. 북한 정부는 북한 주민의 인권 문제에 일차적 책임이 있다. 북한 주민의 인권 상황이 특정 국가들의 북한에 대한 제재 때문에 발생하고 있는 것도 사실이지만, 북한 정부의 정책 실패가 북한 인민의 인권 침해를 야기하고 있음을 부정할 수는 없기 때문이다. 북한 정부는 북한 주민의 인권 개선을 위한 국내적, 국제적 노력을 경주해야 한다. 이러할 때, 국제사회는 북한을 정상국가로 인정하고 필요한 지원을 수행할 수 있을 것이다.

북한인권 문제가 국제적 문제로 비화된 계기 가운데 하나인 북한이탈 주민의 인권 침해는 심각한 상황이다. 북한을 이탈하는 상당수의 주민들은 인권의 사각지대에 놓여 있다. 국제 시민사회, 주변 국가, 국제기구가 협력하여 그들의 인권을 보호해야 하는 것은, 인권을 존중하고자 하는 국제사회의 의무이기도 하다. 그 방법은 다양할 수밖에 없다. 북한이탈주민이, 국제법이 규정한 난민에서부터 생계를 위한 이주노동자까지 다양한 성격을 띠고 있기 때문이다. 유엔은 이 다양성을 인정하고 실제로 북한이탈주민의 인권을 보호할 수 있는 방법을 찾아야 한다. 그리고 유엔은 북한 주민의 탈북을 조장하는 것이 북한 주민의 인권을 보호하기보다는 그들의 인권을 심각히 침해하는 것일 수 있음을 지적할 필요가 있다고 생각된다.

평화운동으로서 평화의 섬 제주 만들기

"평화의 섬 제주 만들기"는 집합적 주체의 의식적 실천을 통해 한 '지역'을 평화의 공간으로 만들고자 하는 '평화운동'이다. 제주도가 가지는 지정학적, 지경학적, 지문화적 성격을 고려할 때 평화의 섬 만들기는, 평화적 감수성이 최대화된 발상의 전환이라고 할 수 있다. 제주도는 21세기 동북아질서에서 지정학적 요충으로서, 군사기지화하기에 유용한 지역일 수 있기 때문이다. 뿐만 아니라 4·3과 같은 제주도의 역사를 고려해 볼 때, 평화의 섬 제주 만들기는 갈등과 폭력을 화해와 소통으로 전환하려는 시도라는 점에서 한반도에서 유래를 찾아보기 힘든 실험이기도 하다. 제주도는 한반도와 유사한 지정학적, 지경학적, 지문화적 조건을 가지고 있는 '작은 한반도'이기도 하다. 따라서 평화의 섬 제주 만들기는 평화지향적 한반도의 미래를 가늠하는 시금석이 될 수도 있을 것이다.

교류협력거점화, 경제특구화, 평화지대화의 세 모형을 담고 있는 평화의 섬 제주 만들기는, 목표의 측면에서는 반전·군축 운동이면서 동시에 평화문화운동과 평화교육운동의 성격을 띠고 있다. 제주도가 비무장의 평화지대가 되기 위해서는 한반도 및 동북아 차원의 군축이 필수적이기 때문이다. 또한 평화의 섬 제주가 평화연구, 평화교육, 평화문화의 확산을 위한 교류협력거점으로 기능한다면, 한반도 평화운동의 이론적, 실천적 기초를 제공하는 공간이 될 수 있을 것이다. 평화운동 주체의 측면에서 주목되는 것은 평화의 섬 제주 만들기가 시민사회와 지방정부가 주체가 되는 시민적, 반#국가적 평화운동이라는 점이다. 만약 이들 주체가 평화의 섬 제주 만들기에 성공한다면, 국가 중심적 국제관계이론을 기각할 수 있는 사례를 제공해 줄 수 있을 것이다.

더불어 생태주의적 가치를 평화의 섬 만들기에 접목하려 한다는 점에서 평화의 섬 제주 만들기는 생명·평화 운동에도 근접해 가고 있다. 평화의 섬을 남북한의 화해와 협력을 위한 공간으로 활용하려 한다는 점에서 평화의 섬 제주 만들기는 통일운동의 한 부분이기도 하고, 국제평화연대의 공간을 마련하려 한다는 점에서 국제주의적 성격도 가지고 있다. 국제연대가 없다면, 평화의 섬 제주 만들기는 불가능할 것이다. 평화의 섬 제주 만들기가 "총체적 평화운동"의 성격을 가지는 이유는, 제주도가 가지고 있는 지정학적, 지경학적, 지문화적 공간의 변혁을 목표로 하고 있기 때문일 것이다.

제주도의 실험이 더욱 돋보이는 이유는 4·3의 기억을 폭력적인 방식이 아니라 자기지향적 평화의 언어로 재현하려 하고 있기 때문이다. 기억의 정치는 종종 타자에 대한 폭력으로 발현되곤 한다. 또한 사건의 외부에 있는 타자의 이해관계를 반영한 기억의 재현은 기억의 공유를 억압하는 장치로 기능하기도 한다. 평화의 섬 제주 만들기가 대립적인 기억과 사건의 주체들—예를 들어 사월제 공준위와 4·3유족회—의 상호작용과 소통은 물론 전통의 기억—예를 들어 제주도의 삼무三無사상—에 기초하고 있다는 점에서, 평화의 섬 제주 만들기는 '사회적 평화'를 만들어 가는 모범적 사례로 평가될 수 있을 것이다.

그러나 평화의 섬 제주 만들기가 순조롭게 진행될 것이라고 예측하기 어려운 몇 가지 측면이 있다. 첫째, 평화의 섬 제주 만들기와 경제특구화 모형이 충돌할 수 있다. 생산요소의 자유로운 이동을 보장하는 '신자유주의적' 경제특구의 건설이, "지구화의 도전에 대한 제주도의 주체적 대응이며 인간의 얼굴을 한 지구촌 시대를 열어간다는 시대적 요청"일 수 있지만,[1] 경제특구 건설의 논리에는 신자유주의적 정책이 야기할 수 있는 양극화 문제에 대한 고려가 결여되어 있는 것처럼 보인다. 즉 평화의 섬 제주 만들기에는, 평화적, 경제적 차원은 충분하지만 '사회적 차원'에 대한 적극적 모색이 없는 것처럼 보인다. 만약 사회적 양극화가 발생한다면, 평화의 섬 제주 만들기의 이론적 기초인 적극적 평화관을 위협하는 요소가 될 것이다.

둘째, 평화의 섬 제주 만들기의 주체들도 인정하는 것처럼 생태주의적 가치와 신자유주의적 발전의 논리가 충돌할 수 있다. 사실 신자유주의적 발전의 논리에 지속가능한 발전을 담기란 어렵다. "발전의 속도에 집착해 지속가능성을 포기하게 되는 유혹을 평화라는 보편적 가치를 통해 극복"하

---

[1] 고성준·강근형·장원석·양길현·강경희, 『동아시아와 평화의 섬 제주』(2004), 50쪽.

기 위해서는 제주 시민사회의 성숙한 집합적 성찰이 전제되어야 한다.[2] 생태와 환경이 궁극적으로 우리의 삶의 질을 향상시킬 것이라는 신념의 획득은 경제관에 대한 '패러다임적 전환'이 없다면 불가능한 것처럼 보인다. 자칫 지속가능한 발전은 수사로 그칠 가능성이 있다. 실천이 가능한 비교사례를 찾는 작업이 필요할 것이다.

셋째, 평화의 섬 제주 만들기는 국내적, 국제적 연대가 없다면 성공하기 힘들 수 있다. 타자에 대한 관용과 환대가 없다면, 평화의 섬 제주 만들기는 제주도만의 상상 속의 미학적 실천이 될 수 있다. 예를 들어 제주도 화순항 해군기지 건설에 반대할 수 있기 위해서는 신현실주의적 국가안보의 논리를 넘어서야 한다.[3] 달리 표현하면, 화순항 해군기지 건설을 둘러싼 논란은 제주도만의 문제가 아니다. 한반도 평화과정과 직접적으로 연관된 문제다. 따라서 한반도 차원에서 제주도 평화의 섬 만들기에 대한 시민사회 연대가 필요할 것으로 보인다.[4] 또한 화순항 해군기지가 만약 주한미군의 전략적 유연성과 연관되어 있다면 유사한 문제를 안고 있는 평택과 같은 지역의 평화운동과 연대하는 것은 물론 국제적 차원에서도 유사한 문제

---

[2] 고성준 외, 『동아시아와 평화의 섬 제주』, 48쪽.

[3] 양길현, 『평화번영의 제주정치』(2007).

[4] 화순항 해군기지 건설을 둘러싼 논란을 군사안보 분야의 "합의회의"로 발전시키는 것도 하나의 방법이다. 이 합의회의는 평화의 섬 제주 만들기의 한 과정으로 설정될 수 있을 것이다. 제주도 차원에서 시민사회의 대표들이 다양한 전문가들의 의견을 청취한 이후 화순항 해군기지 건설문제를 결정짓는 민주적 방식을 창출할 필요가 있다는 것이다. 그리고 이 과정에서 필요하다면 제주 이외의 지역에서 활동하는 시민사회 행위자들이 참여하는 합의회의를 개최할 수도 있을 것이다.

를 안고 있는 오키나와와 같은 지역과 연대할 수 있어야 한다.

평화의 섬 제주 만들기가 평화운동으로 지속될 수 있다면, 권력정치 앞에서 무력한 모습을 보이기도 하는 평화운동의 한계를 극복한 세계적 사례가 될 수 있을 것이다. 평화운동이 이룩한 성과들인 대인지뢰금지협정이나 국제형사재판소에 버금갈 수 있는 사례로 평화의 섬 제주 만들기가 역사에 기록될 수 있기를 희망한다.

제6장

탈근대시대 한반도 평화

안과 밖의 경계 허물기

1. 진보의 진보

진보의 백가쟁명百家爭鳴 시대. 하나의 봉우리를 넘자, 끝이 보이지 않을 것 같은 고원에 들어선 느낌이다. 이른바 민주화의 의도하지 않은 결과 가운데 하나는 복수複數의 진보 개념의 출현이다. 사실, 다양한 진보 개념 또는 운동의 공존이 새삼스럽지는 않다. 문제는, 과거와 달리 진보의 교집합을 추출하기가 쉽지 않다는 것이다. 진보가 추구하는 규범적 지향점에 대한 합의는 더 욱더 어려운 듯이 보인다. 독재의 시대에는 진보의 독재가 가능했다. 민주화라는 하나의 목표에 다른 가치들이 종속될 수 있었다. 분단체제 속에서의 자본주의적 산업화에 대한 대안을 모색하던 민족-민주든 민중-민주 세력이든, 그들이 설정한 진보의 첫 단계는 국가 '안'에서의 민주화였다. 지금-여기에서 제기되는 다양한 진보적 가치들—예를 들어 평화, 소수자의 인권, 환경, 여성해방 등—은 애써 외면되거나 아니면 수면 위로 올라오지 못하게 억압되거나 아니면 그 운동의 주체들이 자진해서 그들의 목표를 종속적 지위로 자리매김했다.

지체된 한국적 시민혁명인 1987년 6월 항쟁은 한국적 맥락에서 진보의 한 절정이었다. 역사가 일차함수라면, 그 절정은 민주 앞에 달려 있는 수식어의 내용을 다시금 국가 '안'에서 실현하는 방향으로 전개되어야 했다. 표준화된 서구 역사의 궤적을 더듬어 의식적인 정치적 기획으로서 사회민주주의 또는 사회주의가 그 다음 순서의 목표가 되든지 아니면 국민국가의 완성을 지향하는 민족해방운동의 실험이 계속 될 수도 있었다. 물론, 그 선형적 흐름이 부재했던 것은 아니다. 그러나 한 시인의 지적처럼, "세상은 달라졌다 …… 저항마저 빼앗"기고, "개들이 뼈다귀를 물고 나무 그늘로 사라진 …… 세상은 한결 고요해졌다."[1] 1980년대의 질풍노도를 흡수했던 1990년대는 고요의 시대를 준비하던 완충기였다. 그 이행의 시대에, '탈'근대post-modern라는 그 내용물조차 부정의 접두사로 정의되는 개념의 신상품이 수입되었다.

한국의 진보 사상의 시장에서도 정치적 기획의 이론화를 위한 수입품의 범람은 일상사였다. 그러나 '탈'의 담론은 과거의 상품과 달리 자생적인 진보적 실천들 그 자체의 고유성 및 각개약진에 주목하면서, 노동운동을

---

[1] 정희성, "세상이 달라졌다," 『詩를 찾아서』(2001), 41쪽.

발판으로 한 사회주의 기획처럼 확고한 중심을 가지고 전개되는 거시적, 총체적 대안과 일정하게 거리를 두는 경향을 보인다. 심지어 진보 사상으로서 탈근대 담론에는 더 나은 것으로서의 진보조차도 부정하는 짙은 허무주의까지 스며들어 있기도 하다. 일단 탈근대 담론이 수입품이라는 사실에 선험적 반감을 가지거나 또는 탈근대론자들을 식민지 지식인이라고 폄하하지는 말자. 그 반감과 폄하의 뿌리인 민족주의 또한 유럽 중심적 열국체제列國體制의 산물임을 기억하자. 보다 진지한 진보주의자라면 '진보 사상의 진보'를 위한 계기로 탈근대 담론과 마주할 필요가 있다. 즉, 민주화라는 한 고비를 넘자마자 왜 지금-여기에서 돌연 탈근대 담론이 배회하는가라는 질문의 답을 마련해야 한다.

탈근대 담론이 출현한 몇 가지 맥락에 대해 생각해 보자. 첫째, 탈근대 담론은 "죽 쒀서 개 준" 결과에 대한 회한悔恨의 노래일 수 있다. 다시금 시적 은유에 기대면, "저항이 밥과 권력이 된" 현실에 대한 퇴행적 반성의 세련된 포장으로 탈근대 담론이 횡행하기도 한다. 둘째, 이른바 사회주의 국가들의 붕괴다. 그 국가들의 내부를 들여다보면 체제 전환의 정당성이 확인된다. 진보로서 사회주의 기획은 실패했다. 그 사회주의가 진정한 사회주의가 아니라 국가가 주도하는 압축적 산업화 모델이었다고 변명할 수는 있겠으나, 한국의 민중-민주나 민족-민주 담론 모두 사회주의의 붕괴와 더불어 자신들의 기획적 요소도 상실했다. 그래서 탈근대 담론은 새로운, 아니 이미 존재하던 것의 재배치라는 점에서는 그다지 새롭지 않을 수 있는 반성의 출발점이다. 셋째, 절차적 민주주의는 민족이나 계급과 같은 집합적 정체성의 심연에 개인의 자리를 마련하게 만든 원천이었다. 개인의 상상 및 발명으로 등장한 자유주의와 집단에 근거한 진보적인 정치적 기획의 길항拮抗 관계가 형성되고 있다. 마지막으로 잊었던, 잃어버렸던, 진보적 가치들의 재발견이 이루어지고 있다.

탈근대 담론은 일관된 체계라기보다는 산탄霰彈과 같으며 오히려 그 반反체계성이 탈근대 담론 문법의 특징이기는 하지만, 그럼에도 그 담론을 관통하는 문제의식은 있다. 그 가운데 하나가 바로 반反국가주의와 비非국가주의다. 국가를 매개로 한 진보의 회의懷疑 그리고 국가를 우회하는 진보적 실천 가능성에 대한 모색 등이 그것이다. 보다 근원적으로는 다원주의를 아우르는 중심의 부재가 탈근대 담론에서는 정상상태로 인식된다. 중심의 폭력을 그대로 따라 배운 진보의 폭력에 대한 반성이다. 하여, '늙은' 근대가 '젊은' 탈근대에게 저항하는 새로운 형국이 열린다. 무릇 저항은 젊음의 특권이다. 따라서 늙은 근대의 저항이라기보다는 회한의 노래쯤으로 치부될 수도 있다. 그러나 늙은 문학이 디지털 영상에 맞서 생존의 몸부림을 치는 것 자체가 필자의 해석이기는 하지만, 보수적 진보를 위한 '식물성의 저항'2이라는 한 소설가의 묵시록적 다짐과 달리, 지금─여기에서의 늙은 근대는 여전히 동물성의 저항을 하고 있다. '늙은 동물성', 바로 근대의 지표다.

2. 근대 비판

근대성modernity에 대한 합의된 정의는 없다. 논자에 따라 필요한 부분

---

2 이인성, 『식물성의 저항』(2000).

을 목적의식적으로 강조한다. 흔히 근대성이라는 개념을 사용할 때 대략의 공통분모로, 생산성과 이윤의 윤리로 무장한 자본주의적 산업문명과 보편적 인간해방을 모색하는 계몽의 기획의 접합을 상정한다. 그 근대성의 심연에는 이성 '중심'의, 인간 '중심'의 세계관이 자리잡고 있다. 합리주의는 그 세계관에 정당성을 부여한다. 근대적 사유의 특징인 합리주의 인식론에서는 구심력이 원심력을 지배한다. 이 인식론이 설정하는 이항대립에는 항상 주主와 종從의 관계가 나타난다. 예를 들어 문화와 자연, 안과 밖, 남성과 여성 등은 항상 비대칭적 관계를 맺어 왔다. 즉, 근대적 사유에서, 자연은 인간의 정복대상이었고, 국경의 안은 공공성을 창출하는 정치의 장이었지만 그 밖은 생존투쟁만이 작동하는 유사 정치의 공간으로 간주되었다.

따라서 근대성을 표상하는 두 제도인 자본주의 생산양식과 민주주의의 국민국가라는 그릇 내부로의 유배가 정상상태로 간주되곤 한다. 근대 초기에 유럽 중심의 열국체제에서 국가이성 개념이 도출된 것도 이 때문이라고 할 수 있다. 특히, 2차대전 이후 자본주의적 사회관계의 영토화territorialization의 완성 형태인 전 지구적 열국체제의 등장으로, 냉전과 브레튼 우즈 체제라는 국제정치경제 제도와 개입주의적 국가와 조직된 시장이라는 국내정치경제 제도의 접합의 산물인 일국 자본주의가 하나의 신화가 되기도 했다. 세계체제론과 같은 또 다른 극단의 신화적 문제 설정이 예외라면, 대부분의 역사학·사회과학 이론 및 진보운동의 실천과정에서 그 신화가 절대화하는 경향이 나타나기도 했다. 즉, 이론과 실천에 있어, 좌우를 막론하고 국민국가의 안에 집착하게 되면서 '영토의 덫'에 걸려들었다고 할 수 있다. 일국 사회주의는 일국 자본주의의 다른 표현이었다. 제3세계 민족해방운동도, 심지어 사회주의 계열의 운동까지도, 불가피하게 국민국가의 완성을 그 최종 목표로 내세웠다는 점에서 근대 국제관계의 영토성으로부터 자유로울 수 없다.

근대성에 대한 비판에서도 이 영토성의 신비화가 나타난다. 예를 들어 '근대'를 기술로서의 근대와 해방으로서의 근대로 구분하고, 후자가 전자를 지양하는 미래를 상상하면서도, 그 해방의 용기容器는 여전히 국민국가다.[3] 불철저한 근대 비판이다. 그 한계는 이미 사회주의의 실패로 확인되었다. 근대 비판의 정치적 기획으로 등장한 사회주의는, 해방의 기획이 아니라 생산성 향상을 위한 노동 동원 체제로 전락했다.[4] 자본주의의 철학적 기초인 합리주의에 대한 비판의 결여와 국가 비판과 연계되지 못한 자본주의 비판의 결과였다. 자본주의 생산양식과 국민국가가 근대성의 배다른 자식임을 부정하고, 후자를 매개로 전자를 지양하는 기획을 구상하는 순간, 계급과 민족은 동의어가 된다. 민족의 이름으로 계급적 실천이 이루어진다. 그 과정에서 근대성의 산물인 민족이 초월적 주체로 전도된다.[5] 결국 정치적 경계를 신성화하는 민족주의는 그 경계를 수호하기 위한 군사력 경쟁과 그 군사력을 담보할 수 있는 산업화의 이데올로기가 될 단초를 그 안에 간직할 수밖에 없다.

따라서 보다 근본적인 진보에 대한 문제 설정을 위해서는, 근대의 철학적 기초 및 자본주의와 국가에 대한 총체적 비판과 그에 기초하여 근대 너

3 김성보, "근대의 다양성과 한국적 근대의 생명력," 『역사비평』 56호(2001).

4 차문석, "생산성의 정치와 노동의 동원," 임지현 엮음, 『노동의 세기』(1999).

5 고미숙, 『한국의 근대성, 그 기원을 찾아서』(2001).

머를 그릴 수 있는 정치적 상상력이 필요하다. 그 상상력은 국민국가의 공간적 한계를 뛰어넘는 것이어야 한다. 근대성에는 그 총체적 비판의 씨앗이 마련되어 있다. 그것이 바로 민주주의다. 비판의 무기로서 민주주의는 절차적 민주주의에서 머물고 있는 근대 자유민주주의를 민주화한 근본적이고 급진적인 민주주의이어야 한다. 민주주의를 끝까지 밀고 나가는 것, 그것이야말로 근대성에 대한 근본적 비판일 수 있다.

하나씩 짚어 보자.

첫째, 합리주의 비판이 비합리주의로 가자는 이야기는 아니다. 합리주의 비판의 핵심은, 합리주의의 독재를 제어하고 동시에 차이를 관용할 수 있는 인식론의 모색이다. 불완전한 정보를 소유한 행위자의 지식의 진화를 위해서는 시장이라는 '발견의 절차'가 필요하다고 주장하는 자유지상주의 사상가 하이에크F. Hayek의 인식론은 유용한 대안일 수 있다.6 만약 "시장"이라는 용어가 거슬리면, 행위주체의 소통을 매개하는 분권적 네트워크라는 표현을 사용해 보자. 철인왕이 수행하는 이성의 독재에 마침표를 찍고자 한다면, 이성의 한계를 인정해야 한다. 미리 설계되어 우리에게 주어지는 유토피아는 없다. 현실의 유토피아는 민주주의를 통해서만 기획될 수 있다.

둘째, 자본주의 비판은 도처에서 진행 중이지만 자본주의 세계체제의 바깥을 찾기란 쉽지 않다. 자본주의적 사회관계의 탈영토화에 걸맞게 반反

---

6 F. Hayek, *Studies in Philosophy, Politics and Economics* (1967).

자본주의 또는 자본주의 개혁을 도모하는 사회운동도 국제화되고 있지만, 그 사회운동이 자본주의 너머를 준비할 수 있는 정치적 기획을 가지고 있는 것처럼 보이지는 않는다. 심지어 자본주의의 지양이 아니라 개혁을 모색했던 사회민주주의조차 냉전 해체와 더불어 그 정당화의 기제를 상실하고 있다. 자본주의 비판의 수준은, 신자유주의와 사회민주주의 사이에서 이른바 제3의 길을 모색하는 정도다. 바야흐로, '자본의 제국帝國'이라 불릴 만한 세계가 도래하고 있다. 그 제국과 마주하고 있는 늙은 국가는 공공성 실현의 장소보다는 자본의 지배도구로서의 성격을 보다 강하게 드러내고 있다.

그러나 자본주의의 창조성과 생명력은 그 자신을 붕괴시킬 수도 있는 위험을 내재하고 있다. 동아시아의 금융·외환 위기는 그 사례 가운데 하나다. '건전한' 자본주의 경제를 유지하고 있는 국가들도 국제 금융자본의 투기성 공격 앞에 무기력을 드러낼 수밖에 없다. 그 위기를 완화하는 기제인 IMF와 같은 국제기구의 중심국 편향, 예를 들어 경제 위기가 발생할 경우 주변국에게는 고이자율 정책을 통해 불황을 유도하지만 미국과 같은 중심국에게는 저이자율 정책을 허용하는 불평등한 정책처방은, 자본주의 세계 체제를 위협할 수도 있다. 즉, 주변국의 만성적 부채 경제는 세계시장에 대한 위협이 될 수 있다. 지구적 수준에서의 자본주의에 대한 규제, 특히 금융자본의 규제 필요성이 제기되는 것도 이 때문이다. 우파는 자본주의 붕괴의 두려움 때문에, 좌파는 대안의 부재라는 상황에서 지금-여기에서 할 수 있는 개혁을 위해, 지구적 수준의 규제에 동의하고 있다.

자본의 제국의 상부구조인 국제기구의 민주화 및 개혁은 지구적 수준에서 실천 가능한 진보의 첫 걸음일 수 있다. 지구적 사회민주주의의 모색이라고 할 수 있는 이 시각은, 개량주의라고 비판되기도 한다. 이미 지구적 사회운동에 대한 포섭과 배제의 정치학이 작동하고 있기도 하다. 그러나 세계체제의 바깥을 찾기 위해서도, 그리고 보다 중요하게는 지금―여기에서 살아가고 있는 이들의 삶을 위해서도 지금―여기에서 할 수 있는 실천의 모색이 중요하다. 그 실천의 원칙은 자본주의 재생산 과정의 민주화로 요약할 수 있다. 생산과 소비의 영역에서 벌어지는 민주화 운동의 지구적 차원의 연대를 모색해야 한다. 그리고 보다 근본적으로는, 24시간 문을 여는 상점이 과연 우리의 삶을 풍요롭게 하는가라는 질문을 던질 수 있어야 한다. 최대 비용을 들여 최소 효과를 추구하는 반反효율의 세계관, 즉 합리주의 너머를 상상할 수 있어야 한다.

셋째, 근대국가는 복수의 국제체제 속에서 존재하는 국민국가이면서 동시에 자본주의 재생산의 한 기제로서의 역할, 즉 자본주의 국가라는 이중성을 가진다. 흔히 이 이중성에 대한 분간 없이 국가의 개념이 사용되기도 한다. 근대 비판의 필요성에 동의하면서도 국민국가라는 근대의 산물에 집착하는 비판적 근대주의는 자본주의 국가의 속성이 제거된 국민국가를 상상할 것이다. 국유화를 통한 이행을 가정하는 세력들도 국민국가 그 자체에 대해서는 의문을 제기하지 않는다. 추정컨대 비판적 근대주의의 그 다음의 목표, 또는 그 변혁의 과정은, 국민국가들의 평화로운 공존일 것이다. 그러나 세계체제의 약한 고리의 연속적 절단을 상정하지 않는 근대 비판은 유효하지 않다. 계급지배의 도구로서의 성격이 희석된 국가의 독자적인 생존 가능성에 의문을 제기할 수밖에 없다. 세계체제로부터 스스로를 고립시킬 능력을 가진 국가는 아마 미국밖에 없을 것이다.

또한 비판적 근대주의는, 자본주의적 사회관계의 탈영토화와 국민국가 수數의 증가가 동시적 현상임을 포착하지 못하고 있다. 즉, 그들이 추정할 수 있는 평화로운 열국체제와 자본주의의 내적 연관을 무시한다.[7] 열국체제는 자본주의의 생존에 순기능적 역할을 하기도 한다. 새삼스레 환원론을 주장하는 것은 아니다. 자본주의와 열국체제의 관계를 역사화해야 할 필요성을 강조하는 것이다. 열국체제는 자본주의적 사회관계의 탈영토화의 장애물이 아니었다. 자본의 국제화가 진행되면서, 성장을 핵심 가치로 설정하는 국민국가, 특히 저발전국가의 선택은 다국적 자본의 경쟁적 유치였다. 다국적 자본의 관점에서도 국민국가가 제공하는 장소의 차이가 존재할 때, 탈출 위협을 통해 자신들의 권력을 더욱 강화할 수 있다. 선진 자본주의 국가들의 경쟁적 탈규제는 금융자본의 지구화를 촉진한 요인이었다. 금융자본의 관점에서도 국민국가별 환율 및 이자율의 차이가 이윤의 원천일 수 있다. 열국체제는 바로 이 경쟁과 차이를 제공한다. 열국체제에 속한 국가들은 자본주의적 사회관계의 탈영토화에 발맞추어, 국가'형태'의 차이가 존재하고 그 차이는 국가수준에서 사회세력들의 힘 관계에 의해 최종 결정되지만, 보편적으로 기업화·국제화 경향을 보이고 있다.

따라서 평화로운 열국체제의 건설은, 그 자체가 지금—여기에서 중요한 목표이기는 하지만, 열국체제가 자본주의 재생산의 계기로 작동하는 한 자본주의의 지양을 의미하지 않는다. 또한 열국체제의 고유한 작동 논리가 민족주의라면, 그 체제의 평화도 담보될 수 없다. 민족주의는 평화의 사상

---

7 구갑우, "'국제기구'를 다시 읽기,"『진보평론』 8호(2001).

이라기보다는 반反평화의 사상에 가깝다. 한 국가가 강한 민족을 추구하면, 다른 국가도 강한 민족을 추구할 수밖에 없다. 근대의 역사에서 평화는 세력균형에 의해 유지되어 왔다. 냉전은 그 대표적 사례 가운데 하나다. 끊임없는 군사력 팽창이 평화의 조건이었다. 우리와 그들을 가르는 정체성의 생산을 통해 그 생명력을 유지할 수밖에 없는 민족주의 이데올로기가 그 세력균형의 저변에 깔려 있음은 물론이다. 합법적으로 폭력을 독점하고 있는 중앙 권위체가 부재한 국제정치의 장에서 우리와 그들의 이항대립은, 조정 기제가 작동하는 국내적 수준에서의 이항대립보다 더 격렬한 형태로 표출될 수밖에 없다.

민족들의 평화로운 공존은, 근대의 발명품 가운데 하나인 주권의 상호인정을 통해 가능할 수도 있다. 국제정치의 장에서 주권국가들의 형식적 평등과 주권국가 내부에서 주권의 절대성이 인정되는 것처럼 보이기 때문이다. 그러나 면밀히 국제정치경제의 역사를 추적해 보면, 주권의 평등과 절대성은 허구 또는 신화에 가깝다는 것을 알 수 있다. 마치 자본주의 사회에서 자본가와 노동자가 법적으로는 평등하지만 그들 사이에 착취관계가 작동하고 있는 것처럼, 주권국가들의 평등한 관계의 이면에는 힘에 입각한 지배관계가 자리잡고 있다.[8] 즉, 근대 국제정치경제에서 우리와 그들의 이항대립은 지배국과 피지배국의 관계로 등장한다. 따라서 근대세계에서 힘을 가진 국가들이 민족과 국경이 초래한 차이를 초월하는 보편적 가치의

---

[8] J. Rosenberg, *The Empire of Civil Society* (1994); 구갑우, "국제기구의 인도적 '포용'정책," 『국가전략』 7: 2(2001), 28–33쪽.

실재를 강조할 때, 그 논리의 심연에는 우리와 그들의 차이를 선善과 악惡으로 전화시키는 기제가 작동하곤 한다. 제국주의적 침탈이 바로 그것이다. 그러나 정반대로 우리와 그들의 차이를 절대화하면, 우리와 그들의 소통 가능성이 상실된다. 절대화된 차이는 소통 없는 경쟁을 야기하게 되고, 결국은 힘의 논리가 지배하는 세계를 만든다.

지금-여기에서, 민족의 소멸이 가능하지 않은 기획이라면, 우리와 그들의 차이를 관용할 수 있는 보편적 가치에 대한 합의가 필요할 것이다. 한 비판적 자유주의자가 제시하는 '열린 보편주의'는 하나의 규범적 대안일 수 있다.[9] 즉, 민족의 차이를 인정하면서 자기 중심주의를 벗어나 보편적 가치에 대한 합의를 만들어 나가는 것이다. 민족주의를 국제주의의 하위범주에 위치시키자. 그리고 빈곤으로부터의 해방, 평화와 인권, 민주주의, 소수자의 권리, 여성의 권리 등의 보편적 가치를 논의하고 합의할 수 있는 국제적 공공영역을 건설하자. 이 열린 보편주의를 국제적 규범으로 만들기 위해서는, 세계정부가 요원한 대안인 한, 그 규범을 구조화하는 매개체로서 국제기구의 건설은 국제사회에서 강대국의 힘의 논리를 제어할 수 있는 소극적이지만 현실적인 도정일 수 있다. 국제기구의 민주화를 포함하여 아래로부터 형성되는 초국가적 민주주의의 실천이 중요한 이유도 바로 여기에 있다.

9 고종석, 『코드 훔치기: 한 저널리스트의 21세기 산책』(2000), 39쪽.

3. 사례 : 한반도의 분단

한반도의 분단은, 탈근대 담론의 부적절을 증명하는 사례로 제시되곤 한다. 특히, 비판적 근대주의에서는 한반도의 통일, 즉 하나의 국민국가의 수립은 근대의 완성과 동의어다. 그리고 당위다. 따라서 한국적 근대의 완성을 위해 민족주의는 여전히 유효한 사상이 된다.

그러나 분단의 역사를 돌이켜 보면, 남북한의 민족주의는 한반도 평화의 장애물이었음을 쉽게 알 수 있다. 남한과 북한은 '우리'와 '그들'의 차이를 절대화하면서 적대적 관계로 발전한 전형적 경우다. 아니, 대단히 역설적으로 우리를 강조하면서도 차이의 절대성이 존재하는 관계였다. 특히, 냉전체제에서 자본주의와 사회주의의 전초前哨 기지의 역할을 수행하면서, 남북한은 우리 국가나 동맹세력이 방어적 이유에서 군비증강할 때도 그들 국가나 동맹세력에게는 그것이 위협으로 간주될 수밖에 없는 '안보딜레마'로부터 자유로울 수 없었다. 남북한의 강한 민족주의는 그 딜레마를 더욱 강화시켰을 뿐만 아니라 사실상 군사력 경쟁을 정당화하는 이데올로기였다.

남북한은 각기 하나의 민족을 내세웠지만, 그 하나의 민족관념은 일방이 타방을 흡수하는 것을 전제했다. 즉, 통일은 남북한 모두에게 흡수통일 내지는 무력통일을 의미했다. 남북한의 민족주의가 북한에서는 사회주의, 남한에서는 자본주의와 결합하면서 서로의 차이를 극대화시키는 이데올로기로 기능했다. 즉, 역설적으로 하나의 민족에 대한 강조는 분단의 강화였다. 남북한은 끊임없이, 자신의 민족주의를 정당화하면서 동시에 그 차이를 절대화함으로써 남과 북의 소통을 불가능하게 하는, 새로운 상징과 하위 이데올로기를 발명해 왔다. 북한의 주체사상과 남한의 반공주의는 서로의 대립항을 설정하는 민족주의의 생산물이다. 북한이 발명한 단군릉은, 현재의 욕망을 매개 없이 고대에 투영한 전형적 사례일 수 있다.[10] 삼국시대에 대한 해석을 둘러싼 남과 북의 차이는 현재의 차이를 절대화하기 위해 역사를 이용하는 것에 다름 아니다.

그 차이를 없애려는 시도, 즉 잘못된 민족주의들의 대립을 하나의 민족주의로 전환하려는 근대적 발상은, 결국 '두' 민족 사이의 힘의 논리로 귀결될 수밖에 없다. 그러나 남북한 주민의 삶이 민족의 신화보다 중요하다. 남북한의 차이를 인정하고 그 차이를 무리하게 없애려 하지 않으면서, 그 차이를 넘어서는 한반도의 보편적 가치를 찾는 작업이야말로 남북한의 적대적 관계를 해소하는 적절한 방법일 수 있다. '평화적 방법에 의한 평화'[11]는 남북한이 합의할 수 있는 보편적 가치가 될 수 있다. 한반도를 둘러싼 국제관계의 존재론적 전환 ─ 탈냉전과 지구화 ─ 과 그 때문에 발생한 남북한의 경제 위기 ─ 북한의 식량 위기와 남한의 IMF 위기 ─ 는, 강한 민족주의에 기반한 흡수통일 논의를 흡수하는 효과를 창출했다. 비로소 남북한 관계에서도 민족주의를 넘어설 수 있는 내외적 계기가 마련된 것이다. 김대중 정부의 햇볕정책은 자유주의적 시각에서 남북한 관계를 재검토하고 있다는 점에서 그 의의가 있다고 할 수 있다.

평화적 방법에 의한 평화의 출발점은 한반도에 두 개의 국가가 공존하고 있음을 인정하는 것이다. 2000년 남북 정상회담은 그 계기였다. 남북한

---

10 이성시, 『만들어진 고대』(2001) 참조.
11 요한 갈퉁, 강종일 외 옮김, 『평화적 수단에 의한 평화』(2000).

이 서로의 국가적 실체를 인정한 것이다. 쌍방이 분단국가의 정체성을 탈피하여 정상국가 대 정상국가의 관계로 발전할 수 있는 기틀이 마련되었다. 그 의미는 지대하다. 정상국가 대 정상국가의 관계설정이 역설적으로 분단체제의 개혁 및 전복顚覆을 가능하게 한다. 한반도의 평화는 북한을 정상국가로 인정하는 국제적 과정을 필요로 한다. 남북한의 상호 승인은 그 과정을 가속화할 것이다. 이제, 남북한 관계가 1992년에 발효된 "남북기본합의서"에서 규정된 것처럼, "나라와 나라 사이의 관계가 아니라 통일을 지향하는 과정에서 잠정적으로 형성되는 특수한 관계"가 아니라 "나라와 나라 사이의 관계지만 통일을 지향할 수도 있는 특수한 관계"일 수 있다는 전환적 사고가 요구된다.

이 전환은 주체의 문제에 있어서의 전복적 사고로 이어져야 한다. 유기체적 전체를 상정하는 민족의 개념은 "누구의 누구에 의한 누구를 위한 한반도의 평화와 통일인가"라는 문제를 분석적으로 사고하지 못하게 한다. 새로운 역사적 주체의 구성문제가 중요한 과제로 제기되는 순간이다. 남북한 관계의 자유주의적 접근이 정부와 자본에 의해 주도되고 있음을 부정할수는 없다. 한반도의 평화를 위해 국가 비판과 자본주의 비판이 그 어느때보다 요구된다. 그 비판과정에서 우리는 한반도의 평화를 주도하는 주체를 호명할 수 있을 것이다. 그 역사적 주체는 자율적 시민과 그들의 결사체가 참여하는 개방화된 비판적 공론장과 그 공론장을 매개로 형성되어야 한다. 김대중 정부의 햇볕정책의 의도하지 않은 결과 가운데 하나는 아래로부터 형성된 분단극복운동의 체제 내부로의 편입이었다. 햇볕정책의 상대적 진보성이 만든 결과였다. 자율적 시민운동으로서 분단극복운동이 재구성되어야 하는 이유가 바로 여기에 있다.

그 공론장을 통해 남북한 관계에서의 권력투쟁을 비켜갈 수 있는 탈 또는 비국가적 통합 및 통일의 형태에 대해 상상력을 발휘해 보자. 남북한의 국가성은 유지하면서도 비폭력적 강제를 행사할 수 있는 중앙 권위체의 설립도 하나의 방안일 수 있다. 사실, 6·15 남북공동선언의 합의문 2항에서 공통성이 인정된 남한의 연합제안과 북한의 낮은 단계의 연방제안은, 전자가 2국가가 공존하는 연합이라면, 후자는 그것이 낮은 단계의 연방제라고 할지라도 1국가를 상정하고 있기 때문에, 근본적으로 다른 것일 수 있다.[12] 그럼에도 합의문 2항은 남북한 관계에서 통일 방안 및 통일국가의 형태를 둘러싼 힘의 대립을 제어하는 최초의 노력으로 평가될 수 있다. 그리고 남북한의 평화공존 또는 통일의 형태가 고정된 목표물이 아니라 움직이는 목표물임을 남북한이 서로 인정했다는 점에서 그 의의가 크다고 할 수 있다. 1민족 1국가인가 아니면 1민족 2국가인가라는 근대적 논쟁을 지양하면서 새로운 정치공동체를 모색하는 탈근대적인 국제정치적 상상력이 필요하다. 이는 베트남, 독일, 예멘에서 나타났던 무력통일과 흡수통일과 합의/무력통일에 대한 반성으로도 그 의미를 가질 수 있을 것이다.

4. 주체와 공간

지구화 시대에 진보를 위한 사회운동의 공간은 안과 밖으로 구분되지

---

[12] 박건영, "'3단계 통일론'과 남북정상 합의 추진 방향: '연합제'와 '낮은 단계의 연방제' 간의 공통성 인정 문제를 중심으로," 한국통일포럼 국내학술회의, 『남북 통일방안의 모색』, 2000.

않는다. 밖에서의 진보가 없다면, 안에서의 진보도 어려운 과제가 된다. 예를 들어 IMF와 같은 국제기구의 민주화는 신자유주의적 구조조정을 제어할 수 있는 힘이다. 한반도의 평화는 동아시아 평화의 맥락을 벗어날 수 없다. 안과 밖의 경계가 허물어져 가는 세계에서 새로운 정치적 권위를 위한 사회적 토대의 형성은 난제로 다가온다. 20세기의 집합적 군주로 자임했던 노동운동은, 사회주의 기획의 파산으로 그 군주의 지위를 상실한 듯 보인다. 노동운동이 다른 사회운동보다 근대 비판의 적절한 주체로 등장할 가능성은 높지만, 그 자신의 민족주의적 성격 및 그 운동이 내재하고 있는 합리주의적 세계관을 탈피하지 못한다면, 근대의 틀을 넘지 못하는 늙은 사회운동으로 남을 가능성도 배제할 수 없다.

탈근대 담론이 지적하듯, 근대 비판의 선험적 주체를 상정하기란 어렵다. 지금–여기에서 급진적 민주주의 기획이라는 진보의 원천을 발견하는 것이 중요하다. 자율적 행동의 영역으로서 시민사회는 탈근대적 집합적 군주의 형성을 위한 토양이다. 안과 밖을 가로지르는 시민사회를 매개로 진행되고 있는 국가와 자본주의에 대한 비판은 대략 세 가지 형태로 나타나고 있다. 첫째, 평화, 인권, 환경과 같은 보편주의적 가치를 지향하는 사회운동은, 국가와 민족을 넘어서는 연대에 주목한다. 국가 및 열국체제의 폭력성을 제어하는 것이 그들의 목표다. 둘째, 자본주의의 숨겨진 약한 고리를 공격하는 소비 영역에서의 사회운동이 있다. 자본주의가 초래한 사회적 불평등에 도전하는 이 사회운동들은 실업, 빈곤, 부채와 같은 문제에 주목한다. 셋째, 생산의 영역에서 근대 비판을 수행하는 노동운동이 있다.[13]

이 사회운동들의 연대는 진보의 실현을 위한 방법과 설정하고 있는 목표의 상이함 때문에 쉽지 않은 일인 것처럼 보인다. 오히려 서로 충돌할 가능성도 있다. 예를 들어 환경운동, 실업자운동, 노동운동을 하나로 묶을 수 있는 가치는 잘 보이지 않는다. 한반도의 평화를 위한 북한 지원운동이 남한의 실업자운동이나 노동운동과 공통분모를 도출하는 것이 어려운 작업일 수 있다. 단일한 중심을 통해 위계적으로 조직화하지 않으려는 시도, 그것만이 합의점일 수 있다. 급진적 민주주의 기획이라는 추상적 목표를 설정하고 구체적 사안별로 연대하는 정도가 최대공약수일 수 있다. 유연한 집합적 군주야말로 근대의 합리성이 창출하는 위계적 구조를 벗어나려는 탈근대적 실험일 수 있다.

우리는 진보의 공간과 주체를 설정함에 있어, 늙은 근대가 강조하는 국가와 민족을 넘어서야 한다. 근대의 실패한 기획들이 우리에게 주는 교훈은 자율적 개인이야말로 해방의 원천이고, 집합적 주체는 바로 그 개인들로 구성된다는 점이다. 그리고 그 개인들의 자유로운 결사체가 만들어 가는 해방의 공간이 가정이든, 작업장이든, 지역의 공동체든, 국가의 공간이든, 국가를 넘어서는 공간이든 지금-여기에 존재하는 진보의 공간이다. 진보의 최소주의다. 늙은 근대와의 이별, 그것이야말로 지금-여기에서 필요한 진보의 좌표다.

---

13 R. Cox, "Civil Society at the Turn of the Millennium: Prospect for an Alternative World Order," *Review of International Studies* 25 (1999); 구갑우, "지구적 통치와 국가형태," 『경제와 사회』 45호(2000).

제7장

서평논문
북한연구의 '국제정치' : 오리엔탈리즘 비판[*]

* Helen-Louise Hunter, *Kim Il-song's North Korea* (Westport: Praeger, 1999).

* Marcus Noland, *Avoiding the Apocalypse: The Future of the Two Koreas* (Washington, D.C.: Institute for International Economics, 2000).

* Kongdan Oh and Ralph C. Hassig, *North Korea: Through the Looking Glass* (Washington, D.C.: The Brookings Institution, 2000).

* 와다 하루키和田春樹, 서동만·남기정 옮김, 『북조선』(서울: 돌베개, 2002).

1. 문제 설정 : 정체성의 정치

우리에게 '북한'은 우리의 일부이면서 그들이다. 민족적 정체성으로 보면 북한은 우리가 되거나 아니면 우리로 편입된다. 그러나 그 정체성은, 이미 존재하는 것처럼 쌍방이 주장하고 있지만, 일방이 타방을 흡수할 때 비

---

[*] 이 글은 2000년에 쓰여졌다. 따라서 2003년을 전망하는 부분은 지금의 시점에서 적절하지 않을 수 있다. 당시의 시점을 유지하기 위해 원문을 수정하지 않았다.

로소 형성될 수 있는 '그 무엇'이다. 북한이 그들이 되는 과정은 조금 복잡하다. 국내적, 한반도적, 국제적 수준에서의 냉전, 즉 자본주의세력과 사회주의세력의 대립이 교직하고 있기 때문이다. '밖'에서 '안'으로의 방법을 취한다면, 냉전체제의 형성과 더불어 한반도의 두 국가가 냉전의 전초기지 역할을 맡게 되면서 두 국가의 정책결정자 및 대중의 의식에 냉전이 내면화되었다고 말할 수 있다. 즉, 북한이 '그들'이 될 때, 남한과 군사적 동맹을 통해 정체성을 공유하고 있는 미국 그리고 미국과 군사적 동맹을 체결하고 있는 일본과 같은 국가들이 '우리'의 범주에 들어오게 된다.

국제적 차원에서 냉전체제의 붕괴는 이 정체성의 정치를 넘어설 수 있는 계기였다. 그러나 한반도를 둘러싼 냉전 해체는 비대칭적으로 전개되고 있다. 남한은 '그들'을 구성했던 중국, 러시아와 정상적인 외교관계를 수립했지만, 북한과 일본, 북한과 미국 사이에는 '우리'와 '그들'의 적대적 이항대립이 관철되고 있다. 북한은 고립된 섬이다. 그리고 국제적 차원에서 "자유민주주의와 자본주의 경제를 공유하고 있는" 우리의 정체성 생산을 주도하고 있는 미국에 의해 북한은 이른바 '깡패국가'로 규정되고 있다. 즉, '우리'는 문명이고 북한은 야만이다. 이 탈냉전시대에 전개되는 정체성 정치의 끝은 북한의 소멸인 것처럼 보이기도 한다.

이 글에서 검토하려는 네 권의 책 가운데, 미국인이 쓴 세 권의 책은 "김정일 정권이 지배하는 북한"의 붕괴를 희망한다. 반면, 일본인은 북한의 정상국가로의 변화와 적대적 냉전의 소멸을 기원한다. 이 차이를 보면서, 저자의 국적과 무관하게 그리고 이른바 남남갈등까지 포함하여 (냉전시대에는 잠재적이거나 또는 작은 목소리였지만) 탈냉전과 더불어 북한을 바라보는 시각의 균열이 선명하게 드러날 수 있음을 본다. 그 균열은 두 가지 이유 때문에 발생할 수 있다. 첫째, 북한이라는 국가를 바라보는 시각의 근본적 차이다. 즉, 타자로서 북한에 대한 이항대립적 시각과 그 이항대립의 경계를 해체하거나 넘어서려는 시각이 대립할 수 있다. 둘째, 그 이항대립은 공유하면서도, 정책의 측면에서 북한에 대한 '봉쇄'와 '포용'의 대립이 그 균열을 야기할 수 있다.

북한연구에도 이 냉전과 탈냉전의 비동시적인 것의 동시성이 나타날 수밖에 없다. 북한연구는 국제정치의 현실을 반영할 뿐만 아니라 그 자체가 담론의 형성을 통해 국제정치의 현실을 구성하는 요소다. 따라서 북한연구의 '국제정치'는, 냉전적 북한연구와 탈냉전적 북한연구가 담론의 지배를 둘러싸고 벌이는 "힘을 위한 정치"에 비유될 수 있다. 대부분의 북한연구는 북한 사활풀이를 담고 있다고 해도 과언이 아니다. 북한연구만큼 정책적 함의에 몰두하는 분야도 드물다. 이 연구의 정치화를 연구자의 시각 탓으로만 돌릴 수는 없다. 북한의 현실, 정책, 행태에 부분적 귀책사유가 있음은 물론이다. 그러나 북한이 국제정치 장에서 희생제의의 대상이 될 정도로 악의 화신인가라는 질문에 선뜻 긍정의 대답을 주기는 어려운 것처럼 보인다.

외국인이 쓴 북한연구서 네 권을 비교·분석한 이 글은, 북한을 희생양으로 만들려는 북한연구자의 시각 속에는, 우리와 그들 사이에, 또는 서구와 비서구 사이에 "'인식론적이자 존재론적인' 지리학상의 경계를 설정하고, 전자의 특권적인 장으로부터 후자를 일정한 담론 질서 속에 가두려고 하는" '오리엔탈리즘'이 작동하고 있음을 밝히는 것에서 시작한다.[1] 이 오리엔탈리즘은 중심이 주변을 보는 시각으로 한정되지 않는다. 주변이 주변을 보는 시각에서도 우리와 그들을 가르는 "차별적인 계서제hierarchy의 내면화"가 발견되기 때문이다. 북한에 대한 남한의 시각도 오리엔탈리즘으로부터 자유롭다고 이야기하기는 힘들 것이다.

그러나 그 오리엔탈리즘에 대한 비판이 북한에 대한 무조건적 관용을 의미하지는 않는다. 넓은 의미에서 오리엔탈리즘에 대한 비판으로 간주될 수 있는 '북한식 사회주의' 실패를 지적하는 작업이 병행되지 않는다면, 북한연구에서 나타나는 오리엔탈리즘에 대한 비판은 서로의 차이를 절대화함으로써 소통이 불가능한 상태를 야기할 것이다. 이 글의 두 번째 부분은 (네 권의 책에서 나름의 시각과 이론에 기초하여 분석하고 있는) 북한식 사회주의의 지속과 변화에 대한 평가다. 반反오리엔탈리즘이, 북한연구 방법론의 특권화 및 북한경험의 절대화 함정에 빠지지 않도록 유의할 것이다.

이 이중의 비판은 탈냉전시대에 냉전의 잔재가 남아 있는 한반도에서 냉전적 '우리'를 해체하고 새로운 '우리'를 재구성하는 작업의 의미를 지닌다. 이 글의 세 번째 부분에서는 이른바 '2003년 위기설'을 중심으로 이 새로운 정체성 정치를 모색한다. 봉쇄에서 포용에 이르는 다양한 대북정책을 검토하면서, 한반도 평화과정을 추동할 수 있는 행위자 구성 문제를 제기할 것이다. 즉, 밖에서 안으로 가해지는 구조의 규정력을 넘어서서 안에서 밖으로 주체를 구성할 때, 비로소 한반도의 평화과정은 시작될 수 있다. 결국 탈냉전시대에 "우리란 누구인가"를 묻는 질문이다.

---

1 강상중, 이경덕·임성모 옮김, 『오리엔탈리즘을 넘어서』(2002), 192쪽; 에드워드 W. 사이드,
　박홍규 옮김, 『오리엔탈리즘』(1991).

2. 북한연구의 시각

모든 연구에는 연구자의 시각이 투영되어 있다. 이 시각은 사회현상의 설명을 위해 연구자가 소속된 특정한 인식공동체 또는 학문공동체가 공유하는 일련의 가정들로 구성된다. 이 가정들은 그 공동체를 접합하는 역할을 한다. 그리고 이 가정들은 일반적으로 포퍼Popper적 의미에서 반증 불가능한 내용들이다. 연구과정의 전前 이론적 단계에서 형성되거나 수용하는 이 가정들은, 때때로 비합리적이거나 또는 이데올로기에 깊이 침윤되어 있을 수도 있다. 특정 인식공동체나 학문공동체의 존재 및 재생산과 동의어라고 할 수 있는 쿤T. Kuhn의 패러다임 개념에서 시각은 패러다임의 저변에 놓여 있는 기초적 구성물일 수 있다.[2]

특정 시각을 전제한다고 해서 반드시 연구의 객관성이 침해되는 것은 아니다. 시각에 편향이 존재하더라도 이것과 무관하게 뛰어난 객관적 분석이 이루어질 수도 있다. 그러나 사실 발견과 해석에 있어 특정 시각의 영향력을 배제하기는 힘들다. 예를 들어 2002년 서해교전을 둘러싼 해석의 차이 — 의도성과 우발성 — 같은 경우, 북한을 바라보는 시각의 차이를 배제하고 해석의 차이를 설명하기 힘들다. 따라서 연구자 스스로 자신의 시각에 대한 반성을 수행하지 않는다면, 연구의 객관성을 담보하기 힘들 수 있다.

일단 특정 시각의 적실성은 현실의 구체적 성격에 의해 결정된다고 볼수 있다.[3] 그러나 시각과 현실의 선후관계를 설정하기는 힘들다. 따라서 연

---

[2] T. Kuhn, *The Structure of Scientific Revolution* (1970).

구자는 항상 시각과 현실의 변증적辨證的 관계를 의식해야 한다. 그러나 북한연구에서는 시각이 현실을 구성하는 측면이 두드러지게 나타나기도 한다. 또한 북한의 현실과 국제정치적 현실 ─ 예를 들어 북한과 미국, 남한과 북한의 관계 ─ 에 대한 자의적 판단으로 시각의 적실성이 주장되기도 한다. 국제정치적으로 특정 국가 또는 집단의 이익을 정당화하기 위해 북한의 현실이 왜곡되거나 연구자에 의해 새롭게 북한의 현실이 구성될 수도 있다는 것이다.

〈미국평화연구소〉의 선임연구원이고 1989년부터 평양 주재 〈세계식량계획〉WFP의 고문으로 활동해 온 헤이즐 스미스Hazel Smith는 북한에 대한 미국 씽크탱크의 오리엔탈리즘적 시각을, 모든 것을 '안보쟁점화'하는 패러다임으로 규정한다.4 이 패러다임은 기존 안보에 기초한 분석과 달리, 오만한 단일요인 분석이고 매우 강한 규범적 입장을 견지한다. 그리고 경제적, 문화적, 인도적 정책들도 모두 '군사적 분석'에 기초하려는 경향이 있다. 즉, 북한에 대한 이 안보쟁점화 패러다임은 미국판 '선군정치' 패러다임이라고도 할 수 있다.

스미스는 이 안보쟁점화 패러다임의 근본적 가정을 다음과 같이 정리한다. ① 북한은 국제·국내 문제에 있어 불변의 등장인물이고 따라서 그 체제가 제거되지 않으면 변할 수 없다. ② 북한은 괴이하게 미친 국가이거

---

3 박건영, 『한반도의 국제정치』(1999), 16쪽.

4 H. Smith, "Bad, mad, sad or rational actor? Why the 'securitization' paradigm makes for poor policy analysis of north Korea," *International Affairs* 76: 1 (2000).

나 나쁜 국가이고 따라서 사체처럼 굳어진 딱딱한 기술만이 적절하다. ③
이 안보쟁점화 패러다임은 자신들의 근본적 가정에 부합하지 않는 사실을
제거하고, 따라서 그 사실은 분석의 대상으로 취급하지 않는다. ④ 자료가
그 패러다임의 렌즈를 통해 수집되면 그 자료는 근본적 가정으로 전화되고
근본적 가정을 확증하는 것으로 그 의미가 해석된다. 이 근본적 가정이 중
요한 이유는, 이 가정에 입각하여 북한에 대해 매우 위험한 정책결정이 이
루어질 수 있기 때문이다.

　미국의 연구자들이 쓴 세 권의 책도 이 안보쟁점화 패러다임, 즉 북한
에 대한 오리엔탈리즘적 시각으로부터 자유롭지 못하다. 우리는 이 책들에
서 시각의 과잉과 편향으로 인해 왜곡 또는 확인·검증되지 않은 사실이 유
포되는 것을 볼 수 있다. 반면, '진보적 이방인'인 와다 하루키의 책에서는
북한을 바라보는 시각의 균형을 유지하려는 연구자의 노력을 느낄 수 있다.[5]

　책의 내용을 상징적으로 표현하는 제목에서도 이 차이는 명확히 나타
난다.

　미국 중앙정보국CIA에서 북한의 첩보를 분석하는 일을 하고 있는 헌터
Helen-Louise Hunter가 쓴 책의 제목은 『김일성의 북한』이다. 이 표현이 암시
하는 것은, 북한이 김일성의 사적 소유물이라는 것이다. 미국의 대북정책
씽크탱크 중 하나인 〈국제경제연구소〉에서 일하고 있는 놀런드Marcus Noland
의 책은 그 제목에서 나타나듯, 한반도에서 임박한 『묵시록적 대변동을 피

---

5 서평 대상인 네 권의 책을 인용할 경우, 저자의 이름과 쪽수를 인용문 뒤에 명기한다. 저자의
　이름이 문장에 나온 경우에는 괄호를 하고 페이지를 제시한다.

하기』위한 목적으로 쓰여졌다. 그가 주장하는 것처럼, 분리할 수 없는 두 국가가 소속되어 있는 한반도의 위기 ─ 북한의 핵 문제, 북한의 기근, 남한의 금융 위기 ─ 가 가시적이기 때문이다. 놀런드는 정치학적으로 분석할 때를 제외하고는 "경제학자의 객관성"은 어느 정도 담보되는 것처럼 보인다. (독립적이고 비당파적인 연구를 수행함으로써 미국의 공공정책 수립에 기여하고자 하는) 〈브루킹스 연구소〉에서 출간된 오공단과 해식Oh and Hassig의 『북한』의 부제는 "거울을 지나"다. 한국에서 번역 발간된 루이스 캐럴의 『거울 나라의 앨리스』Through the Looking-Glass and What Alice Found There에서 따온 부제다.6 거울 반대편의 나라는 모든 것을 반대로 생각해야 하는 곳이다. 거대한 체스판 위의 게임으로 일상이 돌아가는 거울 반대편의 나라는 실제 세계와 반대로 움직인다. 오공단과 해식이 보는 북한은 바로 거울 반대편의 나라다. 이처럼 그는, 북한에서 "그들이 생각하는 보편"과 정반대로 움직이는 현상을 발견하려 한다.7

반면, 와다의 『북조선』北朝鮮은 오리엔탈리즘을 내면화한 남한 사람에게는 낯선 제목이다. 반공 이데올로기를 선호하는 사람들은 그 제목에서 '친북'을 떠올릴 것이다. 그만큼 북한에 대한 담론은 이데올로기로부터 자

---

6 루이스 캐럴, 손영미 옮김, 『거울 나라의 앨리스』(2001).

7 북한을 합리적 행위자로 간주하고 북한과 미국의 핵협상 과정에서 미국 강압외교의 실패와 협력외교의 성공이라는 결론을 도출한 진보성향의 저자인 리언 시걸L. Sigal의 책 제목도 『이방인을 탈무장화하기』Disarming Stranger: Nuclear Diplomacy with North Korea다. 리언 시걸, 구갑우 외 옮김, 『미국은 협력하려 하지 않았다: 북한과 미국의 핵외교』(1999). 성향에 상관없이 미국의 연구자에게 북한이 낯선 국가임은 분명하다.

유롭지 못하다. 사실, 일본에서 일상적으로 사용하는 "북조선"이라는 용어는 지리적 의미만을 가질 뿐이다. 그러나 옮긴이들도 지적하는 것처럼 "남북조선"과 "남북한"이라는 용어에서 우리는 어느 한 쪽을 중심으로 사고하는 습관을 엿볼 수 있다. 옮긴이들이 이 책의 원제를 그대로 '과감하게' 한글로 옮기며 "북조선"이라는 용어가 남한을 위한 '연습용'이 되기를 희망하는 것에서 여전히 북한에 대한 객관적 인식은 '고난의 행군'이 될 수도 있다는 생각을 한다.

북한이라는 국가에 대한 저자들의 선입관도 여과장치를 결여한 채 표출되고 있다.

1980년 미국 하원의 외교위원회 위원으로 북한을 방문한 스티븐 솔라즈Stephen Solarz는 헌터의 책 서문에서 북한을 조지 오웰의 『1984』로 묘사하고 있다. 북한은 거의 노예제 사회와 다를 바 없다는 것이다. 그리고 인간정신에 반하는 정치, 사회, 경제 체제를 가지고 있기 때문에 조만간 붕괴할 것이라는 주장이 덧붙여져 있다. 헌터의 북한관도 솔라즈의 것과 별반 다르지 않다. 그는 일상생활—성분, 개인숭배, 생활, 교육 등—의 분석을 통해 솔라즈의 결론에 도달하고 있다. 즉, 그는 북한을 극단적인 개인숭배 사회로 보는데, 이 개인숭배사회의 특성이 아시아적 사회로서의 면모와 공산주의 사회의 특성을 압도하고 있다는 것이다. 북한 주민의 삶을 "김일성 사진에 절하는 것으로 시작해서 그것으로 끝나는"(16; 이하 괄호 안의 숫자는 책의 쪽수임.) 것으로 묘사하는 데서 헌터의 시각은 절정에 이른다.

헌터의 책 곳곳에서 발견되는 오리엔탈리즘적 시각도 지적할 필요가 있다. 사상을 영어로 sangsa로 쓰는 것은 작은 실수로 볼 수 있다. "개는 (북한에서) 애완용이 아니라 식용으로 간주된다"(71, 165), 국가를 위한 정치학습과 자발적 노동 때문에 북한 주민은 거의 로망스의 기회가 없다(73), 평양은 베르디의 오페라, 모차르트의 콘체르토, 셰익스피어의 연극이 공연되지 않는 세계에서 유일한 도시다(123), 김정일이 개인적으로 유학을 가고 싶었지만 주체사상 때문에 김일성종합대학에 진학했다(213),[8] 북한 사람들은 코트, 장갑, 모자와 같은 겨울용품을 가지고 있지 않기 때문에 대부분의 북한 관련 사진은 여름에 찍은 것이라는 주장(175) 등에 이르면, 지식이 아니라 첩보를 근거로 자신의 기준을 절대화하면서 문화적 차이를 관용하려 하지 않는 유치한 오리엔탈리즘의 극치를 보게 된다.

오공단과 해식의 책도 헌터와 크게 다르지 않게 북한이 오웰주의적 공간이며 냉전 종료 이후 공산주의 국가에서 유교적 전통에 입각한 왕조국가로 변모했다는 전제에서 출발한다. (조선의 양반과 조선로동당 간부가 등치된다.) 그러나 북한에서는 조선왕조와 달리 궁정정치에 의해 권력이 제한되는 사례가 훨씬 적다고 주장한다(4). 오공단과 해식이 속해 있는 지식공동체는 바로 이 견해를 공유하고 있는 듯이 보인다. 예를 들어 3년 전에 오공단과 해식이 이 책을 쓰기 시작했을 때, 그의 동료들은 곧 북한이 붕괴할 것이고 김일성 사후 은둔자인 김정일은 권력을 장악하지 못할 것이라고 예견했다고 한다(xiii). 그러나 북한은 오공단과 해식이 그토록 소망하는 개혁을 하지 않고도 그럭저럭 버티고 있다. 오공단과 해식은 이 지속을 북한 나름의

---

[8] 김정일이 왜 유학을 가지 않았는가라는 조금은 이상한 질문에 대해 국내에서는 황장엽의 증언에 근거하여, 김정일이 소련 모스크바대학에서의 유학제의를 단호히 거절한 것으로 정리되고 있다. 황장엽,『나는 역사의 진리를 보았다』(1999); 유호열, "김정일 지도자와 북한 체제: 우상과 실제,"『현대북한연구』3권 2호(2000), 309쪽.

'격리된 현실'이 환상과 신화의 재생산을 가능하게 하기 때문이라고 설명하려 한다. 이 환상이 깨지면 결국 북한은 남한에 흡수되는 것이다(11).

오공단과 해식은 헌터보다 객관적 시각을 유지하려는 모습을 보인다. 별 증거 없이 강도와 매춘의 확산을 이야기하기도 하고, 김정일은 항상 맞춤옷만을 입는다, 평양의 여성경찰관은 능력이 아니라 외모로 선발된다고 발언하기는 하지만(55, 128, 146), 격리된 현실에도 불구하고 북한도 인민이 술마시고, 춤추며, 싸우고, 사랑하며, 이혼하는 인간사회로 본다(10). 또한 북한의 지도자가 비합리적이지 않음을 인정하기도 한다(192). 북한의 외교정책이 중세왕국의 외교정책과 다를 바 없다고 주장하면서도(184), 북한이 요구하는 주권 평등 및 국제질서의 민주화가 국제정치의 장에서 권력정치에 의해 왜곡될 수밖에 없음도 지적한다(173). 북한의 우리식 사회주의에서는 현실정치와 더불어 유토피아적 요소를 발견하기도 한다(2).

놀런드도 헌터나 오공단과 해식과 비슷하게 북한을 스탈린주의적 왕조국가로 파악한다(3). 헌터나 오공단과 해식에서 볼 수 있는 유치한 오리엔탈리즘은 발견되지 않지만, 북한체제 그 자체를 북한문제의 핵심으로 본다는 점에서 별반 다르지 않은 가정에서 출발하고 있다.[9] 북한은 정확한 통계를 제시하지 않고도 인도적 지원을 받아내는 양치기 소년이고 그 자체가 "불행의 인민공화국"이다(176, 191). 놀런드는 '사실'에 대한 발견에 있어서

---

[9] 이 견해는 미국의 또 다른 씽크탱크인 American Enterprise Institute에서 일하고 있는 북한 인구문제 전문가인 N. Eberstadt, "Hastening Korean Reunification," *Foreign Affairs* 76: 2 (1997) 참조.

도 선별적 태도를 취한다. 국제기구가 제시하는 북한의 식량부족 통계는 부분적으로만 수용하면서 '국경 없는 의사회'만이 주장하고, 북한에 대한 인도적 지원을 주도하고 있는 세계식량 프로그램이 긍정도 부정도 하지 않은 북한 내부의 강제수용소로 알려진 '9·27 수용소'에 대해서는 그것이 실재한다는 믿음을 피력한다(176, 183). 패러다임이 사실을 만들 수 있음을 보여주는 대표적 사례 가운데 하나다. 놀런드가 생각하는 바람직한 한반도의 미래는 북한의 붕괴다.

그 실체가 모호하기만 한 미국의 국가이익을 위해 비정상을 정상으로 전제하고 글을 쓰는 미국의 연구자들과 달리, 와다는 한반도를 짓누르고 있는 편견으로부터의 해방을 시도한다. 이는 와다가 소련 및 러시아 전문가로서 탈아입구를 추구하는 일본의 지식인 계보에 속하지 않는 연구자이기 때문에 가능한 일이기도 하다. "북조선도 소련과 같은 유형의 사회일 것이라고 생각하던" 그가, "1980년 전두환 장군의 쿠데타와 김대중 재판이 있고 난 뒤"(20) 남한을 이해하기 위해 북조선 연구가 필요하다는 생각을 하게 된 것도 그의 지적 계보와 무관하지 않다. 비교사회주의 연구자로서 와다는 북한에 대한 역사적 연구를 통해 다른 사회주의 국가와의 공통점뿐만 아니라 수령제, 유일지도체제를 그 특징으로 하는 유격대국가라는 개념을 도출한다. 그의 모델에 기초한 객관적 분석 시도는 앞의 세 책의 저자와 확연히 구분되는 특징이다. 북한에 대한 오리엔탈리즘을 넘어서면서 동시에 와다는 북한이 발명한 신화의 제거를 시도하고 있기도 하다. "김일성이 조선인민혁명군을 조직하여 싸웠다는 북조선의 설명은 신화지만, 그가 중국 공산당원으로서 동북항일연군에서 싸운 유능한 지휘관"(26)이라는 설명에서는 북한에 대한 적절한 비판의 가능성을 엿볼 수 있다.[10]

헤이즐 스미스가 지적하는 것처럼, 북한을 나쁜 국가이면서 미친 국가로 규정하는 것은 모순이다. 나쁜 행위자는 합리적이고 도구적이면서 예측 가능한 행위자이지만, 미친 행위자는 비합리적이고 예측 불가능한 위험한 행위자이기 때문이다.[11] (미국 연구자들의 저서는 북한이 비합리적이고 예측 불가능한 은둔의 왕국이라는 전제에 기초하면서도 외교정책에 있어서는 벼랑 끝 외교를 구사하는 나쁜 행위자로 묘사하곤 한다.) 하지만 이 모순이 모순으로 느껴지지 않는 것이 안보쟁점화 패러다임의 특징이라고 할 수 있다. 새로운 사실의 발견으로 이 패러다임이 위기에 직면하게 될 때도, 보통은 보조가설을 설정함으로써 위기를 피해가게 된다. 사실상 패러다임의 혁명은 쿤이 지적하는 것처럼 정치투쟁의 결과일 수밖에 없다. 즉, 새로운 우리를 구성하지 않는 한 패러다임의 변화는 요원한 일이다.

헤이즐 스미스는, 대안적 패러다임으로 북한을 '애처로운'sad 행위자이면서 또한 합리적 행위자로 볼 것을 제안한다. 애처로운 행위자인 북한에 대한 인도적 지원을 위해서는 발전연구 패러다임이 필요하고, 국제관계에서 나타나는 북한의 행태를 이해하기 위해서는 그 행태를 조건지운 역사와 맥락에 대한 이해가 요구된다는 것이다.[12] 즉, 북한의 전쟁 경험과 전쟁 위

---

10 와다가 신화라고 결론지은 조선인민혁명군에 대해 북한의 학자들은 내용과 형식으로 생각할 수는 없겠냐고 응답했다고 한다. 요컨대 형식은 중국공산당이 지도하는 동북항일연군이고 내용은 조선혁명을 지향하는 조선인민혁명군이라는 것이다(와다, 27).

11 Smith, "Bad, mad, sad or rational actor?" p. 119.

12 Smith, "Bad, mad, sad or rational actor," pp. 129-130.

협에 시달린 역사를 고려하는 접근의 필요성을 강조하는 것이다. 셀리그 해리슨S. Harrison은 북한의 김정일 정권은 이미 변화하고 있지만 미국은 이를 포착하지 못하면서 핵, 미사일, 테러 문제에 집착하고 있다고 비판하고 있다.[13]

그러나 우리가 유의해야 할 점은, 미국 측 연구자들이 제시하는 대안적 패러다임도 북한과의 협력을 통해 동아시아의 '안정'이라는 "미국의 국가이익"을 실현해야 한다는 정책적 시각과 긴밀히 결합되어 있다는 것이다. 이는 미국 내에서 북한에 대한 새로운 패러다임의 설정을 둘러싼 논쟁은, 미국이 동아시아에서 실현할 수 있는 국가이익이 무엇인가라는 질문과 분리될 수 없다. (북한에 대한 오리엔탈리즘적 시각을 유지하면서도 미국 국가이익의 실현을 둘러싼 방법론 차이로 스미스의 시각은 폄하될 수도 있다.) 우리는 여기에서 한 걸음 더 나갈 필요가 있다. 북한이 가지는 고유한 논리를 인정하면서도 그 논리의 한계를 지적할 수 있는 '열린 보편주의' 시각이 바로 그것이다. 북한의 특수성만을 강조하게 되면 결국 그것이 친북한적이든 반북한적이든 북한을 신비한 나라로 간주하게 됨으로써 북한과의 소통을 가로막을 수밖에 없기 때문이다.

---

[13] S. Harrison, *Korean Endgame : A Strategy for Reunification and U.S. Disengagement* (2002). 이 책을 이 서평논문에 포함시키지 못한 것이 아쉽다. 이 책은 미국 내에서도 북한에 대한 경쟁하는 견해가 존재함을 보여주는 대표적인 저서 가운데 하나다.

3. 북한의 지속과 변화

북한의 지속과 변화는 북한연구에서 가장 시장성이 좋은 상품 가운데 하나다. 북한연구만큼 논문 제목에 "현황과 전망" 그리고 "과제"라는 단어가 많이 등장하는 사회과학 분야도 드물 것이다. 사회과학의 본령이 사회현상의 설명과 예측에 있다고 할 때, 이 학술적 현상을 탓할 수만은 없을 것이다. 그러나 정치적 입장이 저변에 흐르면서 정책적 관심의 과잉에 의해, 과학적 설명에 기초하지 않은 예측이 난무하고 있음을 부인하기는 어렵다. 이 글에서 검토하고 있는 네 권의 책도 이 "현황과 전망"의 형태를 갖추고 있는데, 이 책의 주요 내용인 '김정일의 정치권력' '북한의 국가와 사회' '북한의 경제'를 지속과 변화의 측면에서 검토한다.

김정일의 정치권력

인류학적 조사 방법을 취하고 있는 헌터는 성분 — 핵심, 동요, 적대 계층 — 과 김일성 및 김정일에 대한 반半종교적 숭배를 북한 주민의 일상생활을 구성하는 두 가지 요소로 제시한다. 그리고 그 두 요소를 통해 북한이 도달한 막다른 골목을 설명하고자 한다. 헌터는 계급 없는 사회를 만들고자 했던 북한이 결국은 성분 체계를 강조함으로써 그 어느 사회보다 일상생활의 거의 모든 측면에서 특권층과 비특권층의 격차가 뚜렷한 사회를 생산했다고 주장한다. 그가 예로 드는 것 가운데 하나가 북한에서는 성분 및 그 성분에 기초한 현직에 따라 상이한 상점을 이용한다는 것이다(130).[14]

다른 한편 헌터는, 북한의 국가 규모가 작고 동질적 구성을 가지고 있기 때문에 스탈린이나 모택동보다 개인숭배가 용이했다는 점을 인정하면서도, 김일성에 대한 개인숭배가 가능했던 원인으로 김일성 개인의 능력을 제시한다. 예를 들어 김일성의 현지지도는 북한의 인민과 지도자가 개인적으로 만날 수 있는 자리로서, 개인숭배를 강화하는 도구이자 신화를 재생산하는 위장된 의식이었다는 것이다(13, 26, 138). 헌터는 거의 신神과 다를 바 없는 존재였던 김일성과 그의 설득의 힘이 없는 북한의 유지가 사실상 어려울 것이라는 견해를 피력한다(239-240). 특히, 외부 정보가 북한 내부로 유입되고, 지배계급 내부에 균열이 발생한다면(28, 183), 김일성을 승계한 김정일의 정치권력은 붕괴 위험에 직면할 수도 있다는 것이다.

그러나 헌터의 이 예측은 김일성의 정치권력이 김정일에 의해 공고화되었다는 사실을 간과하고 있다. 오공단과 해식(87)과 와다(139-140)에서 지적하는 것처럼, 김정일은 1960년대 말부터 김일성의 의인화된personalized 지배 형성과정에 깊이 개입했고, 그 과정에서 차기 수령이 되기 위한 후계자 수업을 한 것처럼 보인다.[15] 와다는 1967년 유일사상 체계의 확립 과정

---

14 자본주의 사회에도 마찬가지의 현상이 없는가라고 질문을 던질 수 있다. 아마 헌터는 북한이 평등주의적 사회를 지향했기 때문에 그 위계적 상점의 존재가 비판의 대상이 된다고 주장할 것이다. 그렇다면 위계적 상점의 존재가 문제인지 아니면 평등주의적 지향이 문제인지를 명확히 할 필요가 있다. 헌터가 평등주의적 지향의 불가능성을 이야기하는 것이라면, 여느 자본주의 사회와 북한은 별 차이가 없게 된다. 문제는 돈의 평가다. 헌터의 주장은 돈이 어느 상점을 갈 수 있는가를 결정해야 한다는 주장으로 읽힐 수 있다. 남북한의 격차를 설명하면서 돈과 능력에 기초한 남한 사회가 성분에 기초한 북한 사회보다 우위에 설 수 있었음을 헌터는 '발견'한다(8-11).

15 오공단과 해식은 김정일의 권력승계가 1971년 사로청 6차대회에서 시작되었다고 주장한다. 그리고 1970년판 『정치용어사전』에 '세습제도'라는 항목이 있지만 1973년판 『정치사전』에서

에서 김정일이 상당한 역할을 한 것으로 추정하고 있다. 김정일이 1960년 대 후반부터 이른바 "항일혁명투쟁 시기에 이룩된 혁명적 문학예술 전통을 계승하는" '문학예술혁명'을 주도한 것은 사실이다.[16] 1974년 정치국원이 된 김정일이 "생산도 학습도 생활도 항일유격대 식으로"라는 구호를 제창 한 것을 보면 김정일의 문학예술혁명 사업이 유일사상 체계의 확립과 일정 한 연관을 가지고 있었다고 해석할 수 있다.

오공단과 해식의 표현처럼, "아들 아래 새로운 것은 없다"nothing new under the son고 할 수 있다(102). 즉, 김일성과 김정일의 정치권력은 지속의 측면이 강하다고 할 수 있다. 그러나 차이는 있다. 오공단과 해식은 김일성 이 카리스마를 통해 충성을 유발하는 '변혁적' 지도력에 의거했다면, 김정 일은 보상을 통해 충성을 유발하는 '거래적'transactional 지도력에 의거하고 있다고 주장한다(103). 김일성이 항일무장투쟁에서 자신의 권위를 도출한 다면, 김정일은 1960년대부터 자신이 추진해 온 정책에 의거할 수밖에 없 다는 것이다. 따라서 김정일이 정치권력의 정당성을 '선군 정치'에서 찾는 것은, 그의 경험을 고려할 때 대단히 역설적인 방식이라고 할 수 있다.

는 그 항목이 사라졌음에 주목하면서, 이 변화를 김정일 권력승계의 지표로 파악한다(87). 『정치용어사전』에서 '세습제도'는 "착취사회에서 특권계급의 신분에 기초하여 그 직위 도는 재산을 대대로 물려받도록 법적으로 고착시킨 반동적 제도를 말한다"고 기술되고 있다. 조선 민주주의인민공화국 사회과학원, 『정치용어사전』(평양: 1970). 그러나 2000년(주체89년)에 발 간된 『조선대백과사전 16권』에도 여전히 '세습제도' 항목이 있는데, 이를 "착취사회에서 근로 인민대중에게 지배와 예속을 강요하는 수단이며 사회발전을 억제하는 질곡"이라고 비판하고 있다.

16 임순희, "문학예술론," 『김정일 연구: 리더쉽과 사상(1)』 통일연구원 연구총서 01-32(2001).

선군정치에 대해 오공단과 해식은 군이 가장 강력한 기관임을 표현하고 있는 것이기는 하지만, 군은 김정일과 조선로동당의 통제 아래에 있다는 주장을 한다(106).[17] 와다는 약간 다르게 선군정치하에서 당 정치국이 힘을 잃고 당 군사위원회가 좀 더 중요한 역할을 하고 있을 것으로 추측한다(316). 그러나 이 상이한 추측은 지금으로서는 실증이 불가능하다. 선군정치의 등장은 그 작동 기제의 불확실성에도 불구하고 무엇보다도 김정일 정치권력의 근간이 군임을 말해 준다.

동시에 우리는 항일과 반미라는 역사적 맥락과 세계질서적 고려 속에서 선군정치를 이해할 필요가 있다. 항일과 반미는 물질적 혜택에 버금가는 북한체제의 정당성을 확보하는 동의의 기제였다. 그리고 탈냉전의 세계에서 동맹국을 상실하고 고도로 남게 된 북한이 외부로부터의 실질적 또는 상상의 위협에 대응하는 방식이 선군정치 내지는 '군사중시의 정치'라고 할 수 있다.[18] 즉, 선군정치는 애처로운 행위자의 합리적 선택이다. 그러나 그 합리성이 북한 인민과 김정일 정치권력의 미래를 담보하는 것은 아니다. 와다가 지적하는 것처럼, 선군정치로 표현되는 '표면의 국가'와 선군정치만으로 작동할 수 없는 내부의 국가 사이의 괴리가 확대되면 그 모순은 지속이 아니라 폭발로 나타날 수도 있다(316-317).

---

[17] 이 견해에 대한 자세한 내용은, 최진욱, "북한 선군정치의 정치적 함의,"『현대북한연구』4권 2호(2001).

[18] 북한의 선군정치에 관한 설명 가운데 대외적 요인을 강조하는 모습은, 김철우, 『김정일장군의 선군정치』(평양: 2000), 122-130쪽.

북한의 국가와 사회

한 사물에 보편과 특수는 통일체로 존재하지만, 분석적으로 보편과 특수를 분리할 수도 있다. 그러나 그 분리된 보편과 특수 어느 한편에 주목하여 그 사물의 본질을 포착했다고는 말할 수 없다. 따라서 보편과 특수를 변증적으로 통일해서 파악하는 것이 중요하다. 그러나 그 인식에 이르는 과정은 일반적으로 어느 한편에서 출발해서 다른 한편을 영유하는 방식으로 진행된다. 통상 보편에서 출발하는 연구자들이 보편을 기준으로 특수를 재단하고 일관된 법칙을 찾아내고자 한다면, 특수에서 출발하는 연구자들은 대상 개체와 다른 개체를 구분할 수 있는 종적種的 특성을 획득하려는 경향이 있다. 어느 편을 선택하든, 연구자는 자신의 출발점과 도착점이 '시간적 한계'를 가지고 있음을 자각할 필요가 있다.

북한의 국가연구도 예외는 아니다. '비교사회주의'라는 보편의 맥락에서 북한의 국가성격을 스탈린적 전체주의로 규정하거나 또는 북한적 특수성을 강조하면서 예외국가적 성격을 도출하려는 시도들이 바로 그것이다.[19] 여기에 덧붙여 우리는 북한의 국가성격 논의와 관련하여 역사적 시기 구분의 문제를 제기할 수 있다. 즉, 어떤 시점까지는 다른 사회주의와의 공통점이 강조될 수 있지만, 그 시점을 넘어서면서 새로운 질적 이행 단계에 접어들었다고도 평가할 수 있기 때문이다.[20] 즉, 시기 구분을 통해 보편과

---

19 예를 들어 최완규, "북한 국가 성격의 이론과 쟁점: 비교 사회주의적 관점"; 류길재, "'예외국가'의 제도화: 군사 국가화 경향과 군의 역할 확대," 『현대북한연구』 4권 1호(2001).

20 시기 구분과 북한의 국가연구는, 이주철, "북한 국가의 역사적 변천: 정치제도적 측면에서

특수의 관계가 새로이 재편될 수 있다.

비교사회주의적 접근과 역사적 접근을 결합하고 있는 와다는, 북한 국가를 이론화하는 모델로 '유격대국가'를 제시한다(112-131). 이 유격대국가는 1961년경에 성립된 국가사회주의 체제[21] —공업의 국유화, 농업의 협동화, 일원적인 정치적 지배체제— 에 1967년부터 이차적으로 구성된 구조물로서, 북한에서 유일사상 체계의 확립과 더불어 등장한 새로운 '국가형태' —역사적으로 종별성種別性을 가지는 국가— 라고 할 수 있다. 그리고 와다에 따르면, 유격대국가의 출현은 실천의 '지침'을 넘어서는 주체'사상'이 국가이념으로 등장하는 것과 궤를 같이한다. 여기에서 더 나아가 와다는 김정일 정권의 등장과 더불어 유격대국가가 북조선의 최고사령관이 정규군의 도움을 받아 통치하는 '정규군국가'로 변모했다고 주장하고 있다.

와다의 이 이론화는, 특정한 시각에 입각하여 북한의 국가를 봉건적 왕조나 왕조적 스탈린주의 체제 또는 김일성 국가로 단지 '묘사'하려는 다른 세 책보다는 진일보한 연구성과라고 할 수 있다. 즉, 북한에서 발생하는 정치현상을 관찰하고 그 현상의 보편과 특수를 '설명'할 수 있는 이론 또는 모델을 끊임없이 모색하고 있는 것이다. 특히, 세계질서의 변화에 대한 북한의 대응 —'항일'과 '반미'— 이 북한의 국가장치 —"당·정·군 관계와 그 인적 기반"— 에 미친 영향을 이론화한다는 점에서 그 공헌이 높이 평가될 수 있다.[22] 북한과 같은 폐쇄적 소국의 경우에도 국가지도자의 의도와 무관

본 시기 구분," 『현대북한연구』 4권 1호(2001).

[21] J. Kornai, *The Socialist System: The Political Economy of Communism* (1992).

하게 세계질서에서의 위치에 따른 국가형태의 변화가 불가피할 수밖에 없기 때문이다. 북한의 핵 문제가 국제 문제화되는 특정 시점에서는 외적 요인이 한 국가의 사회구성적 요인보다 국가형태의 결정에 있어 우선적 지위를 점할 수도 있다.

그러나 유격대국가나 정규군국가는 북한의 사회관계를 포착하지 못하는 개념이다. 즉, 국가사회주의의 개념 속에는 북한의 사회경제적 특성이 반영되어 있지만, 유격대국가와 정규군국가는 국가장치의 인적 기반과 통치기술을 비유적으로 표현하고 있을 뿐이다.[23] 따라서 북한은 기본적으로 국가사회주의 체제이지만 정치체로서 수령제 또는 유일사상 체계가 작동한다고 말하는 것과 다를 바 없다. 결국 사회관계가 배제된 국가형태론은 상부구조 내부에서의 권력투쟁 또는 국가장치의 변화에만 주목한다는 점에서 국가 중심적 국가론과 유사성을 가질 수밖에 없다.

와다는 이 한계를 '국가-사회 복합체'의 성격을 띠는 '가족국가'와 '극장국가'theartre state라는 또 다른 비유적 개념을 통해 해결하려는 듯이 보인다 (154-157). 가족국가는 어버이 수령, 어머니 당, 대중이 하나로 일체화된 사회정치적 생명체다.[24] 와다는 이 사회정치적 생명체가 유격대국가의 간판

---

22 세계질서와 국가형태의 관계에 대해서는, R. Cox, *Production, Power and World Order: Social Forces in the Making of History* (1993) 참조.

23 서동만, "북한 정치체제 변화에 관한 시론," 『정치비평』 통권 5호(1998).

24 가족국가의 개념 속에서 실제로 국가와 가족의 관계에서 유교문화가 정치권력에 의해 이데올로기적으로 호명되는 과정을 분석한 글로는, 강진웅, "북한의 가족국가 체제의 형성: 국가와 가족, 유교문화의 정치적 변용을 중심으로," 『통일문제연구』 13권 2호(2001).

이지만, 유격대국가와 가족국가는 서로 모순된다고 주장한다. 즉, 유격대원은 스스로 생각하고 전투를 계속해 가지만, 가족국가에서는 최고사령관, 즉 수령만이 생각하는 힘을 독점하고 있다. 이 상태에 이르게 되면, 국가와 사회를 접합시키는 이념으로서의 주체사상은 더 이상 해방의 이념이 아니라 급속한 근대화를 달성하기 위해 노동을 동원하는 '반反서구적 근대화'의 이데올로기로 전락할 뿐만 아니라, 체제의 유지를 위해 인민을 통제하는 이데올로기로 변용될 수밖에 없을 것이다. 그 체제는, 제국주의에 맞서 서구적 근대를 추구하면서도 민족적 정체성을 유지해야 하는 자기분열에 직면할 수밖에 없다.[25]

극장국가는 북한적 특수성을 표현하는 흥미로운 비유라고 할 수 있다. "권력의 역학이 아니라 권력의 시학詩學이 작동하는" 극장국가는 인류학자 기어츠C. Geertz가 19세기 발리Bali 연구에서 도출한 개념이다.[26] 와다가 주장하듯, 북한의 지도자 김정일은 '영도예술'의 지도자로서 극장국가의 연출

25 임지현, "해방에서 동원으로: 제3세계와 반서구적 근대화론으로서의 사회주의," 에릭 홉스봄 외, 『노동의 세기: 실패한 프로젝트?』(2000). 북한의 국가이념으로서 주체사상에 대한 해석 및 연구는, 사실 새로운 지평을 필요로 한다. 한 축에서는 주체의 개념을 한국인을 한국인으로 만드는 모든 것, 즉 한국인 말고는 접근할 수 없는 민족적 유아주의solipsism로 해석한다. 그러나 다른 한편으로 주체사상은 제3세계 사회주의 일반에서 발견되는 동원 이데올로기로서 주의주의의 한 갈래로 설명될 수 있다. B. Cumings, *Koreas Place in the Sun: A Modern History* (1997), p. 404; 임지현, "해방에서 동원으로". 오공단과 해식(34-35)에서는 동독에서의 다양한 계층─엘리트와 대중─이 공식 이데올로기를 수용하는 태도에 대한 연구가 실려 있다. 앞으로 북한의 주체사상 및 북한의 변화 연구와 관련하여 참고할 만한 연구성과라고 할 수 있다.

26 C. Geertz, *Negara: The Theatre State in Nineteenth-Century Bali* (1980), p. 123.

자이자 디자이너다(143-145). 1970년대 말부터 1980년대 초까지 극장국가의 무대인 평양을 중심으로, 1980년 로동당 제6차 대회 이후 '당 중앙'에서 '친애하는 지도자'로 변모한 김정일의 지휘 아래 역사를 신화화하는 대기념비적 건축물 — 인민대학습당, 개선문, 주체사상탑 — 이 극장국가의 무대장치로 건설된다. 오공단과 해식(127-131)이나 헌터(117-120)도 평양의 건축물을 묘사하면서, 김정일이 연출가이고 평양은 '유리진열장 도시'와 같다는 주장을 하고 있다. 그러나 그들은 이 극장국가에서 건축물을 매개로 한 국가의례인 형이상학적 연극을 통해 지도자의 신성神性이 끊임없이 재생산되면서 가족국가의 기제, 즉 사회통합의 기제가 작동하고 있음을 포착하지는 못한다. 이 연구자들이 북한을 설명할 수 있는 적절한 '이론'을 가지고 있지 못하기 때문이다.

19세기의 발리처럼 냉전의 고도이기는 하지만, 외부 세계와의 정치경제적 연관이 없다면 국가의 생존을 확보할 수 없는 북한에게, 극장국가의 지속은 역동적 변화를 가로막는 장애물일 수 있다(와다 156). 극장국가에서는 외적 충격을 새로운 의례의 형태로 내면화하는 데 상당한 시간이 소요될 수밖에 없다. 기존의 고정된 무대장치를 재해석하기란 쉽지 않기 때문이다. 즉, 권력의 시학이 작동하는 극장국가의 소멸은 정치체의 붕괴를 의미한다. 극장국가의 또 다른 한계는, 이 국가가 인민대중의 경제적 생존을 담보할 수 없다는 것이다. 인민대중은 자발적으로 국가의례에 참여할 수 있지만, 이 동의의 기제가 확보되기 위해서는 물질적 혜택이 전제되어야 한다. 극장국가 '이론'은 이 물질적 동의의 기제를 무대 뒷편으로 밀어낸다.

국가사회주의 체제야말로 정치경제학적 연구가 필요한 대상이다. 코르나이의 지적처럼, 정치적 영역 — 정치제도와 이데올로기 — 과 경제적 영역 사이의 관계, 그리고 정치적 영역이 경제의 작동방식에 미치는 영향에 대한 분석이 필수적이기 때문이다. 그리고 더 나아가 사물들 사이의 관계가 아니라 인민들 사이의 사회관계를 분석하기 위해서도 정치경제적 접근이 필요하다.[27] 와다가 제시한 유격대국가론과 그 표현 형태인 가족국가와 극장국가 이론은 북한의 국가연구를 정치체 수준으로 제한하고 있다. 즉, 이 국가이론의 한계는 그 이론 내부에 경제의 작동방식을 포함하지 못하는데 있다. 즉, 상부구조의 특수성이 토대와의 연관 없이 이론화되고 있다. 북한 국가에 대한 연구는, 정치영역과 경제영역의 분리와 그 두 영역의 연관 기제를 해명할 때, 비로소 비유의 수준을 넘어서는 체계적인 이론화가 가능할 것이다.

북한의 경제 : 개혁·개방을 중심으로

네 권의 책 모두 북한이 경제 위기를 돌파하기 위해서는 이른바 개혁과 개방이 불가피하다는 입장을 견지하고 있다. 북한 경제 위기의 원인으로는 고전적 사회주의 체제의 계획경제, 연성예산제약에 입각한 관료적 조정 기제, 북한의 특수한 문제인 주체의 이데올로기에 입각한 경제운용, 유격대국가 특유의 군사경제 등을 제시하고 있다. 예를 들어 와다는 인간이 자연을 지배할 수 있다는 발상에서 시작된 주체 농법을 식량 위기의 원인으로, 그리고 전문가가 아닌 공장의 당위원회가 기업운영에 책임을 지는 대안의

---

[27] Kornai, *The Socialist System*, pp. 11-12.

사업체계를 생산력 저하의 원인으로, 보고 있다(227-240). 오공단과 해식은 경제 위기의 원인이 정치체제에 있다고 주장한다(62). 놀런드는 북한이 외연적 축적체제에서 신기술의 도입에 의거한 내포적 축적체로의 전환에 실패했다는 주장을 하고 있다(85, 141). 소련의 붕괴로 인한 원조 중단이 북한 경제의 위기를 가속화한 요인이었지만, 그 붕괴와 중단이 없었더라도 북한 경제는 위기에 직면했을 것이라는 암묵적 동의 또한 이루어지고 있다.

북한 지도부가 경제 위기를 해결하기 위해 선택한 새로운 축적 대안에 대해서도 매우 비판적이다. 와다는 북한이 외국자본의 도입을 통해 경제 재건을 도모했던 합영사업의 실패 원인으로, 재일교포 사업가 전진식 씨의 말을 인용하면서 관료주의, 대안의 사업체계, 계약의 불이행, 유격대적 경제운용 등을 예로 들고 있다(231-235). 오공단과 해식은 에버스타트를 인용하면서, 시장경제와 사적 소유를 수용하지 않는 한 북한 경제의 개혁은 한계를 가질 수밖에 없다고 평가한다(63). 놀런드는 자급자족 경제는 경제의 과도한 다변화를 야기할 수밖에 없고 따라서 하위최적적suboptimally으로 소규모 공장을 양산할 수밖에 없을 지적하면서, 노동 동원의 극대화, 라진-선봉 경제 특구와 금강산 관광과 같은 일회성 프로젝트,[28] 위협과 벼랑 끝 외교를 통한 자원의 추출 등은 근본적 개혁이 아닌 '전술적 대응'이라고 주장한다(85).

즉 와다, 오공단과 해식, 놀런드 모두 북한 경제의 지속의 측면을 강조

---

[28] 중국의 경제개방 노력이 '누적적 확산전략'이라면 북한은 체제 위협을 최소화하는 '단속적 제한 전략'을 취하고 있다. 김연철, "북한의 탈냉전적 발전전략," 『창작과비평』(2002), 45쪽.

하고 있다. 와다는 북한의 개혁과 개방이 생존을 위한 지상명령이라고 주장하지만 그 구체적 방향은 명시하고 있지 않다. 후자의 두 책은, 북한 경제의 '자본주의적 시장경제'로의 전환이 있지 않는 한, 변화라는 단어를 수용하지 않을 것이다. 자본주의적 시장경제만을 유일한 경제적 표준으로 설정하는 오리엔탈리즘의 다른 표현이다. 이들은 북한의 점진적 개혁의 가능성도 부정하고 있다. 놀런드는, 아시아 공산주의로 분류되는 중국, 베트남과 북한의 거시경제적 조건의 차이를 지적하고 있다(257-260). 북한은 중국, 베트남에 비해 상대적으로 산업화가 진전된 국가다. 예를 들어 중국과 베트남이 개혁을 시작했을 시점인 1973년과 1989년에 농업부문이 약 70%를 차지하고 있었던 것에 반해, 북한의 농민시장이 활성화되기 시작한 1993년에는 북한 산업에서 농업이 차지하는 비중은 약 30%였다. 이 수치는 북한이 중국이나 베트남과 같이 농업개혁이 공업개혁을 선도하는 경로를 밟기 어려운 거시경제적 초기조건으로 제시되고 있다. 즉, 북한과 같이 공업화된 중앙계획경제에서 점진적 개혁은 성공할 수 없다는 것이다. 와다도 놀런드의 의견에 동의하면서, 이 딜레마와 더불어 중국과 달리 중앙집권화된 북한의 경제구조를 또 다른 점진적 개혁의 장애물로 보고 있다(242-243). 북한의 점진적 개혁을 가로막는 또 다른 장애물로는, '주체의 이데올로기' '제한적인 국제무역(GDP의 약 12% 정도)과 남한과의 경쟁' '외적인 안보환경' 등이 지적되고 있다(놀런드 281-284).

북한의 현실로 돌아가 보자.

1980년대 이후 경제 성장이 둔화되면서 북한에서는 농민시장 및 장마당[29]이 활성화되고 있다. 국가 배급체계가 정상적으로 작동하지 못하면서 농민시장이 배급체계를 대체하고 있다고 볼 수 있다. 특히, 사회주의권 붕괴 이후 북한이 심각한 식량·경제 위기를 겪으면서 농민시장은 노동력 재생산 및 일상생활의 핵심 공간으로 부상하고 있다. 즉, 자본주의 경제라고는 할 수는 없지만 '자생적인' 시장경제의 확산이 이루어지고 있는 것이다. 오공단과 해식은 농민시장을 계획경제를 벗어난 자본주의 경제로 파악하고 북한이 개혁에 들어섰다고 평가하면서 이 이차경제가 인민대중 체제에 대한 저항을 흡수하고 있다고 보고 있다(63-67).[30] 이는 북한의 변화하는

---

29 한 연구에서는 농민시장과 장마당의 차이를 다음과 같이 기술하고 있다. "'농민시장'은 농촌에서 열리는 시장을 말하고, '장마당'은 도시지역에서 열리는 시장을 말한다. '장마당'은 농민시장의 거래 형태가 도시지역으로 확산된 것이기 때문에 '농민시장'과 개념의 차이는 없다." 박석삼, "북한의 사경제부문 연구: 사경제 규모, 유통현금 및 민간보유 외화 규모 추정"(한은조사연구, 2002).

30 북한의 이차경제 추정방법으로는 각 부문별 합계, 소득-지출 격차법, 수요-공급 방정식, 타국과의 비교, 전력소비량과 GDP와의 관계 등이 사용되고 있다. 그러나 추정방법에 따라 약 세 배 정도의 차이가 나기도 한다. 가계소득-지출 조사결과를 사용할 때 북한의 사경제부문은 약 7.23% 정도로 추정되지만, 전력소비량과 GDP국내총생산 관계를 이용할 때는 약 26.4%로 나타나고 있다(1999년 기준). 따라서 추정방법 사이의 격차를 메울 수 있는 대안의 모색이 필요한 것처럼 보인다. 만약 북한의 비공식경제 부문이 체제 전환이 발생한 국가보다 높다고 할 때, 우리는 두 가지 예측을 할 수 있다. 첫째, 북한도 유사한 길을 걸을 것이라고 예측할 수 있다. 둘째, 북한의 높은 비공식부문에도 불구하고 북한에서는 체제 전환을 저지하는 특수한 메커니즘이 작동하고 있다고 주장할 수 있다. 사실, 농민시장은 이 판단을 함에 있어 매우 중요한 위치를 차지할 수 있다. 앞서 살펴본 것처럼, 농민시장은 북한 계획경제체제하에서 '합법적' 부문이었기 때문에 농민시장을 단순히 소련과 동구와 같은 비공식부문으로만 간주할 수 없다. 즉, 북한의 농민시장은 반半공식부문 또는 반半비공식부문으로 평가될 소지를 가지고 있다. 그럼에도 경향적으로 특히 식량 위기를 겪기 시작하면서 농민시장의 비공식부문으로의 성격이 확대되고 있음을 부인할 수는 없다. 북한의 사경제부문 및 농민시장에 대한 연구로는, 박석삼, "북한의 사경제부문 연구"; 한상진, "북한 지하경제의 규모 추정과 경제변수들과의 관계 분석," 연세대학교 경제학과 석사학위논문 (2000); 정은미 "농민시장을 통해 본 북한의 변화," 서울대학교 사회학과 석사학위논문 (2000) 등을 참조.

현실에 조응하지 못하는 북한 지도부의 인식 및 정책의 한계를 지적하고 있는 것이다.

북한의 변화를 의식적으로 부정하는 또는 부정해야 하는 사람들에게는, 1990년대 후반에 접어들면서 북한이 이데올로기적으로 보수화되는 경향이 중요하게 부각될 것이다. 즉, 1990년대 후반을 거치면서 북한은 계획경제에 대한 과도한 강조를 보이기도 한다. 예를 들어 북한의 경제이론지인『경제연구』에서는 식량 위기 이후에도 자본주의적 방법의 도입이 '반동적 기회주의'라는 주장이 지속되고 있기도 하다.[31] 현실과 제도 그리고 현실과 이론의 괴리가 나타나고 있는 것이다. 그러나 이 이데올로기적 보수화 경향은 "부족 경제의 심화와 공장 가동률의 저하에 따른 잉여노동력의 양산으로, 주민들은 시장경제에 의존하지 않고는 생계를 유지할 수 없"을 정도로 시장경제가 확산된 상황에 대한 공식부문의 "'자연발생적' 반발"일 수 있다.[32] 따라서 북한의 변화는 그 방향이 여전히 모호하기는 하지만 이미 시작되었다고 할 수 있다.

그러나 놀런드는 이 변화를 최소주의 전략을 통한 '그럭저럭 버티기'로 폄하한다(323~327). 그리고 이 최소주의 전략으로 북한을 인구, 소득, 사회적 지표, 산출의 구성, 일가족 사회주의라는 측면에서 유사성을 지녔던 루

---

31 예를 들어 최영옥, "경제사업에 대한 국가의 중앙집권적, 통일적 지도를 강화하는 것은 강성대국건설의 중요한 요구,"『경제연구』4호(2000); 리명호, "경제관리와 경제제도의 련관을 부인하는 기회주의적 견해의 반동성,"『경제연구』1호(1998) 등을 참조.

32 이영훈, "현 단계 북한의 경제발전전략과 체제변화," 2001년도 북한연구학회 동계학술회의, 73, 88쪽.

마니아에 비교한다. 그리고 북한이 10~20억 달러의 경화만 확보할 수 있다면 최소한의 생존조건을 갖출 수 있다고 주장한다. 그러나 놀런드가 보기에 이 '실행 가능한' 전략이 개혁과 함께 하지 않는다면 결국 종착점은 체제의 붕괴다. 그럼에도 놀런드는 하나의 유보 조건을 달고 있다. 경제 위기와 정치 변동의 관계와 관한 이론화를 할 수 없다는 것이다. 북한의 변화 전망이 정확히 예측되기 위해서는 북한의 축적체제와 유격대국가로 표현되는 정치체의 관계에 관한 정교한 이론화 — 국가이론의 구성 — 가 이루어져야 한다. 북한 경제가 새로운 단계로 이행하고 있음에도 불구하고 북한의 정치체는 보다 예외국가적 형태를 띠고 있다는 사실을 설명할 수 있을 때, 그것이 '미네르바의 부엉이'일지라도, 북한의 변화를 정확히 예측할 수 있는 기초가 마련될 수 있을 것이다.

북한의 입장에서 가장 이상적인 최적의 대안은, 혹 자연사로의 길일지라도 체제의 붕괴를 야기하지 않는 방식의 개혁·개방 모델을 만들어 경제를 재건하는 것일 것이다. 남한을 포함한 주변국의 입장에서도 북한의 급사急死는 예상치 못한 정치경제적 비용을 야기할 수 있다. 북한 경제의 재건을 위한 가장 중요한 요소는 새로운 자본의 '시초축적'이다. 중국, 베트남과 달리 농업부문의 개혁을 통해 자본축적을 할 수 없는 조건에서 북한의 선택은 국영부문의 효율성 제고를 위한 개혁 — 탈집중화와 시장논리의 도입 — 과 이차경제의 공식화일 것이다.

시장의 신호에 반응하는 경제 영역을 넓히는 방식의 경제재건을 위해서는 북한의 국가와 사회를 지탱하는 주체사상의 수정이 불가피하다. 주체사상을 통해 경제개혁이 정당화된다면, 내파內破의 위협은 감소될 수 있다. 북한의 『경제연구』에서는 계획경제를 강조하면서도 시장경제를 배워야 한다는 논문이 실기도 한다.[33] 주체사상이 강조하는 창조성과 의식성이 시장 논리와 결합할 수 있는 여지가 있다는 주장도 제기된다.[34] 북한의 농민시 장도 김일성의 1969년 글인 「사회주의 경제의 몇 가지 리론문제에 대하여」에 따르면 사회주의적 상업의 한 형태이기도 하다.[35] 즉, 북한이 시장논리 의 도입을 주체사상의 틀 안에서 정당화하는 것은 가능하다. 문제는 북한 의 선택이다.

그러나 생산이 거의 공동화된 북한에서 자체적인 시초축적은 불가능한 듯이 보인다. 외부로부터의 자본 유입이 없는 한 북한 경제의 재건은 어려 울 수밖에 없다. 그러나 북한은 내수 시장으로서도 또한 수출기지로서도 매력을 가지지 못한 상태다. 김정일의 담화를 분석한 한 연구자는 해외자 본—외국인 직접투자, 국제기구로부터의 금융 지원, 공적 개발 원조 등 —의 유입을 위한 북한의 대외개방 가능성을 높은 것으로 추론하고 있 다.[36] 그러나 투자 여건이 마련되지 않은 북한에 외국자본이 들어가는 것

---

33 김철, "국제시장에 대한 연구에서 나서는 중요한 문제,"『경제연구』111호(2001); 유철남, "가 공무역형태의 자유경제무역지대 발생발전과 그 특징,"『경제연구』110호(2001) 등을 참조. 그리고 이미 북한은 자본주의 학습을 진행하고 있다. 2000년에 무역성 산하에 '자본주의 제 도연구원'을 설립했고, 유럽연합, 미국, 말레이시아, 호주 등지에 자본주의 학습단을 파견하고 있다. 구갑우, "탈냉전시대, 북한과 유럽연합의 관계: 한반도 평화의 국제정치경제,"『평화논 총』5: 2(2001), 149~151쪽.

34 김연철, "북한의 탈냉전 발전전략," 47쪽.

35 김일성, "사회주의 경제의 몇가지 이론문제에 대하여," 통일문제연구소 엮음,『북한 경제자료 집』(1989).

36 김성철, "김정일의 경제 인식에 관한 담화 분석: 개혁·개방 가능성과 방식을 중심으로,"『현대

은 매우 어려운 선택일 것이다. 사실, 북한의 딜레마가 바로 여기에 있다. 북한이 빈곤의 악순환을 탈피하기 위해서는 자본량을 일시에 대폭 늘려야 한다.[37] 설상가상으로 북한의 사회간접자본이 거의 붕괴된 상황이다.[38] 따라서 북한의 입장에서는 사회간접자본의 (재)구축과 생산 시설의 회복을 위한 투자가 동시에 요구된다. 결국 '누가' 북한에 투자를 할 것인가라는 문제로 집약될 수 있다. 남북한 경협과 북한-미국의 관계 개선은 북한 경제 재건의 관건이 될 수밖에 없다. 즉, 북한에 대한 체제 위협을 제거할 수 있는 한반도 평화과정이야말로 북한식 개혁·개방 및 북한의 경제재건을 위한 필수적 구성물이다.

4. 북한과 한반도의 평화과정 : 2003년 위기설을 중심으로

2003년은 북한과 서방 국가 사이에 새로운 관계가 설정되는 해가 될 것이다(놀런드 13). 달리 표현하면, 2003년은 1994년 전쟁 위기에 버금가는 위기의 해가 될 수도 있다. 그 이유는 간단하다. 2003년은 북한의 미사일 실험 유예 시한이고 동시에 북한과 미국의 기본합의에 따라 KEDO한반도에너

북한연구』 3권 2호(2000).

37 이것이 이른바 '빅 푸쉬'big push 전략이다. 이영훈, "현 단계 북한의 경제발전전략과 체제변화," 75쪽.

38 자세한 내용은, 구갑우, "남북한 경제협력과 북한의 사회간접자본: 기능주의적 통합의 모색," 서대숙 외,『정상회담 이후의 북한: 남북 관계의 변화와 전망』(2002) 참조.

지개발기구가 경수로를 북한에 제공해야 하는 해이기 때문이다. 오공단과 해식(197)과 놀런드(344)는 2003년에 경수로를 제공하는 것이 불가능하다고 말하고 있다. 더 나아가 놀런드는 KEDO 자체가 실행 불가능한 프로젝트라고 주장한다(370-371). 미국은 경수로의 제공보다도 핵 비확산에 더 많은 정책적 관심을 두고 있기 때문이다.[39] 북한은 당연히 KEDO의 지연에 반발할 것이다. 셀리그 해리슨에 따르면, 북한의 백남순 외상은 "미국과 남한, KEDO가 2003년까지 경수로 2기에 해당하는 전력을 공급하지 않을 경우 핵동결을 풀어버리겠다"고 경고했다고 한다.[40]

오공단과 해식과 놀런드는 2003년에 예상되는 위기에 대한 나름의 정책적 대안을 제시하고 있다. 두 책은 1994년 제네바 합의와 그 이후 전개된 페리프로세스에 대해 비판적이지만, 미국의 대북정책에 대해서는 일정한 차이를 보이고 있다. 즉, 안보쟁점화 패러다임에도 강경과 온건의 형태가 있을 수 있다.

오공단과 해식은 1994년 제네바 합의가 북한의 핵 프로그램을 동결하기 위한 도구이지, 북한 정권의 정책을 승인하거나 수용한 것이 아니라는

---

[39] 셀리그 해리슨은 다음과 같은 이유로 경수로 완공이 비관적이라고 말한다. 첫째, 경수로를 완공하려면 북한과 경수로 완공 시기, 경수로 비용, 안전협정, 폐연료봉 외부반출, 손해배상 등의 내용을 담은 의정서를 체결해야 한다. 그러나 이는 모두 어려운 문제다. 둘째, 북한이 미국과 원자력협정을 맺지 않으면 경수로를 완공할 수 없다. 셋째, 특별사찰이다. 북한은 경수로의 핵심부품이 반입되기 전에 IAEA 협정의 완벽한 준수를 받도록 규정되어 있다. 『중앙일보』, 2002년 6월 12일.

[40] 『중앙일보』, 2002년 6월 12일.

입장을 견지한다. 그리고 군사적 억지를 민간의 사회간접자본과 교환하려 했다는 점에서 제네바 합의는 결점을 가지고 있다고 주장한다(170, 205-206). 결국 북한이 국내·외교 정책의 변화를 이루지 못한다면 북한과 미국의 관계정상화는 요원한 일이 될 수밖에 없다는 것이다. 놀런드는 북미관계가 북한이 위기를 창출하고 미국이 뇌물을 주는 방식으로 해결되고 있다고 본다. 제네바 합의는 이 맥락에서 외교적 프로젝트지 경제적 프로젝트가 아니라는 것이다. 그리고 경수로 제공과 관련해서도 IAEA국제원자력기구의 특별사찰이 이루어질 경우에도 북한의 핵 개발 의혹에 대해 여전히 몇 퍼센트의 확률은 남을 것이라고 생각하고 있다(368, 344).

오공단과 해식과 놀런드가 제시하는 '미국의' 정책 대안은 다음과 같이 정리할 수 있다. 오공단과 해식(194-196, 206-212)은 북한의 핵무기, 중장거리 미사일, 재래식 군사력, 생화학무기 및 북한의 정부 그 자체가 미국의 이익에 위협이 된다고 보면서 탈냉전시대에도 봉쇄정책은 계속되어야 하지만 그를 보완할 수 있는 '제한된 포용정책'이 필요하다고 주장한다. 이 정책의 목표는 한반도에서 갈등을 회피하면서 북한 인민에게 민주주의로 이행의 기회를 제공하는 것이고 동시에 북한의 대량살상무기의 확산을 방지하는 것이다. 1994년 제네바 합의나 한국 정부의 햇볕정책은 북한의 정권과 인민을 분리하지 않는 문제를 가지고 있고 김정일 정권의 자발적 정책변화에 의존하는 한계를 가지고 있다고 비판한다. 오공단과 해식의 정책 대안은 장기적으로 북한 인민 스스로 문제를 결정할 수 있도록 하는 개입 방식의 포용정책이다. 즉, 북한 인민에 대한 다양한 방식의 지원을 통해 궁극적으로는 김정일 정권을 약화시키려는 전략이라고 할 수 있다.

놀런드(369-371)의 대안은 '신고전파 경제학'에 입각해 있다. 놀런드는 미국의 대북정책이 한반도에서의 미국의 전략적 이익을 제고하지 않았을 뿐만 아니라 북한을 변화시키지도 못했다고 비판하면서, '국무부'가 개입하는 정책이 아니라 '시장'이 모든 것을 결정하게끔 하는 정책이어야 한다고 주장한다. 즉, 북한이 정상적으로 국제적인 경제활동에 참여하도록 경제제재를 제거해야 한다는 것이다. 예를 들어 북한에 대해 무조건적인 식량지원보다는 북한이 돈을 벌어 미국 농민의 식량을 살 수 있도록 하는 것을 더 좋은 대안으로 제시한다. 궁극적으로는 국제기구를 중심으로 '북한 기금'을 조성하여 북한에 개입할 때, 북한의 근본적 변화를 유도할 수 있다고 본다. 놀런드의 암묵적 결론은, 시장을 통해 북한을 자연사시키는 것이라고 할 수 있다. 이 대안은 북한의 이익과 부합할 수도 있다. 그러나 북한의 미래는 놀런드가 지적하는 것처럼 북한의 경제와 정치의 관계에 대한 이론화가 부재한다면, 예측하기 힘든 것일 수도 있다.

이 두 대안은 안보쟁점화 패러다임에 입각해 있기는 하지만 강압에 의한 북한 붕괴를 의도하지 않고 있다는 점에서는 공통점을 가지고 있다. 그러나 부시 행정부 출범 이후 미국의 대북정책과는 일정한 거리가 있는 것도 사실이다. 북한에 대한 미국의 최우선의 정책적 관심이, 북한의 미사일 생산과 수출의 금지 그리고 검증 가능한 핵 사찰에 있음은 사실이다.[41] 이 정책목표는 미국 공화당과 민주당이 이견을 보이지 않는 부분이다. 또한

---

41 미국은 탈냉전에도 불구하고 냉전시대에 유지됐던 핵우위를 통한 국가안보의 달성이라는 정책을 쉽사리 포기하는 것처럼 보이지는 않는다. 박인휘, "국제안보와 미국의 안보전략: 합리성의 극복과 미국 핵전략의 변화," 『평화논총』 5: 2(2001).

북한을 바라보는 시각에 있어서도 이 두 당은 별 차이가 없다. 두 당은 북한이 살기 매우 힘든 이상한 나라로서 대량살상무기를 개발하여 미국의 안보를 위협할 수도 있는 '깡패국가'라는 생각을 공유하고 있는 듯이 보인다.[42] 그러나 정책목표를 달성하려는 방법론에 있어서는 차이를 보인다. 클린턴 행정부는 포용을 통해 북한의 위협을 제거하려 했지만,[43] 반면 공화당은 북한의 위협을 미사일 방어 체계의 구출을 위한 명분으로 활용하면서, 협상 자체가 불가능한 분위기를 조성하는 '공격적 방치' 또는 비포용정책을 구사하고 있다. 북한의 재래식 군사력을 의제로 상정한 것도 그 정책의 일환이라고 할 수 있다. 그러면서 부시 행정부는 북한에 대한 군사적 응징으로 '역확산 정책'과 미사일 방어 체계를 준비하고 있다.[44]

결국 문제는, 강압을 통해 북한 붕괴를 유도할 것인가 아니면 북한을 포용하면서 변화시킬 것인가로 요약할 수 있다. 예측은 쉽지 않은 것처럼 보인다. 그러나 오공단과 해식이나 놀런드가 고민하는 것처럼, 전자는 많은 비용이 드는 선택임은 분명하다. 만약 한반도 분단체제의 현상유지가 미국의 이익이라면, 북한에 대한 강압은, 잠재적 수정주의 국가인 중국에

---

[42] 이 정책목표와 북한에 대한 이미지는 '클린턴 정부'에서 대북조정관을 지낸 W. Sherman의 생각이다. W. Sherman, "Sunshine Through Cloudy Skies: Peace and Security in Northeast Asia," (2002).

[43] 결국 현실화되지는 않았지만, 2000년 10월 클린턴 행정부와 북한의 공동 커뮤니케는 향후 북한과 미국의 긍정적 관계 개선을 위한 지침을 제공하고 있다. 주요 내용은, 정전협정의 평화협정으로의 전환, 1994년 북한과 미국의 기본합의의 준수, 북한의 미사일 실험 유예 등이었다.

[44] 박건영, "부시 정부의 동아시아 안보전략과 제약 요인들,"『국가전략』 7: 4(2001), 104-117쪽.

서 온건파가 정치적 입지를 상실할 우려가 있고 북한에 대한 중국의 독점적 영향력을 회복시킬 가능성도 있다.[45] 따라서 놀런드(13, 372-374)가 우려하는 것처럼, 북한은 중국의 속국이 될 수도 있다. 그리고 더 나아가, 중국이 한반도의 분단을 불편하게 느끼고 통일한국을 선호할 경우 한반도에서 미국의 영향력을 제거하려 할 것이고 따라서 한국의 정책결정자는 통일인가 아니면 미국과의 지속적인 군사적 동맹의 유지인가를 선택하게 되는 상황에 직면할 수도 있다. 또한 강압이 야기할 수도 있는 북한의 붕괴와 그 후에 나타날 수 있는 한반도의 불안정은 미국의 국가이익에 도움이 되지 않을 수도 있다. 이를 군산복합체의 이익으로 환원할 수만은 없기 때문이다. 미국이 냉전시대의 포드주의적 축적체제에서 이른바 신자유주의적 축적체제로 전환했다고 할 때, 생산자본 및 금융자본의 자유로운 흐름이 미국에게는 국가이익의 기초가 될 수 있다. 미국은 이 초국적 자본의 이해에 조응할 수 있는 세계질서 및 동북아질서를 또한 필요로 한다.

미국은 동의에 기반한 헤게모니적 구조를 창출할 것인가 아니면 일방주의를 통한 군사적 패권을 추구할 것인가라는 선택의 상황에 직면할 것이다. 역사적 구조의 이행시기에는 안정적 재생산이 이루어지는 시기보다 훨씬 더 '행위자'의 의도와 능력이 중요할 수밖에 없다. 한반도의 평화를 원하는 국가 및 사회세력의 개입이 그 어느 때보다 중요한 시점이다.

그 실체가 아직은 분명하지 않지만 '우리'가 분단체제의 현상유지를 넘

---

45 박건영, "부시 정부와 한반도," 『한국과 국제정치』 17: 1(2001), 144쪽.

어서는 한반도의 평화를 추구하고자 한다면, 역사적 구조가 부과하는 제약 속에서 행위자의 자율성을 극대화하는 방안을 모색할 수밖에 없다. 행위자의 선택이 결국은 구조를 변경시킬 수 있는 힘이기 때문이다. (여기서 행위자의 선택은 구체적 상황에서 구체적 문제의 해결을 위해 자원을 동원할 수 있는 능력이다. 이 능력을 물질적 능력으로 환원할 수는 없다.) 우리는 힘의 비대칭이 분명한 상황에서도 지혜로운 행위자의 능력이 발휘되는 것을 보기도 한다. 남북한 관계가 북한과 미국 관계에 종속적인 것은 사실이다. 그러나 남북한 관계의 진전은 국제사회에서 북한을 정상국가로 만드는 과정이기도 하다. 와다가 지적하듯, 조일수교는 북한이 항일의 굴레를 벗어던질 수 있는 계기가 될 수 있다. 남북한 관계의 진전은 그 과정을 추동할 수 있는 힘일 수 있다. 한반도의 평화과정은 "한반도 문제의 재한반도화"를 통해 한반도 문제의 국제적 성격을 드러낼 때, 비로소 시작될 수 있을 것이다.

5. 결론 : 패러다임의 혁명은 가능한가?

이 글에서는 북한에 관해 외국인이 쓴 네 권의 책을 북한연구의 시각, 북한의 지속과 변화, 북한과 한반도의 평화과정이라는 세 주제에 걸쳐 검토했다. 특징적인 것은, 이 네 권의 책 모두, 북한의 '모두'를 다루려는 경향이 있다는 것이다. 북한에 관한 개설서가 반복적으로 등장한다는 것은, 북한연구의 한계를 보여주는 것이라고도 할 수 있다. 연구자의 국적에 그 탓을 돌릴 수도 있다. 다른 한편으로, 북한의 어느 특정 분야에 대한 미시적 연구가 불가능한 것은, 북한이라는 연구대상의 특수성 때문일 수 있다. 그러나 글을 마치면서는 북한에 대한 과도한 정책적 관심이 낳은 산물이 아닌가하는 생각을 하게 된다.

이 글에서 무엇보다도 관심을 가졌던 것은 연구자의 시각이었다. 책을 읽고 글을 쓰면서 가장 먼저 들었던 생각은, 연구자의 편견이었다. 모든 미국인 연구자들이 그러한 것은 아니지만, 이 글에서 다루고 있는 미국인 연구자들의 책은 오리엔탈리즘이라고 명명할 수 있는 편향된 가정들에 깊이 침윤되어 있었다. 오리엔탈리즘은 단순한 이데올로기가 아니다. 오리엔탈리즘은 정치권력의 행태 및 정책과 관련되어 있다. 미국의 연구자들은 북한을 자신들이 설정한 표준 속에 가두려 하고 있다. 그들의 보편이 곧 북한에도 보편이 되어야 한다는 생각이 책의 곳곳에 나타나고 있다. 일본인 연구자 와다 스스로를 타자화하려는 연구 태도가 돋보이는 것도 그리고 이 글에서 때론 하루키를 과도하게 객관적인 연구자로 취급한 이유도 바로 미국인 연구자들의 오리엔탈리즘적 사고 때문이었다.

오리엔탈리즘의 정책적 대안은, 한반도 문제의 궁극적 해결을 위해 현재의 북한을 제거하는 것이다. 그들이 생각하는 한반도 문제의 해결은, (방법론에서의 차이를 무시하는 것도 아니고 그 작은 차이가 한반도 평화를 위해서는 중요한 함의를 가질 수 있다고 생각하지만) 철저하게 미국의 이익을 관철하는 것이다. 하지만 그들이 미국인이라는 사실만으로 그 논리가 정당화될 수는 없다. 미국의 이익이 미리 주어져 있는 것이 아닐 뿐더러 미국의 이익과 인류 보편의 이익을 연계하려는 노력도 미국 내에 존재하기 때문이다. 같은 규범적 분석틀이기는 하지만 평화연구의 시각에서 북한을 바라 볼 수도 있을 것이다. 즉, 오리엔탈리즘의 극복이 오리엔탈리즘을 생산한 모국에서 가능할 수 있다면, 그 기대가 대단히 순진한 것일 수도 있지만, 바람직한 세계질서의 생산도 가능하리라는 생각을 한다.

　패러다임의 전환이 정치투쟁의 결과일 수밖에 없다는 주장을 부정하는 것은 아니다. 국제정치가 힘을 위한 투쟁임을 부정하는 것은 더더욱 아니다. 그러나 국제정치에서 특수의 차이를 관용하면서 합의할 수 있는 보편을 만들어 가는 과정을 배제한다면, '희망의 원리'를 기대할 수는 없다. 우리가 살아가는 세계는 시간이 부재한 정글이 아니다. 구체적 공간과 시간에서 희망을 찾으려는 노력들은 산재해 있다. 그리고 그 노력의 누적이야말로 패러다임 전환의 기초가 될 수밖에 없다. 패러다임의 전환이라는 시각에서 본다면, 북한연구야말로 학문공동체 사이의 그리고 각각의 내부에서의 정치투쟁이라고 해도 과언이 아니다.

　오리엔탈리즘을 비판한다고 해서 북한에 대한 비판을 봉쇄하려는 것은 아니다. 사회주의와 민족주의의 이름으로 북한이 하고자 했던 많은 실험은, 그것이 오리엔탈리즘에 대한 비판이었다고 해서 정당화될 수는 없다. 오히려 대단히 역설적이지만, 북한의 현실이야말로 오리엔탈리즘이 생명력을 유지하고 스스로를 재생산하게 하는 요인임을 부정할 수 없다. 따라서 북한 비판은 오리엔탈리즘을 넘어서는 대안의 모색 과정이기도 하다. 북한 비판의 잣대를 만드는 작업과 그 비판은 동시에 진행되어야 한다. 통약通約이 불가능하더라도 다양한 잣대의 공론장은 마련되어야 한다. 예를 들어 북한에 대한 오리엔탈리즘의 구체적 표현인 안보쟁점화 패러다임이나 북한에 대한 내재적 접근의 공과는 명확히 계산되어야 한다.

　마지막으로, 서평논문인 이 글을 마치면서 북한연구의 진전을 위해 이 글에 투영되어 있는 몇 가지 문제의식을 제안해 본다.

　첫째, 북한연구에서 이론의 위치에 대한 재고가 필요하다. 이 글의 대상이 되었던 책들을 보면 대부분 북한의 국내정치경제나 외교관계에서 나타나는 반복적 유형을 발견하곤 한다. 그러나 그 반복을 설명할 수 있는 이론은 보이질 않는다. 이론의 부재는 자칫 역사적 시공간을 무시한 반복의 예측을 반복할 수 있다. 이론의 구성은 방법론 및 자료의 한계를 극복하는 또 다른 방법 가운데 하나다.

둘째, 한국말과 영어 이외의 언어로 쓰여진 북한연구 성과의 영어화가 필요하다는 생각이다. 이 글의 서평 대상인 책들은 대부분 편향된 인용을 하고 있다. 부분적으로는, 다양한 시각이 담겨 있는 글들이 그들에게 텍스트로 제공되지 않기 때문일 수 있다. 외국인이 다양한 연구성과를 공유할 수 있게 하는 것은, 오리엔탈리즘적 지식이 생산되는 과정에 대한 적절한 개입일 수 있다. 만약 지식이 권력이라면, 그 필요는 더욱 절실하다.

셋째, 북한연구만큼 연구 자체가 정치화되는 영역이 없다고 할 때, 연구자 스스로가 자신의 좌표를 반성적으로 바라 볼 수 있는 연구 태도를 가질 필요가 있다. 그래야만 소통이 가능하다. 탈냉전시대에 한반도의 평화를 추동할 수 있는 '우리'를 구성하는 문제를 현실정치의 테두리 안에서 전개되는 정체성의 정치에 맡겨 두는 것은 과학적 연구를 정치에 종속시키는 결과를 야기할 것이다.

제8장

북한의 핵실험과 한반도 평화

결론에 대신하여

1. 북한 핵실험의 원인

2005년 2월 10일 북한은 핵무기 보유를 선언했고, 2006년 7월 5일 미사일을 발사했으며,[1] 2006년 10월 9일 핵실험을 했다. 북한은 핵실험을 예고한 10월 3일 외무성 성명을 다음과 같이 시작하고 있다.

---

[1] 북한은 2006년 6월 1일 외무성 대변인 담화를 통해 미국의 6자회담 수석대표인 크리스토퍼 힐C. Hill을 평양으로 초청했다. 그러나 미국은 이 초청에 응하지 않았고, 7월 북한은 미사일실험을 했다.

오늘 조선반도에서는 미국의 날로 가증되는 핵전쟁 위협과 극악한 제재압력책동으로 말미암아 우리 국가의 최고리익과 안전이 엄중히 침해당하고 우리 민족의 생사존망을 판가리하는 준엄한 정세가 조성되고 있다(강조는 필자).

10월 16일 스위스의 제네바에서 열린 국제의회연맹IPU 총회에서 북한의 리철 주스위스 대사 겸 주제네바 대사는 최고인민회의 대의원 자격으로 연설을 하면서 국제사회에서 핵실험의 '정당성'을 확보하고자 했다.

대화와 협상을 하겠다는 미 행정부의 주장은 적대시 정책을 달성하기 위한 연막에 다름이 아니었다. 6자회담에서 오랜 논의와 협상 끝에 2005년 9월 공동성명이 합의됐다. 그러나 그 직후 미국은 조선에 대한 일방적인 금융제재를 강행했다.

나는 왜 조선이라는 작은 나라가 어쩔 수 없이 핵 억제력을 보유하고 핵실험을 하게 됐는지에 관해 모든 의원들이 공정하고 객관적인 이해를 갖기를 희망한다(강조는 필자).

북한의 발표를 액면 그대로 받아들이면, 북한이 핵실험을 한 이유를 쉽게 추론할 수 있다. 큰 국가인 미국이 작은 국가인 북한에 대해 "악의 축" 운운하면서 "핵 선제타격"까지 고려하고 있는 상황에서 "자위적전쟁억제력"을 가질 수밖에 없었다는 것이다. 핵무기를 가진 상태에서 북한은 한반도의 비핵화와 전 세계적인 핵군축 및 핵폐기를 요구하고 있다.[2] 핵실험

---

2 외무성 성명에서 북한은, "조선반도의 비핵화를 실현하고 세계적인 핵군축과 종국적인 핵무기철폐를 추동하기 위하여 백방으로 노력할 것"이라고 주장했다. 북한의 발표문은 www.kcna.co.jp를 참조. 1964년 10월 중국이 핵실험을 하고 나서 발표한 성명과 북한의 핵실험 전 성명은 비슷한 내용을 담고 있다. 미 제국주의의 핵 공갈과 위협정책에 대한 투쟁으로 핵실험을 했지

직후 북한의 조선중앙통신은 "핵시험은 조선반도와 주변지역의 평화와 안정을 수호하는데 이바지하게 될것이"라고 주장하기도 했다. 북한의 말과 행동에서 우리는 군사적 방법에 의한 평화를 추구하는 전형적인 모습을 발견할 수 있다.

2. 북한 핵실험에 대한 주변국의 대응

북한적 시각에서 국가이익을 극대화하고자 하는 행위인 핵실험에 대한 남한을 포함한 주변국의 대응도 북한의 핵실험 이유만큼이나 명확했다. 북한의 핵무기 보유를 인정하지 않겠다는 것이었다. 그리고 외교적 방법으로 북한의 핵무기를 제거하겠다는 것이었다.[3] 특히 북한이 '공식적으로' 조준하고 있는 미국 부시행정부조차도 북한의 핵실험을 "도발적 행위"provocative act라고 규탄하면서도 "외교적 노력을 경주할 것"The United States remains

---

만, 핵무기를 선제사용하지 않을 것이며 핵무기를 전면적으로 금지하고 폐기하는 문제를 논의해야 한다는 것이 중국의 핵실험 이후 성명의 주요 내용이었다. 『人民日報』, 1964년 10월 17일. (중국의 성명서를 번역해 준 안치영 박사에게 감사한다.)

3 한국 정부의 성명서에는 "한미동맹을 바탕으로 하여 북한의 어떠한 도발에도 대처하겠다"는 내용도 담겨 있었다. 북한과 동맹관계를 유지하고 있는 중국도 대화를 통한 평화적 해결을 강조하면서도 "조선민주주의인민공화국이 국제사회의 만장일치적 반대에도 불구하고 제멋대로 핵실험을 했고, 중국 정부는 북한의 핵실험에 강력히 반대한다"는 강한 어조의 반대의사를 표명했다. 한국 언론에서 '제멋대로'로 번역된 거친 표현이 중국 『인민일보』 영문판(http://english.peopledaily.com.cn)에는 outrageously로 표기되어 있다. 미국 정부와 언론은 이를 '뻔뻔하게'brazenly로 번역하고 있다. http://korean.seoul.usembassy.gov 참조.

committed to diplomacy임을 밝혔다. 동시에 미국은 북한의 핵무기와 관련된 자신이 설정한 '금지선'red line을 명확히 했다.4

> 북한이 핵무기나 핵물질을 다른 나라나 조직에 이전하는 것은 미국에 대한 심각한 위협으로 간주될 것이며 북한은 그러한 행동으로 인한 모든 결과에 책임을 져야 할 것이다(강조는 필자).

북한은 10월 3일 외무성 성명에서 "핵무기를 통한 위협과 핵이전을 철저히 불허할것이다"고 밝힌 바 있다. 북한은 미국의 부시행정부가 설정하려 했던 금지선을 정확히 예측하고 있었다.

미국 정부의 '외교적' 노력은, 북한을 제외한 6자회담 참여국이 유엔에 의한 대북제재(UN Resolution 1718, 2006년 10월 14일)에 동의하게끔 하고 미국 주도의 PSI대량살상무기 확산방지구상의 강화를 도출한 다음, 6자회담 재개에 대한 합의를 만드는 방식으로 전개되었다. 미국식 '강압외교'coercive diplomacy의 전형적 모습이라고 할 수 있다. 강압외교가 반드시 폭력을 동반하는 것은 아니지만, 강압외교는 조직적 폭력의 사용을 암시함으로써 위협을 극대화하여 상대국이 순응하게 하는 외교적 행태다.5 북미관계에서 미국의 강압외교는 미국의 시각에서는 전쟁을 예방하는 억지deterrence일 수 있지

---

4 북한의 핵실험에 대한 미국 부시 대통령의 성명서President Bush's Statement on North Korea Nuclear Test. http://www.whitehouse.gov/news/release/2006/10/20061009.html 참조.

5 다니엘 바이먼, 이옥연 옮김, 『미국의 강압전략: 이론, 실제, 전망』(2004); P. Morgan, *Deterrence Now* (2003).

만 북한의 시각에서는 위협의 사용을 전제한 강요compellance로 읽힐 수 있다. 억지와 강요 모두 강압외교의 구성요소다. 실제로 9·11 이후 미국의 이라크 침공에서 볼 수 있는 것처럼, 테러와의 전쟁과 함께 전개되고 있는 미국의 강압외교는 조직적 폭력을 수반할 가능성이 높은 것도 사실이다.

2006년 10월 19일 미국 부시행정부의 국무장관 라이스G. Rice는 유엔의 대북제재가 봉쇄blockade가 아니라 북한 화물의 정밀조사scrutiny를 위한 것이라고 주장하면서 외교적 접근을 강조하기 시작했다. 그러나 당연히 북한은 미국 주도의 유엔 대북제재와 PSI를 "반공화국제재봉쇄"로 해석한다. 라이스의 발언에서 주목되는 것은 미국의 대북정책에 대한 국제사회의 비판에도 나름의 반응을 보였다는 점이다.[6]

세계의 여러 문제들이 미국의 자세에 대한 문제로 귀결되는 경우가 종종 있습니다. 북한을 둘러싼 현재의 공방에서도 이러한 견해가 나타납니다. 일각에서는 미국이 과거에 한 혹은 하지 않은 행위 때문에 북한이 지금과 같은 식으로 행동한다고 말합니다. 하지만 그것은 문제의 핵심에서 벗어난 말입니다. 지난 수년간 북한과의 수많은 외교 노력에 있어서, 한 가지 상수가 있었습니다. 북한의 상태를 지금처럼 비극적으로 만든 근본적인 결정을 한 것은 미국이 아니라 북한의 지도자들입니다(강조는 필자).

북한 지도부에 대한 미국 정부의 불신을 적나라하게 보여주는 언명이다.[7]

---

[6] 2006년 10월 25일 워싱턴의 헤리티지 재단에서 열린 곤돌리자 라이스 국무부장관의 연례 이병철 기념 강연. http://korean.seoul.useembassy.gov/dopk20061025.html 참조.

[7] 2006년 11월 미국 상무부 장관이 북한에 대한 사치품 금수를 발표하면서 한 발언도 미국 정부의 북한 지도부에 대한 부정적 인식의 단면을 드러내고 있다. "북한 주민들이 식량난으로 고통

결국 북한의 핵실험 이후 2개월 여가 지난 2006년 12월 6자회담이 재개되었다. 2005년 9·19 공동성명과 2005년 11월의 5단계 1차 회담 이후 1년 여가 지난 시점이었다. 6자회담은 북한과 미국이 미국의 대북 금융제재를 논의하는 '양자회담'과 동시에 진행되었다. 두 회담의 동시 진행은 5단계 2차 6자회담의 독특한 특징이었다.

그렇다면 6자회담은 왜 그리고 어떻게 재개될 수 있었는가?

북한의 핵실험이 6자회담 '재개를 위한 협상'을 가능하게 한 촉발요인이었음을 부정할 수는 없다. 북한의 핵실험이 없었다면, 2006년 12월의 시점에서 6자회담이 재개되기는 어려웠을 것이다. 그리고 북한의 인접국인 중국이 6자회담 재개를 위한 협상의 적극적 중재자 역할을 할 계기를 가지지 못했을 것이다. 5단계 2차 6자회담의 재개 과정에서는 중국 정부의 외교적 역할이 두드러졌다. 중국 정부는 6자회담 재개의 계기였던 2006년 10월말 중국의 베이징에서 열린 북한, 중국, 미국의 3자회동과 계속된 북미 양자대화를 매개했다. 북한은 자신들이 6자회담의 재개에 동의한 이유로, "6자회담틀안에서 조미사이에 금융제재해제문제를 론의해결할것이라는 전제"가 있었기 때문이라고 밝힌 바 있다.[8] 북한식 표현에 따르면 마카오 소재 방코델타아시아은행BDA의 북한계좌에 대한 동결은 "핏줄을 막아 우리를 질식시키려는 제도말살행위"였다. 미국 국무부에서 생산하는 '워싱턴 파일'Washington File의 6자회담 재개를 환영하는 기사의 부제는, "부시가 중국

받고 있는 가운데, 북한 정권이 코냑과 시가를 즐기는 데에는 어떠한 변명도 있을 수 없다."
8 『조선중앙통신』, 2006년 11월 1일.

에게 감사한다"Bush thanks China는 것이었다.[9] 라이스의 외교적 접근에 대한
강조도 북한을 6자회담에 복귀시키려는 중국의 외교적 노력에 대한 호응
이기도 했다. 그러나 미국이 6자회담에 복귀한 것이 미국의 대북정책의 근
본적 변화를 알리는 신호인지를 알기는 어렵다. 반면, 2008년 베이징 올림
픽, 2010년 상해 엑스포를 성공적으로 개최해야 하고, 국내적으로는 계급
갈등의 격화를 막는 '사회주의 조화사회'를 건설하고 국제적으로는 화평발
전和平發展, peaceful development을 통해 '중화문명의 부흥'을 도모하고 있는
중국에게 지리적으로 인접한 북한에서 발생한 핵실험은 위기이자 기회로
작동하고 있는 것처럼 보인다.[10] 북한의 핵실험은 중국의 화평발전을 부분
적이지만 위협할 수 있다는 점에서는 위기이지만, 중화문명의 외교적 역량
을 제고할 수 있게 한다는 점에서는 기회일 수 있다.

6자회담 및 북미대화를 통한 문제해결에 동의하는 북한과 미국 그리고
나머지 참여국들은, 문제의 해결을 위해서는 2005년의 9·19 공동성명으로

---

9 Washington File, U.S. Welcomes North Korean Decision To Return to Six-Party Talks,
31 October 2006. http://americancorners.or.kr/e-infousa/wwwh5612.html. 2006년 10월
25일 미국 백악관의 "대북정책 자문회의"가 6자회담 재개를 만들어 낸 회의였던 것처럼 보인
다. 미국 정부의 대북정책 결정자들과 동아시아 전문가들이 참여한 회의에서 부시는 중국의
대북정책이 변했는가를 질문했고, 중국의 대북정책이 강경으로 선회했다는 대답을 듣고 10월
27일 중국이 제안한 대로 북미 비밀접촉에 응했다고 한다. 『한겨레신문』, 2006년 12월 25일.

10 화평발전과 중화문명의 부흥에 대해서는, 중국개혁개방논단 이사장이면서 화평굴기和平崛起 개
념의 창안자인 정비젠鄭必堅의 2006년 4월 19일 미국에서의 연설인, "China's Road to
Peaceful Development and the Future of Sino-US Relations" 참조. 사회주의 조화사회에
대해서는, 조영남, "조화사회 건설: 후진타오 통치이념의 등장," http://www.kifs.org 참조.
(검색일 2007년 1월 6일)

돌아가야 한다는 것에 의견을 같이한다. 어떤 국가도 9·19 공동성명을 부정하지는 않는다. 즉, 6자회담 참여국들은 문제해결을 위한 '정답'을 공유하고 있다. 그 정답은, 북한의 핵폐기와 북한에 대한 미국의 안전보장, 북미, 북일관계의 정상화, 6자의 경제협력, 한반도 평화체제의 구축 및 동북아 다자간 안보협력의 증진 등이다. 이를 실현하기 위해 합의된 방법이 "공약 대 공약"commitment for commitment과 "행동 대 행동"action for action의 원칙이다. 우리는 또한 9·19 공동성명과 비슷한 정답을 여러 개 가지고 있다. 1989년 말 북한이 영변 핵시설에서 플루토늄을 추출할 가능성을 미국이 탐지한 이후 시작된 북미갈등의 역사에서 등장한, 1994년 10월의 제네바 합의와 2000년 10월 북미 공동코뮤니케도 9·19 공동성명과 비슷한 내용을 담고 있는 정답들이다. 여기에 2002년 9월 북일관계의 정상화를 주요 내용으로 담고 있는 평양선언이 추가될 수 있을 것이다.

2006년 12월 6자회담 이후 북한과 미국의 '말'을 들어 보면 북미갈등의 해결은 요원한 일처럼 보인다. 6자회담이 진행되던 2006년 12월 21일 미국의 힐 차관보는 '북핵문제'를 검증 가능한 방법을 해결하는 것이 6자회담의 목표로 말하고 있지만, 6자회담이 "동맹관계를 굳건히 다지"며 중국과 미국의 협력을 실험하는 계기여야 함을 강조하고 있다.[11] 즉, 미국은 6자회담을 동북아 질서를 재편하는 계기로 활용하고 있다. 미국의 라이스 국무장관의 발언에서도 미국이 6자회담에 참여하는 이유를 읽을 수 있다.[12]

---

11 "베이징 6자회담에서 이행조치 강구," http://korean.seoul.usembassy.gov/420_122106.html.
12 라이스 국무장관의 이병철 기념 강연.

한 가지 분명한 사실은 동북아시아 국가들 간의 전례 없는 협력과 그러한 협력이 가져오는 이점은 우리가 북한과의 양자접촉을 시도했더라면 성취하기가 매우 어려웠을 것이라는 점입니다. 다자간 협력은 북한이 올바른 선택을 하고 핵 프로그램을 포기하도록 설득하는 최선의 수단입니다.

미국이 일본 및 다른 나라들과의 미사일 방어 시스템을 확대하려 하면서, 그리고 "미사일 방어 시스템이야말로 북한의 어떤 시도도 무력화할 수" 있는 것이라고 말하면서, 즉 동북아에서 다자관계보다는 양자관계를 유지·강화하면서, 동북아 차원의 다자협력을 말하는 것은 모순처럼 보인다. 6자회담 직후 북한이 발표한 2007년 1월 신년공동사설에서도 핵무기 폐기의 의지를 읽기란 어렵다.[13]

우리가 핵억제력을 가지게 된것은 그 누구도 건들릴수 없는 불패의 국력을 갈망하여온 우리 인민의 세기적숙망을 실현한 민족사적경사였다. 우리 군대와 인민은 그 어떤 원쑤들의 핵전쟁위협과 침략책동도 단호히 짓부시고 사회주의조국을 끄떡없이 지켜낼수 있게 되었다.

말만을 보면 미국과 북한의 동상이몽을 확인할 수 있다. 그리고 담론을 통해 구성하려는 정치질서의 대립을 추론할 수 있다.

---

13 "승리의 신심드높이 선군조선의 일대 전성기를 열어나가자," 『로동신문』, 2007년 1월 1일.

3. 북미갈등의 심층구조

1989년부터 계산하면 무려 18년의 시간이 흘렀음에도 불구하고 북미 갈등은 왜 해결되지 않는 것일까?

1994년 제네바 합의를 둘러싼 북한과 미국의 '생각들'은 이 질문에 답을 할 수 있는 하나의 실마리를 제공해 주고 있다. 제네바 합의는 북한이 핵을 포기하는 대가로 경수로를 지원해 주는 것과 더불어 북미관계의 정상화라는 내용을 담고 있다. 또한 제네바 합의는 북한에 대해 미국이 핵공격을 하지 않겠다는 소극적 안전보장에 대한 합의이기도 했다. 반면, 제네바 합의는, 1991년 북한이 남한에 대한 미국의 핵우산을 인정하면서 한반도 비핵화에 동의한 것처럼, 남한에 대한 미국의 핵우산, 즉 적극적 안전보장을 인정한 것으로 해석될 수 있다.[14] 이 비대칭성에도 불구하고 제네바 합의는 적대관계를 지속했던 북한과 미국이 관계정상화를 위해 내딛은 첫 걸음이었다고 평가할 수 있다.

그러나 제네바 합의를 체결할 당시 미국과 북한은 합의 그 자체보다는 합의가 붕괴될 가능성을 더욱 심각하게 생각하고 있었다. 제네바 합의의 협상과정에서 미국의 중앙정보국은 북한이 경제위기로 정치적 내파內破, implosion를 겪을 것이며 5년 안에 그런 상황이 발생할 것이라고 전망했다고 한다.[15] 제네바 합의가 만들어질 즈음에, 즉 평화가 다가오고 있다고 다들

---

14 이정철, "제네바형 복합적 안전보장체제의 해체와 북핵관리론: 핵군축의 한계와 전망," http://www.knsi.org. (검색일 2007년 1월 6일)

생각할 시점에, 북한은 평화를 지키기 위해서는 '장기항전'의 태세가 필요하다고 생각하고 있었고, 이를 위한 준비로 '선군정치'先軍政治를 시작하게 된다.[16] '곧' 붕괴할 정권을 위해 미국이 합의사항을 이행할 가능성은 거의 없었고, 다가올 공세를 준비하는 '포위된' 북한이 제네바 합의가 실현될 것이라고 생각하지는 않았을 것이다.

미국에게 북한은 냉전시대에는 적의 하수인이었고 탈냉전시대에는 미국의 안보를 위협하는 몇 안 남은 '깡패국가'일 뿐이다. 미국 공화당과 민주당은 이 인식을 공유하고 있다. 다만 차이가 있다면, 북한이라는 국가를 사망에 이르게 하는 방법에서다. 미국의 정계에서는, 강압을 통해 북한의 붕괴를 유도할 것인가, 아니면 북한을 포용하면서 자연사自然死에 이르게 할 것인가를 둘러싼 논쟁이 전개되어 왔다. 미국의 강압정책이 오히려 북한의 핵개발과 같은 대응을 야기하여 체제 안정성을 높이고 있기 때문에 북한을 개방으로 유도하는 정책을 추구해야 한다는 부시 행정부의 대북정책에 대한 비판에도 결국 북한 또는 북한정권의 붕괴가 전제되어 있다.[17] 반면, 북한에게 미국은 한국전쟁 시기에 자국의 영토를 초토화시킨 국가로 각인되어 있다. 한국전쟁 이후 북한은 미국의 핵무기와 한미동맹으로부터 군사적

---

15 『한겨레신문』, 2006년 11월 2일.

16 이정철, "북핵의 진실 게임과 사즉생死卽生의 선군정치," 경남대 북한대학원 엮음, 『북한 연구의 성찰』(2005).

17 I. Bremmer, *The J Curve: A New Way to Understand Why Nations Rise and Fall* (2006), pp. 27–46.

위협이 상존한다고 생각하면서 살아 왔다. 탈냉전시대에 접어들어 북한은 미국의 핵위협을 피부로 느끼면서도 그에 함께 대항할 수 있는 친구를 찾을 수 없을 정도로 고립무원의 상태에 있다고 생각했을 것이다. 즉, 미국과 북한은 서로의 이념적 차이에서 발원하는 '적대적 정체성'을 재생산하고 있고, 이 적대적 정체성이 매개변수 없이 안보위협으로 전환하는 경험을 하고 있다. 큰 나라와 작은 나라의 대립이라는 점에서 북한이 느끼는 안보위협은 미국이 느낄 수도 있는 안보위협과는 비교가 안 될 정도로 크게 다가올 것이다.

따라서 미국과 북한 그리고 특히 큰 나라인 미국의 인식이 전환이 없다면 북미갈등이 종식될 가능성은 높지 않다고 예측할 수 있다. 그러나 적대적 정체성을 가진 국가들의 상호작용이 반드시 적대만을 결과하는 것은 아니라는 사실에 주목을 할 필요가 있다. 정체성이 그 국가의 이익을 구성하는 요소이기는 하지만 이익이 정체성을 변화시킬 수도 있기 때문이다. 예를 들어 미국은 9·11 이후 테러와의 전쟁을 수행하면서 1998년 핵실험을 했던 '깡패국가'인 파키스탄에 대한 제재조치를 해제하고 군사원조까지 제공하고 있다. 미국은 파키스탄의 지위를 동아시아의 필리핀과 같이 미국의 핵심 비나토 동맹국으로 격상했다.[18] 심지어 미국은 '적성국가'인 쿠바의 '민주화'를 위한 법령들을 제정하면서도 쿠바와 불법이민이나 마약단속 그리고 국방부문에서 신뢰구축을 하고 있다.[19] 탈냉전시대 북한의 대외정책

---

18 로즈메리 푸트, 이성택 옮김, "콜래트럴 데미지: 아태지역에서의 대테러 조치가 초래한 인권침해," 『인권평론』 창간호(2006).

도 정체성에만 기반한 것은 아니다. 핵실험에서 볼 수 있듯이 자신의 이익을 계산하는 합리적 행위자로서 북한도 이익을 고려하면서 대미인식을 변화시키는 모습을 볼 수 있다. 예를 들어 미국 내의 대북 강경파와 온건파를 구분하기도 하고 미국과의 적대적 관계를 강조하면서도 대화와 협상의 필요성을 언급하기도 한다.

북한과 미국의 서로에 대한 적대적 정체성이 지속된다고 할지라도 서로의 정체성을 변화시킬 수 있는 '이익의 재정의'가 있을 수 있다면 북미갈등은 완화되거나 전환될 수 있었을 것이다. 그러나 북한과 미국은 적대관계의 유지가 서로에게 이익이 된다고 생각했던 것처럼 보인다. 오히려 갈등의 지속이 서로에게 이익일 수 있었다는 것이다. 음모론으로 비판받을 수 있지만, 미국에게 '북핵문제'는 북한문제가 아니라 동북아 질서 재편의 문제다. 특히 2001년 9·11을 전후로 미국의 '개입과 전쟁' 노선이 확립된 후 발생한 제2차 '북핵위기'는 동북아 질서의 지각변동 과정을 표현하는 한 형태다. 미국은 미일동맹과 한미동맹의 글로벌 동맹으로의 재편, 주일미군과 주한미군의 군사혁신military transformation 및 전략적 유연성의 확보, 미국과 일본의 미사일 방어시스템[20]의 완료가 이루어지는 시점까지는 동북아

---

19 H. Klepak, *Cuba's Military 1990–2005: Revolutionary Soldiers during Counter-Revolutionary Times* (2005), ch. 5.

20 미사일 방어시스템은 방어라는 명칭을 달고 있기 때문에 방어적 방어로 오해될 수도 있다. 그리고 그 시스템을 구축하는 주체들도 방어적 성격을 강조한다. 그러나 그 방어의 대상은 미사일 방어시스템을 공격적인 것으로 보게 된다. 미사일 방어시스템을 구축했기 때문에 보복에 대한 두려움 없이 공격을 시작할 수 있기 때문이다. Barash and Webel, *Peace and*

에서 다자적 관계를 발명하기보다는 양자적 관계를 지속하려는 것처럼 보인다. 비국가적 위협에 적극적으로 대처하면서 테러와의 전쟁을 수행하고 있는 미국의 입장에서 '북핵문제'는 동북아에서 동맹관계 재편을 위한 '정당성'의 원천이 되고 있다. 미국의 단극 패권에 맞서 중국은 다자적 질서를 선호할 것으로 보이지만,21 미국은 동북아에서 중국'패권'의 등장을 예방할 수 있는 동맹관계의 재편이 완료되었다고 판단하기 전까지는 동북아에서 다자적 질서의 형성에 동의하지 않으려 할 것이다.

반면 북한의 입장에서 북미갈등이 자국의 안보에 대한 위협임은 분명하지만, 북미갈등의 지속이 반드시 북한에게 불리한 것만은 아니다. 북미갈등이 지속되는 한 동북아에서 미국의 단극 패권을 견제하려는 동북아의 강대국인 중국과 러시아를 '활용'할 수 있는 여지를 만들 수 있기 때문이다. 북한의 이익구성에 영향을 미치는 또 다른 요인은 '정상국가화의 딜레마'에 있는 것처럼 보인다. 북미갈등이 종료되면 북한은 국제사회에 '정상국가'로 복귀할 기회를 맞이하게 된다. '정상국가'로서 다른 국가와의 정치경제적 교류가 활성화될 때, 북한정권 및 북한식 정치경제체제가 위협에 노출될 수도 있다. 역설적이지만 북미갈등은 북한의 '정치적 안보'에 순기능적 역할을 할 수 있다는 것이다.

Conflict Studies, p. 312.

21 이태환, 『동북아 다자안보에 대한 중국의 입장』(2006).

4. 북한 핵실험의 효과

북한과 미국의 정체성과 이익의 구조가 북미갈등을 재생산하고 있는 상황에서, 북한은 핵실험을 했다. 북한의 핵실험은 북미갈등의 새로운 국면으로의 진입을 의미하는가? 즉, 북한은 핵실험을 통해 자신들이 주장하는 것처럼 "자위적전쟁억제력을 강화하는 새로운 조치"를 마련했기 때문에 6자회담과 북미협상을 "핵군축" 협상으로 바꿀 수 있게 되었는가라는 질문을 제기해 볼 수 있다.

국제정치에서 상대방의 군사적 공격을 예방하는 억지는, 효과적인 군사적 능력을 갖추었을 때, 상대방에게 수용할 수 없는 비용을 부과할 수 있을 때, 공격을 받았을 때 그것을 사용할 수 있을 때 상대방에게 설득력을 가진다.[22] 서로를 확실히 파괴할 수 있다는 전제하에 가능했던 냉전체제의 핵억지는 미국과 소련의 국가전략이기도 했다. 북한의 핵실험이 위의 세 조건을 만족시킬 수 있다면, 북한은 미국에 대해 자위적 핵억지 능력을 갖추었다고 평가될 수 있다. 그러나 실제 북한의 핵능력은 핵무기를 직접 사용하기 전에는 검증되기 힘들다. 특히 북한이 미국에 대해 핵억지 능력을 갖추기 위해서는 대륙간 탄도미사일과 같은 장거리 운반수단을 필요로 한다. 2006년 7월 북한의 미사일발사가 핵억지를 실현할 수 있는 지휘소 훈련이었다는 평가를 기초로 실제로 북한이 핵억지 능력을 갖추었다는 주장도 제기되고 있다.[23] 실제로 북한이 미국에 대해 핵억지 능력을 갖추었다

---

[22] Morgan, *Deterrence Now*, p. 4.

면, 그것은 '최소 억지력'이다. 즉, 북한은 저비용 고효율의 안보정책을 추구하고 있는 것이다. 따라서 북한 핵이 협상용인가 아닌가 하는 논란은 무의미하다. 북한은 핵무장을 하려 하고 있다.[24]

작은 수의 핵무기로 최소 억지력을 보유한 북한은 '실존적' 억지 능력을 가질 수 있다. 그리고 그 억지력이 적절하게 기능한다면, 대량의 핵무기 보유 및 군비경쟁을 필요 없게 만들고 위기와 대결을 최소화할 수도 있다.[25] 그러나 작은 수의 핵무기는 억지의 대상에게 제거의 유혹을 느끼게 할 수도 있다. 동시에 작은 수의 핵무기를 보유한 국가는 그 숫자가 주는 잠재적 취약성 때문에 그 무기를 사용하거나 또는 포기하려는 경향을 보일 수 있다. 작은 숫자의 핵무기를 가지고 있을 때의 역설적 상황이다.[26] 북한의 억지력은 어떤 효과를 발휘할 수 있을 것인가? 북한은 어떤 선택을 하게 될 것인가? 핵을 사용할 것인가, 포기할 것인가?

미국은 북한이 2005년 2월 북한이 핵무기 보유를 선언했을 때, 2006년 10월 핵실험을 했을 때 모두 평화적 해결과 외교적 접근을 강조했다. 정확히 이야기한다면, 미국은 북한의 핵보유를 '무시'하고 있다. 북한이라는 작은 나라가 유일 패권국인 미국에 권력정치로 맞서는 초유의 사태를 용인하

23 이정철, "제네바형 복합적 안전보장체제의 해체와 북핵관리론"; 최한욱, 『핵과 한반도: 북미 핵대결 미국은 굴복한다』(2006).

24 북한 핵개발의 간략한 역사에 관해서는, 정창현, "핵과 국제정치, 북한은 왜 핵을 가지려 하는가?" 전현준 외, 『10·9 한반도와 핵』(2006) 참조.

25 Morgan, *Deterrence Now*, p. 23.

26 Barash and Webel, *Peace and Conflict Studies*, pp. 335-336

지 않겠다는 태도다. 만약 미국이 북한의 핵억지를 인정한다면 이는 미국이 설정한 핵표준의 붕괴를 의미한다. 또 힘의 분포로 국제정치 구조를 설명하는 현실주의 이론의 수정을 요구하는 것이기도 하다. 억지이론에서도 상대방의 억지력을 인정하는 것을 '협력'으로 간주한다.[27] 즉 미국이 북한의 핵억지를 인정하는 것은 자신의 정책을 수정하고 북한과 협력하겠다는 의지의 표현일 수 있다. 따라서 미국의 정체성과 이익의 구조가 바뀌지 않는 한 북한의 핵보유를 인정하는 것은 쉽지 않은 일일 것이다. 그럼에도 냉전시대의 경험에서 볼 수 있는 것처럼 핵무기를 둘러싼 대립이 정치적 대화의 가능성을 봉쇄하는 것은 아니다. 미국은 북한의 핵군축 협상 제안을 일축하면서, 협상을 동반한 강압외교를 계속하려 할 것이다.

미국이 북한의 억지력을 수용하지 않거나 북한과 협상하려 하지 않을 때, 북한이 '일관된' 선택을 한다면, 하나의 대안만이 있을 뿐이다. 핵무기고를 늘리면서 핵무기의 운반능력을 실증함으로써 미국이 억지력을 인정하게끔 강요하는 것이다. 미국으로부터 억지력을 인정받고자 하는 협상이 실패하게 되면 북한은 극단적인 경우 핵이전을 위협의 수단으로 활용할 수도 있다.[28] 국제적인 핵비확산NPT 레짐의 사실상의 붕괴도 북한의 핵개발을 추동하는 요인이기도 하다. 미국, 러시아, 중국 등의 핵무기 보유국이 핵군축 '의무'를 이행하기보다는 오히려 신형 핵탄두의 개발과 같이 핵무기고를 증강하려 하고 있고 이스라엘과 인도에 대해서는 핵보유를 인정하는

---

[27] Morgan, *Deterrence Now*, p. 12.

[28] 최한욱, 『핵과 한반도』, 222쪽.

이중 잣대를 사용하고 있는 상황에서 핵보유국들이 핵무기를 보유하지 않은 다른 국가들에게 핵비확산을 요구하는 것은 정당하지 않을 수 있다. 중국과 러시아는 미국의 핵패권 및 미사일방어 시스템 구축에 맞서 핵협력을 강화하고 있다.[29] 미국은 2006년 NPT에 가입하지 않은 인도와 핵협정을 체결했고, 중국은 인도와 핵기술 이전에 합의했다. 러시아도 인도와의 핵협력을 모색하고 있고, 일본도 인도의 원자력발전소 건설에 참여함으로써 얻을 수 있는 경제적 이익을 계산하면서 인도의 핵보유를 인정하려 하고 있다.

6자회담에 참여하고 있는 국가 가운데 한국을 제외한 다섯 국가가 모두 핵비확산 레짐의 붕괴에 기여하고 있는 셈이다. 북한은 자신들이 2003년 1월 '핵무기전파방지조약'NPT 탈퇴를 선언했기 때문에 핵무기 개발이 합법적이라고 주장하고 있다.

5. 북한 핵실험의 정당성(?)

그럼에도 우리는 북한의 핵무기 개발이 '정당한가'라는 질문을 던지지 않을 수 없다. 이 질문은 북한의 핵무기 개발이 국제법의 위반인가 아닌가를 묻는 것을 넘어선다. 우리는 이 질문을 통해 강대국의 권력정치를 제어

---

29 중국은 북미 전역을 타격할 수 있는 '東風-41'을 개발 중에 있을 뿐만 아니라 위성요격용 anti-satellite 탄도미사일 발사에 성공했다고 한다.

할 수 있는 국제관계의 진보, 남북한 관계의 진보, 남북한의 진보가 가능한 가를 물으려 한다. 결국은 세계사적 맥락과 한반도적 맥락을 고려하면서 한반도 평화는 어떻게 가능할 것인가를 묻는 것이다. 북한의 핵무기 개발이 정당한가라는 질문은 한반도 평화는 어떻게 가능할 것인가에 대답하기 위한 전단계의 질문이다.

북한의 핵무기 개발은 그들이 주장하고 있듯이 국제법 위반이 아닐 수 있다. 북한의 핵무기 개발의 합법성 여부를 논의할 수 있는 국제법적 자료는 "핵무기에 의한 위협 또는 그 사용의 합법성"Legality of the Threat or Use of Nuclear Weapons에 대한 국제사법재판소의 1996년 권고적 의견이다.30 이 의견의 핵심 내용은, 핵무기의 위협 또는 사용이 일반적으로 국제인도법을 위반하는 것이지만, 국가의 존망이 걸려 있는 극단적인 조건하에서는 합법인지 위법인지 확실히 결론을 내릴 수 없다는 것이었다. 이 절충은, 핵무기의 위협 또는 사용이 생명권 및 집단살해 금지 등을 위반하는 것이라는 비동맹운동 국가들의 주장을 일정하게 수용하면서도 핵무기를 보유한 국가들의 반대 및 핵에 의한 억지정책의 현실성을 염두에 둔 것이었다. 이 국제법적 권고에 따른다면, 미국의 북한에 대한 핵선제공격 의사는 핵무기를 보유한 국가들이 제공했던 소극적 안전보장을 파괴한 것이라는 점에서 국제법 위반이고, 북한의 핵무기 개발 및 보유는 타국에 대한 위협을 구성하지 않는 한 국제법 위반이 아닐 수 있지만 실제로 북한의 핵실험 및 핵무

---

30 북한의 핵무기 개발에 대한 국제법적 합법성에 관한 자세한 논의는, 이근관, "국제적 인권으로서의 평화권에 대한 고찰,"『인권평론』창간호(2006).

기 보유가 주변국에게는 위협으로 다가온다는 점에서 사실상의 국제법 위반이라고 볼 수 있다.

만약 북한이 국가의 존망이 걸려 있는 극단적 조건하에 있다면, 핵실험과 핵무기 개발은 정당화될 수도 있다. 북한 스스로는 2006년 10월 3일 외무성 성명에서 다음과 같이 주장하고 있다.

> 자기의 믿음직한 전쟁억제력이 없으면 인민이 억울하게 희생당하고 나라의 자주권이 여지없이 롱락당하게 된다는것은 오늘 세계도처에서 벌어지고있는 약육강식의 류혈참극들이 보여주는 피의 교훈이다.

미국의 이라크 침공을 염두에 둔 발언일 것이다. 미국 정부는 2002년 3월 핵태세 검토보고서에서 북한에 대해 핵무기를 사용한 선제공격을 시사한 적도 있었지만, 2006년 10월 25일의 강연에서 라이스 국무장관은 북한을 공격할 의사가 없음을 밝히기도 했다.

> 분명히 말씀드리지만, 저도 부시 대통령도 일전 언급한 바 있듯이, 우리는 북한을 공격하거나 침공할 의사를 가지고 있지 않습니다. 전 세계는 우리의 정책이 적대적이라는 북한의 주장이 그저 건설적인 선택을 거절하고 지금의 방식을 고수하려는 핑계에 불과함을 인식해야 합니다.

미국의 북한에 불신을 드러내는 또 다른 말이다. 그럼에도 미국 내부에서 북한에 대한 선제공격론이 자취를 감춘 것은 아니다.[31] 또한 미국은 북한에 대한 억지력을 강화하는 모습을 보이고 있다. 예를 들어, 북한의 핵실험 이후 미국은 일본에 F-22 전투기를, 한국에 F-117스텔스기을 배치하는 등 '신속한 전쟁 억지 방안flexible deterrent options을 점검하고 있다.[32]

미국이 다자간 핵군축을 거부하고 핵군비를 증가시키면서 북한의 핵실험을 비난할 수 없다는 주장도 제기된다. 미국은 "마치 10대 청소년들이 음주를 한다고 비난하는 알콜중독자"와 같다는 것이다.[33] 그러나 미국의 핵정책이 북한의 핵정책을 정당화하는 것은 아니다. 위협에 위협으로 맞서는 북한의 핵실험과 핵무기 개발은 한반도와 동북아에서 파국과 재앙을 결과할 수도 있다. 북한의 위협인식을 누구보다도 이해할 수 있는 비동맹운동 조정사무국조차도 북한의 핵실험에 반대하는 성명을 발표하기도 했다.

그렇다면 국제정치에서 '작은 국가'는 어떻게 해야 말을 할 수 있는가?[34]

북한의 핵실험에서 볼 수 있는 것처럼 작은 나라들이 핵무기를 소량이지만 보유하는 것이 국제정치의 권력정치적 속성을 약화시키는 하나의 방도일 수 있다. 가장 현실주의적인 대안일 수 있다. 강대국만이 국제정치의 행위자로 인정되는 세계에서 하위주체는 강대국에 편승하는 방식으로 밖에 자신을 재현하지 못한다고 주장되는 국제정치의 세계에서 작은 국가들이 국제정치의 주체로 등장하기 위해 선택할 수 있는 대안일 수도 있다는

---

31 페리 프로세스를 이끌었던 윌리엄 페리 전 국방장관은 북한의 핵실험 이후 필요하다면 대북 군사제재가 필요하다는 주장을 하고 있다.

32 『중앙일보』, 2007년 1월 13일. 그러나 미국이 일본과 한국의 핵무장을 허용할 가능성은 거의 없는 것처럼 보인다. 일본과 한국이 핵무장을 하게 되면 미국의 핵우산이 일본과 한국에 더 이상 작동하지 않게 되고, 그것은 결국 미일동맹과 한미동맹의 붕괴를 의미하는 것이기 때문이다.

33 "북한 핵정책, 미치기는커녕 매우 이성적," 『프레시안』, 2006년 10월 10일.

34 이 문제의식은 탈식민주의 이론가인 G. Spivak, "Can the Subaltern Speak?" in C. Nelson and L. Grossberg, *Marxism and the Interpretation of Culture* (1988)에서 따온 것이다.

것이다. 그러나 이 대안은 강대국의 담론을 모방하고 복사하는 것일 뿐이다. 핵무기가 평화를 가져온다는 북한의 주장은 미국의 그것과 다를 바 없다. 진정 하위주체가 자신의 담론과 정책의 정당성을 획득하기 위해서는 권력정치를 영속화하려는 강대국 담론과 인식론적으로, 정치적으로 '단절'할 수 있어야 한다. 미국이 북한을 절대적 타자화하는 것처럼, 북한도 미국을 절대적 타자화하는 방식으로 대응할 때, 즉 서로의 차이를 인정할 수 없을 때, 서로의 충돌은 불가피하다. 하위주체가 하위주체이기 때문에 그 주체의 행위의 정당성이 확보되는 것은 아니다. 하위주체가 권력정치를 넘어서기 위해서는 하위주체들의 연대와 그 연대에 기초하여 국제관계의 민주화 및 민주적 소통의 계기를 만들어 가야 한다.

하위주체는 북한이라는 국가만이 아니다. 오히려 북한의 국가는 강대국의 담론을 복사하고 모방하는 유사類似 하위주체에 가깝다. 한반도의 평화를 생각할 때, 하위주체는 남북한의 시민사회, 동북아의 시민사회, 지구 시민사회다. '사람 중심'의 국제정치를 생각할 때, 하위주체는 말할 수 있다. 평화는 사람의 삶의 문제다. 평화연구의 시각에 설 때, 북한의 핵실험 및 핵개발은 정당성을 획득하기 어렵다.[35]

무엇보다도 북한의 핵무장은 북한 주민의 삶의 질을 악화시키는 행위다. 가용한 자원의 배분에서의 우선성 문제만을 지적하는 것이 아니다. 핵무장은 자원배분의 왜곡을 통해 주민의 복지를 감소시킬 뿐만 아니라 북한

35 Morgan, *Deterrence Now*, pp. 22-23.

주민의 평화에 대한 감수성을 심각하게 훼손한다. 핵무기의 볼모로 잡힌 주민들은 일상적인 안보국가 속에서 살아 갈 수밖에 없다. 억지를 통해 평화가 확보되는 것도 아니다. 오히려 억지를 통해 안보를 추구하는 세력들은 일상적인 대내적 불안정을 국내정치에 활용하고 있다. 억지의 상호작용이 발생하게 될 때, 군사적 긴장은 더욱 높아질 수밖에 없다. 북한의 핵실험은 한반도를 포함한 동북아에서 안보와 관련되어 이익을 얻는 군산복합체와 같은 정치·사회 세력의 입지를 강화해 주는 효과를 발휘하고 있다. 안보가 모든 사람에게 혜택을 주는 공공재인 것처럼 보이지만, '안보산업'에 종사하는 특정 정치·사회 세력에게만 편익을 제공하는 사적인 재화가 될 수 있음을 우리는 북한 핵실험 이후의 정책대응을 통해 확인할 수 있다.

북한이 의도했든 의도하지 않았든 북한의 핵실험은, 핵에 의한 평화를 부정하는 남한의 평화지향적 정치·사회 세력의 입지를 약화시키고 있다. 북한의 핵실험 이후 한국 정부는 제38차 한미안보협의회SCM 공동성명에서 남한에 대한 미국의 핵우산을 이른바 '확장억지'extended deterrence라는 개념으로 다시금 확인했다. 북한의 핵실험 이후 한국 정부는 한국형 미사일 방어 시스템의 구축을 모색하고 있다. 2006년 『국방백서』에서는 북한의 핵실험 이후의 상황을 '심각한 위협'으로 기록하고 있다. 한국의 보수세력은 북한의 핵무기 개발로 남북한 군사력 균형이 붕괴되고 있고, 한국의 인질 상태가 심화되면서 안보불안이 발생할 수밖에 없다고 분석하고 있다. 북한의 핵실험 이후 미국의 한국에 대한 핵우산이나 유사시 자동개입에 대한 약속이 절실해졌다는 것이 보수세력의 주장이다.[36]

북한은 핵실험 이후, 극단적으로 이야기한다면, 남한에게 미국의 핵우산 아래에 있을 것인가, 아니면 북한의 핵우산 아래에 있을 것인가를 강요하고 있다. 전형적인 군사 중심적 국가안보담론을 복사하고 있는 것으로, 북한은 평화적 방법에 의한 평화를 추구하는 남한의 정치·사회 세력을 억지력으로 인정하고 있지 않은 것이다. 2007년 공동사설에서 북한이 제시한 남북한 관계의 구호는 "올해에 온 겨레는 ≪민족중시, 평화수호, 단합실현≫으로 6·15통일시대를 빛내여나가자!"였다. 내용은 간단하다. "우리민족끼리 …… 미국의 간섭과 방해책동을 단호히 배격해야 한다"는 것이다. 북한이 주장하는 한반도 비핵화도 핵이 없는 한반도가 아니라 10월 3일 외무성 성명에서 언급한 것처럼, "조선반도에서 우리의 일방적인 무장해제로 이어지는 ≪비핵화≫가 아니라 조미적대관계를 청산하고 조선반도와 그 주변에서 모든 핵위협을 근원적으로 제거하는 비핵화이다." 사실상 북한의 한반도 비핵화 주장은 북한의 핵무기와 남한에 대한 미국의 핵우산, 즉 한미동맹이 교환되는 한반도 '비핵지대화'에 다름 아니다.[37]

현재 한반도를 둘러싼 군사적 국제정세는 1991년 한반도 비핵화 선언 이전으로 돌아간 상태다. 그러나 한반도를 포함한 동북아의 현 상태를 경제적, 사회적, 문화적 교류의 측면에서 보면 냉전체제로 복귀하는 것은 불가능한 것처럼 보인다. 만약 북한이 동북아 질서를 냉전체제로 돌아가게끔 할 수 있다고 생각한다면 그것은 오판이다. 경제적 냉전체제를 동반한 군

---

36 김오연, "북한 핵실험의 파장과 한국의 안보과제," 여의도연구소 정책간담회 보고서 (2006년 10월 27일).

37 북한 핵문제가 아니라 "조선반도 핵문제"라는 주장은 在日本社會科學者協會가 2005년 발간한 소책자인 『「核保有宣言」の眞意と6者會談の行方』에서도 확인할 수 있다.

사적 냉전체제는 동북아경제는 물론 세계경제를 위기로 몰아갈 수 있다. 설령 미국이 군사적 냉전체제를 선호한다고 하더라도 자신의 국제수지와 재정수지 적자를 보전하는 동북아경제를 위기로 치닫게 하는 냉전체제로 몰아가는 것에 동의할 수 없을 것이다. 북한의 핵실험으로 조성된 군사적 긴장은 북한을 고립된 섬으로 만들 뿐이다. 경제적, 사회적, 문화적 그물망의 상부구조로 '공포의 비대칭'을 세우게 될 때, 즉 그물망 위에 공포의 비대칭이 만들어질 때, 북한이 국제정치의 보다 중요한 행위자로 부상할 수 있는 것은, 북한이 균형을 이루는 한 축이기 때문이기보다는 북한이 위치하고 있는 공간을 형성하고 있는 취약한 그물망이 해체되었을 때 그물망 전체의 일시적 붕괴 및 공포의 현실화를 야기할 수 있기 때문이다.[38]

북한도 자신의 취약성을 잘 인지하고 있을 것이다. 북한의 핵실험 이후

---

[38] 공간적 상상력을 활용한다면 북한 핵실험 이후의 정세는, 조밀한 스프링으로 이루어진 받침대 위에 볼링공이 올려져 있는 모습으로 형상화할 수 있다. 미국이 올려놓은 볼링공, 즉 미국의 군사력은 매우 커서 조밀한 스프링에 많은 중력을 가하여 스프링을 휘어지게 만들고 있다. 미국의 볼링공이 형성하는 중력장은 지구상에서 가장 크고 따라서 미국은 다른 국가들을 변형transformation하고픈 유혹을 느끼게 된다. 그런데 이 휘어짐이 크면 클수록 미국이 볼링공을 굴리는 것은 쉽지 않은 일이다. 반면, 북한이 올려놓은 볼링공, 즉 북한의 핵무기는 몇 가닥밖에 없는 스프링 받침대 위에 위치하고 있는 형국이다. 그럼에도 균형이 발생하는 이유는 북한을 제외한 다른 국가의 볼링공을 받치고 있는 조밀한 스프링 덕택이라고 할 수 있다. 이 공간적 상상력을 제시하는 이유는 북한의 볼링공이 스프링 받침대를 끊어 버렸을 때, 스프링 받침대 위에 있는 볼링공들이 일시에 충돌할 가능성이 있다는 점을 제시하기 위해서다. 북한은 볼링공의 크기에 집착할 뿐 취약한 스프링을 근본적으로 보수하는 데는 많은 노력을 기울이지 않았던 것처럼 보인다. 6자회담 참여국들은 서로 다른 '각도'에서 이 공간을 바라보고 있다. 즉, 각기 다른 공간의 형상을 가지고 있다는 것이다. 이 공간적 모습을 형상화하기 위해 공포의 비대칭이라는 표현을 사용한다.

유엔의 대북제재 결의안이 실제로 어느 정도 북한에 타격을 가했는지가 논란이 되고 있지만, UNDP유엔개발계획의 대북지원에 대한 국제적 논쟁이 일어나기도 했다. 2006년 7월 북한의 미사일발사 이후 남한의 대북지원이 중단된 상태다. 북한이 중국과의 교역 및 투자관계를 통해서만 경제를 유지한다고 할 때, 북한에 중국의 지렛대는 작동하지 않게 될 것이다. 북한으로서는 정상국가화의 딜레마가 우려되기는 하지만, 내부개혁만으로는 경제를 정상화할 수 없는 상태에서 대외 경제관계를 확대하는 것은 생존을 위해 필수적인 정책적 선택이 될 수밖에 없다. 북한이 미국의 채찍과 당근에 맞서 핵무기와 같은 '방패'를 앞세우면서도 '대화'를 이야기할 수밖에 없는 이유다.[39]

39 2006년 12월의 6자회담 재개 과정에서 볼 수 있듯이, 중국과 미국이 북핵문제와 관련하여 서로의 차이를 조정하는 협력관계를 유지하게 되면 북한의 선택지는 줄어들 수밖에 없다. 2007년 1월 베를린에서 열린 북미 양자대화는 북한과 미국이 9·19 공동성명의 초기 이행조치를 논의한 회담이었다고 한다. 북핵문제의 해결이 상당한 시간이 필요한 장기적 과정임에는 틀림이 없으나 BDA 문제의 해결을 포함한 초기 이행조치가 논의되었다는 것은 2000년의 북미 공동코뮤니케에서 확인할 수 있는 것처럼 북미가 서로의 정체성의 변화 없이도 서로의 이익구조를 바꿀 수 있는 계기가 마련될 수도 있음을 보여주는 것이기도 하다. 즉, 미국은 북한의 붕괴를 기대하고 북한은 핵억지 능력의 여지를 완전히 없애지 않는 방식으로 타협이 이루어질 수도 있다는 것이다. 북한의 핵억지 능력을 인정할 수 없는 미국과 체제의 내구력을 궁극적으로는 경제의 재건에서 찾을 수밖에 없는 북한이 서로의 이익구조를 바꾸는 방식의 타협이다. 이 과정에서 핵심 변수는 중미협력과 중일협력이 될 것이다. 미국이 중국과 정치군사적 협력을 할 정도로 미일동맹과 한미동맹을 재편했다고 판단한다면, 혹은 중국에 대한 봉쇄보다는 포용이 동북아에서 자국에게 유리한 질서를 구축하는 데 도움이 될 것이라고 판단한다면, 그리고 가장 가능성이 높은 시나리오이기는 하지만 미국이 중동문제에 집중하기 위해 한반도문제에서 일정하게 타협적 자세를 보이기 시작한다면, 미국과 중국의 협력을 매개로 북핵문제의 해결과정은 가속화될 가능성이 있다. 여기에 더해서 중일협력까지 가시화되면, 북핵문제의 해결과정은 동북아 차원의 새로운 다자적 질서를 만드는 과정으로 전화될

6. 한반도 평화의 길 : 무엇을 할 것인가

공포의 비대칭이 구조화될 수도 있고, 동북아 차원의 새로운 평화과정
이 시작될 수도 있는 이 지각변동의 정세에서, 한반도의 소극적, 적극적 평
화를 지향하는 세력들은 무엇을 할 수 있을 것인가? 북한의 핵실험과 이후
2006년 12월 6자회담의 재개 과정에서 볼 수 있듯이, 한국의 국가 및 한반
도와 동북아의 시민사회는 지각변동의 와중에서 불행히도 무력함을 드러
냈다. 위기의 예방과 평화의 실현을 위해 무엇을 할 것인가에 대한 고민은
왜 평화세력이 무력했는가를 반성하면서 평화를 위한 담론을 구성하는 작
업이기도 하다. 구조가 행위자의 선택에 제약을 부과하지만 결국 구조도
행위자가 만드는 것이라는 구조화이론을 받아들인다면, 구조변동의 미래
를 구성하기 위해서는 행위자들의 연합이 재편되는 과정과 그 과정에서 행
위자들의 연합을 결속하는 접착제의 역할을 하는 담론의 생산이 필요하다.

'무엇을 할 것인가'는 세 수준에서 생각해 볼 수 있다. 지구적 수준과
동북아 수준과 남북한 수준이다. 각 수준을 관통하는 실현 가능한 연대의
원칙으로 우리가 제시할 수 있는 것은 두 가지다. 하나는 '반전·반핵·평화
反戰·反核·平和의 원칙'이다. 반전·평화만을 강조하는 세력은 반핵의 보편성
을 상실하고 있다. 특히 우리는 일본인과 함께 '재일在日 조선인'이 인류 최
초의 핵폭탄 피해자였음을 상기할 필요가 있다. 그 누구보다도 우리의 반

___

수도 있을 것이다. 동북아 다자간 안보협력을 미국 주도의 질서라고 비판해 오던 북한도
2002년 일본과의 평양선언에서 동북아 다자간 안보협력에 합의한 바 있다.

핵의 목소리는 정당성을 가질 수 있다. 반면, 반핵·평화만을 강조하는 세력은 전쟁이 초래할 수 있는 재앙에 대한 고려를 하지 않고 있다. 우월한 군사력으로 바탕으로 전쟁을 빨리 끝낼 수 있다고 생각하는 것은 핵무장만큼이나 사람의 삶을 고려하지 않는 생각이다. 다른 하나의 원칙은 '평화적 방법에 의한 평화'의 원칙이다. 소극적 평화의 원천인 반전의 원칙과 더불어 우리는 사람의 삶의 질을 향상시키는 방법으로 적극적 평화를 획득할 수 있어야 한다. 반전·반핵·평화와 평화적 방법에 의한 평화는 남북한은 물론 동북아와 전 세계를 '평화국가화' 내지는 평화지향적 국가화하고자 할 때, 반드시 합의되어야 할 원칙이다. 이제 지금 여기에서 필요한 평화담론의 구성요소를 제시해 본다.

첫째, 한국의 국가와 시민사회는 지구적 수준에서 다자적 협력을 도출할 수 있는 평화와 협력의 외교정책을 전개해야 한다. 현재의 국제체제를 1(미국)+4(중국, 일본, 러시아, 유럽연합)+1(지구시민사회)로 상정할 때, 그 진화경로로 다자적 협력을 설정하는 외교정책이 필요하다는 것이다.[40] 예를 들어 국제사회가 북한의 핵폐기와 미국의 북한에 대한 체제안전보장을 교환하는 것에 동의할 수 있는 외교가 이루어져야 한다. 동시에 핵비확산 레짐의 또 다른 설립원칙인 핵군축에 대해서도 발언권을 높일 수 있어야 한다.

---

[40] 1+4+1체제의 진화경로는, ① 미국의 일방주의가 계속 관철되는 경우, ② 미국 헤게모니하에서 다자적 협력이 이루어지는 경우, ③ 1+4가 해체되고 각 극 사이의 경쟁이 격화되는 경우, ④ 지구시민사회의 영향력이 1+4를 압도하는 경우가 있을 수 있다. 국제체제의 변화를 고려하면서 한국의 글로벌 외교를 고민하고 있는 글로는, 구갑우, "글로벌 외교의 지향," 『동아시아시대 새로운 외교지형의 구축』(2006) 참조.

이를 위해 평화지향적 중견 국가의 네트워크의 구축과 지구시민사회 내에서 평화지향적 정치·사회 세력의 인식공동체를 구성하는 것을 통해 집단적, 연대적 권리인 '평화권'을 국제적 인권의 하나로 만들어갈 수 있는 외교적 노력이 필요할 것이다.

둘째, 한반도의 평화를 위해 한국의 국가와 시민사회는 현실주의적 세력균형론에 얽매어 있는 두 대안인 자주냐 동맹이냐를 넘어서서 동북아 수준에서 6자회담을 매개로 북한 핵의 폐기와 냉전체제의 해체를 유도하고 연속하여 군축과 군비통제 및 동북아 비핵지대화를 논의할 수 있는 다자간 안보협력체 ― '국가들의 동북아' ― 의 건설을 적극 추진해야 한다.[41] 동북아 다자간 안보협력은 한반도 평화체제 구축을 위한 국제적 조건이다. 물론 우리가 원한다고 해서 반드시 이러한 질서가 만들어지는 것은 아니다. 공허한 구호로만 존재했던 노무현 정부의 동북아 구상에 대한 깊은 반성이 선행되어야 한다.

동북아 수준에 대한 고려는 19세기 말 20세기 초의 조선의 경험을 반성적으로 돌아보게 한다. 중화질서에서 근대국제질서로 이행이 이루어지던 당시 조선은 일본주재 청국공사관 참찬관인 황쭌셴黃遵憲이 작성한 『조선책략』朝鮮策略에서 제시한 것처럼 '러시아 위협론'을 근거로 친親중국, 결結일본, 연聯미국의 '지역정책'을 수용한 바 있다. 이 『조선책략』의 제안에 대해 '영남만인소'嶺南萬人疏를 통해 표현된 것처럼 중화질서를 유지해야 한다

---

41 동북아 다자간 안보협력으로 가는 단계에 대해서는, 구갑우, "한국의 '평화외교': 평화연구의 시각," 『동향과 전망』 67(2006년 여름) 참조.

는 취지의 저항이 있기도 했다.[42] 그러나 당시 과장된 러시아위협론 때문에 조선은 "일본의 행태를 오판하는 한국역사상 중대한 착오를 일으키게"[43] 되고 조선은 식민지로 전락하게 된다.

동북아 지역협력이 다시금 의제로 상정되고 있는 21세기 초엽은, 국가의 사망률이 거의 영에 가까운 상태라는 점 그리고 경제적 그물망 —'자본의 동북아'[44] — 은 물론 평화지향적 시민사회의 그물망 —'시민사회의 동북아'[45] — 이 형성되고 발견되고 있다는 점에서,[46] 19세기 말에서 20세기

---

[42] 황준헌, 조일문 옮김, 『조선책략』(2001).

[43] 정용화, "한국의 지역 인식과 구상(1): 동양평화 구상," 손열 엮음, 『동아시아와 지역주의: 지역의 인식·구상·전략』(2006).

[44] S. Yusuf, M. Altaf and K. Nabeshima eds., *Global Production Networking and Technological Change in East Asia* (2004).

[45] 2006년 10월 7~9일 일본 도쿄에서는 "동아시아 평화포럼 2006"이 개최되었다. 그 포럼의 주제는 "우리들은 '동아시아인'이 될 수 있는가"였다. 이 포럼은 1995년 2월과 4월 서울과 동경에서 일본의 이와나미서점岩波書店과 한국의 크리스찬아카데미가 일본의 패전 50년 한반도의 해방 50년을 기념하기 위해 개최한 포럼을 계승한 것이었다. 포럼의 공동선언문은 다음과 같은 내용을 담고 있었다. "동아시아 지역은 경제적으로는 일체화되고 있으나 역사적 경위로 인해 많은 문제를 안고 있습니다. 첫째, 근대에 가장 먼저 근대화를 이룩한 일본(제국)에 의한 인근 국가에 대한 침략과 식민지지배에 관해, 갈등이 계속되며 아직도 화해가 이루어지지 않고 있습니다. 둘째, 냉전기에 이 지역은 둘로 분단되어 냉전체제의 최전선 국가가 되었습니다. 양측의 노력에도 불구하고 냉전체제가 계속되어 완전한 평화체제가 구축되지 못하고 있습니다. 셋째, 급속한 경제발전과 아울러 예컨대 환경문제, 에너지문제, 농업문제 및 격차문제가 생겨났습니다. 또한 새로운 문제로서, 최근 금융위기와 감염증(HIV/AIDS, SARS, 조류 인플루엔자 등) 문제도 나타났습니다. 이러한 문제에 대처하기 위해서는 지역 간의 밀접한 협력이 요구됨에도 불구하고 연대와 협력이 제대로 이루어지지 않고 있습니다. 오히려, 넷째로, 교류의 심화에도 불구하고 각국에서 배타적이고 공격적인 내셔널리즘이 불길하게 점점 고개를 들고 있습니다."

초와는 근본적으로 다른 조건에 있다고 할 수 있다. 이 차이야말로 동북아에서 폭력적 갈등을 예방하고 지역협력을 추동할 수 있는 힘이기도 하다.[47]

그럼에도 우리는 19세기 말과 21세기 초, 한국의 지역정책에서 비슷한 측면을 발견하기도 한다. 냉전체제의 유산인 미국의 동북아에 대한 양자주의적 접근, 그리고 그 접근에 기초한 미일동맹과 한미동맹의 강화론 그리고 두 동맹을 정당화하는 미국판, 일본판, '한국판' 중국 위협론이 동북아 지역협력을 가로막고 있다. 한국판 중국 위협론은 북한의 체제 전환까지 염두에 둔 미국의 변환외교transformational diplomacy가 북한을 압박하고 있는 상황에서 한국 정부가 한미동맹의 강화 쪽으로 움직일 수 있는 명분이 되고 있다. 여기에 더해서 핵실험을 한 북한까지 양자택일적 강요를 하고 있는 실정이다. 한국이 동북아의 중심이 되겠다는 공허한 구호가 아니라 동북아 국가 및 시민사회와의 진정한 협력을 기초로, 미국과 북한이 요구하고 있는 양자택일을 넘어서서, 동북아 질서로 새롭게 재편한다는 큰 목

---

46 정문길·최원식·백영서·전형준 엮음, 『발견으로서의 동아시아』(2000); 정문길·최원식·백영서·전형준 엮음, 『주변에서 본 동아시아』(2004); 정문길·최원식·백영서·전형준 엮음, 『동아시아, 문제와 시각』(1995); 백영서, 『동아시아의 귀환: 중국의 근대성을 묻는다』(2000); 강상중, 이경덕·임성모 옮김, 『오리엔탈리즘을 넘어서』(1997); 강상중, 이경덕 옮김, 『동북아시아 공동의 집을 향하여』(2002); 와다 하루키, 이원덕 옮김, 『동북아시아 공동의 집』(2004).

47 1990년대에 미국의 국제관계학자들은 냉전의 종언과 더불어 제도화된 지역협력을 갖추고 있는 유럽과 달리 제도화가 부재했던 동아시아에서는 폭력적 갈등이 발생할 것이라고 예측했다고 한다. 정통 현실주의적 시각에서는 동아시아에서 나타나고 있는 또 다른 변화, 즉 자본의 동아시아와 시민사회의 동아시아를 볼 수 없었기 때문일 것이다. 이 예측의 오류에 대한 반성으로 동아시아 안보 문제에 대해 절충적eclectic 접근을 시도하고 있는 연구서로는, J. Suh, P. Katzenstein and A. Carlson eds., *Rethinking Security in East Asia* (2004) 참조.

표 속에서 북미갈등의 중재자와 조정자 역할을 할 수 있을 때, 19세기 말과 20세기 초의 실패를 반복하지 않게 될 것이다.

셋째, 남북한 관계의 수준에서는 이른바 6·15담론에 대한 비판적 성찰이 필요하다. '6·15시대' 이후 남북한 관계는 딜레마에 빠진 상태다. 하나는 기능적 접근이 정치군사적 협력을 결과하지 않을 수 있다는 것이다. 북한의 핵실험은 기능적 접근의 한계를 보여주고 있다. 다른 하나는 보다 근본적인 것으로 남북한 관계의 화해와 협력이 진행될수록 남한은 비용을 북한은 체제의 붕괴를 고민할 수밖에 없다는 것이다. 달리 표현하면 통일을 이야기하면 할수록 누가 통일의 주체가 되어야 하는가라는 문제가 발생하게 되고 따라서 남북한 관계의 근본문제가 해결되지 않을 수 있다는 것이다.

남북한 관계의 딜레마를 극복하기 위해서는 남북한 관계에 대한 근본적인 인식의 전환이 필요하다. 지금은 그 어느 때보다도 '평화공존'의 형태에 대한 진지한 고민이 필요한 시점이다. 우리는 남북한 관계를 국가 대 국가의 관계이지만 통일을 할 수도 있는 특수관계로 재구성하는 것을 통해 한반도에 평화를 정착시키는 문제를 생각해 볼 수도 있다. 즉, 서로의 국가 정체성을 인정하는 것을 통해 한반도의 평화를 실현하는 방식이다. 예를 들어 북한에 대한 남한의 인도적 지원도 해외개발원조의 한 부분으로 재배치될 수도 있다. 통일부를 평화부로 전환하는 것도 진지하게 고려해 볼 수 있을 것이다. 한반도에 지속 가능한 평화가 정착되는 과정을 통해 한반도 통일에 대한 새로운 상상력을 갖자는 것이다.

또한 남북한 각 국가 내부의 체제 전환이 한반도 평화를 위한 필수조건이라는 인식이 필요하다. 선군축을 통한 남한의 평화국가화는 한반도의 평화를 위한 시발점일 수 있다. 북한의 핵무기에 대해 남북한이 대화를 할 수 없고, 남북한의 군비경쟁이 계속되고 있는 한 한반도의 평화는 요원할 수밖에 없기 때문이다. 북한의 체제 전환과 관련하여 우리는 북한의 진보적 미래를 생각해 보아야 하고 그 미래의 내용을 둘러싸고 논쟁을 할 수 있어야 한다.[48] 북한이 어떤 사회구성으로 전환되는가는 우리사회에도 큰 영향을 미칠 수밖에 없기 때문이다. 남한을 포함하여 국제사회는 북한이 적극적 평화를 실현할 수 있는 평화과정과 함께 가는 지속 가능한 발전을 설계할 수 있도록 지원을 할 필요가 있다. 원론적이지만 이 정도가 우리가 북한의 체제 전환에 대해 가질 수 있는 원칙이다. 북한을 강제적 방식으로 체제 전환하는 것이, 실제로 가능할지의 여부도 논란이지만 보다 중요하게는, 북한 주민의 삶의 질을 개선한다는 본래의 취지와는 다른 인도적 재난을 결과할 수 있을 뿐만 아니라 한반도의 평화를 심각하게 위협할 수도 있기 때문이다.

이상의 대안들이 무엇을 해야 한다는 방식으로 담론을 구성하고 있기 때문에 당위만을 언급하고 있다는 비판이 제기될 수 있다. 현실을 무시하고 있다는 비판일 것이다. 그러나 우리는 안보담론을 평화담론으로 전화하고자 하는 다양한 계통의 정치·사회 세력의 실천을 국내적, 국제적 수준에서 만나고 있다. 국가안보담론이 대량설득무기로 작동하는 한 한반도의 평화는 요원한 일일 수밖에 없다. 이 글에서 제시한 평화담론의 구성요소들

---

48 북한에 '민주수령형태'의 새 지도자가 등장해야 역사의 난제가 성공적으로 풀리고, 북한이 21세기 세계무대에 새로운 주인공으로 등장할 수 있다는 주장도 제기되고 있다. 하영선, "북핵위기와 한반도 평화: 진단과 처방," 하영선 엮음, 『북핵위기와 한반도 평화』(2006) 참조.

이 평화담론을 이끌어갈 정치·사회 세력의 그물망을 만들 수 있는 소통의 매개체가 될 수 있다면, 그것만으로도 충분한 의미를 가질 수 있다고 생각한다. 현실에 대한 깊은 절망에서 길러낸 담론이 현실의 정체성과 이익의 구조를 변화시킬 수 있는 힘이 될 수 있음을 생각하면서 이 책을 마치고자 한다.

이 책의 제8장 결론을 쓰고 난 후 얼마 지나지 않은 시점인 2007년 2
월 13일, 중국 베이징에서 열린 제5차 3단계 6자회담에서 "9·19 공동성명
의 이행을 위한 초기조치"Initial Actions for the Implementation of the Joint
Statement에 대한 합의가 이루어졌다. 이 후기는 2·13 합의에 대한 논평이다.

북한의 대화의지 또는 변화의지나 중미협력이 6자회담 재개의 동력은
될 수 있지만, 6자회담을 동북아질서의 평화지향적 지각변동으로 이끌기
위해서는 미국의 인식 전환과 정책 전환이 필요하다. 북한의 핵실험에도
'불구하고',[1] 2006년 12월 6자회담 이후 2007년 1월 베를린에서 개최되었

---

[1] 혹자는 북한의 핵실험 '때문에' 2·13 합의가 가능했다는 주장을 하기도 한다. 그러나 이것은
전형적인 결과주의적 해석일 뿐만 아니라 한반도 및 동북아 평화과정을 위협할 수 있는 매우
위험한 발상이다.

던 북한과 미국의 양자대화는 이제까지 북미 양자대화를 거부했던 미국의 변화로 해석될 수 있다. 이 양자대화에서 2·13 합의가 미리 논의되었다고 한다. 2·13 합의는 북한 핵시설의 단계적 폐기에 대해 다른 국가들이 경제·에너지·인도적 지원을 늘려 가는 방식으로 구성되어 있다.[2] "60일 이내"에 북한과 다른 국가들이 약속한 동시 행동이 이루어지고 그 다음 단계로 진입할 수 있다면, 6자회담은 북한 핵문제를 넘어서서 한반도의 평화와 동북아의 평화 그리고 안보협력을 논의하는 보다 진전된 형태의 다자회담이 될 수 있을 것이다.

그렇다면 미국은 왜 태도변화를 보였는가라는 질문이 중요할 수밖에 없다. 2·13 합의 이후 6자회담이 진일보한 형태가 되기 위해서는 미국의

---

[2] 2·13 합의의 주요 내용은, 북한이 "60일 이내에" 궁극적 포기를 목적으로 영변 핵시설을 폐쇄·봉인하고shut down and seal, IAEA 요원personnel을 복귀하도록 초청하며, 사용 후 연료봉으로부터 추출된 플루토늄을 포함한 핵 프로그램의 목록을 여타 참가국들과 협의한다면, 북미관계 및 북일관계 정상화를 위한 양자대화를 개시하고, 중유 5만 톤 상당의 긴급 에너지 지원의 최초 운송이 60일 이내에 이행된다는 것이다. 그리고 북한의 모든 핵 프로그램의 완전한 신고와 현존하는 모든 핵시설의 불능화disablement를 포함하는 다음 단계에는 중유 100만 톤 상당의 경제·에너지·인도적 지원을 제공한다는 것이다. 이와 더불어 "한반도 비핵화" "북미관계 정상화" "북일관계 정상화" "경제 및 에너지 협력" "동북아 평화와 안보 메커니즘"을 논의하기 위한 실무그룹을 설치하는 것에도 합의를 했다. 합의의 내용을 간략히 해석하면, 북한의 핵시설을 다른 5개국이 '구입하고', 핵시설 폐기의 정도에 따라 '성과급'을 지급하겠다는 것이다. 그리고 9·19 공동성명의 정신으로 돌아가 동북아에서 주권의 상호인정에 기반한 국가 간 관계의 정상화를 추진하는 한편 동북아 지역차원에서 평화와 안보를 위한 논의를 진행한다는 것이다. 60일 이내에 가시적 조치가 취해지고 다음 단계로의 발전이 이루어진다면, 그리고 합의문에 명시된 것처럼 9·19 공동성명의 이행과 동북아 안보협력의 증진을 위한 장관급 회담이 개최되고 한반도의 항구적 평화체제에 관한 협상이 이루어지는 별도 포럼이 만들어진다면, 2·13 합의는 한반도를 포함한 동북아에서 진행 중인 지각변동을 평화와 협력의 길로 방향을 틀게 한 역사적 계기로 기록될 수 있을 것이다.

태도변화가 불가역적이어야 하기 때문이다. 미국의 부시 대통령과 라이스 국무장관은 2·13 합의를 9·19 공동성명의 실행을 위한 첫 번째 조치로 환영한다는 의사를 밝혔다. 즉, 북핵문제에 대한 외교적 접근의 실효성을 인정한 셈이다. 그러나 미국의 변화는 제한적 정책 전환으로 해석되기도 한다.[3] 한반도보다 더 중요한 미국의 정치경제적 이익이 걸려 있는 중동의 이라크와 이란의 문제로 위기에 직면한 미국이 중동문제에 집중할 시간을 벌기 위한 정책 전환이라는 것이다. '제한적'이라는 수식어가 붙은 이유는, 부시 행정부의 중동정책에서 볼 수 있듯이 미국 정부가 외교정책의 철학적 기초로 '도덕적 현실주의'를 완전히 폐기한 것은 아니기 때문이다.[4] 특히 미국의 네오콘들은 2·13 합의에 대해 노골적인 반감을 표시하고 있는 상태다. 네오콘의 핵심 인물 가운데 하나인 존 볼턴 전 유엔대사는, "북한은 결코 핵을 포기하지 않을 것이(고), 2·13 합의가 언젠가는 깨질 것이다"라고 주장하고 있다.[5]

---

3 서재정, "베이징 합의는 20세기의 종언을 시사하는가," 『프레시안』, 2007년 2월 21일.

4 그러나 미국이 이란과 북한에 대해 이중 기준을 적용할 경우 국제사회의 비판이 거세질 것이다. 2000년부터 2003년까지 이라크의 대량살상무기를 조사하는 UN 사찰단장이었던 한스 블릭스는, 미국이 이란을 공격할 수도 있음을 염려하면서 미국에게 이란에 대해서도 북한과 같은 해결책을 제시하라고 촉구하고 있다.

5 『중앙일보』, 2007년 2월 24일. 2·13 합의의 협상과정에서 북한에 대한 에너지 지원과 관련하여 적극적인 대안을 제시하는 방식으로 주도적 역할을 했다고 자평하고 있는 한국 정부도 2·13 합의를 둘러싼 남남갈등에 직면하고 있다. 2·13 합의에 언급되지 않은 북한의 핵무기와 대북지원에 소요되는 비용이 논쟁점이다. 2·13 합의에서 일본인 납치문제를 제기하면서 대북 지원분담을 거부했던 일본의 국내정치도 향후 6자회담의 전개과정에서 주목해야 할 변수 가운데 하나다. 북일관계 정상화를 위한 실무그룹도 6자회담 틀 내에 구성되어 있는 상태이기 때문이다.

문제는, 미국의 정책 전환이 단기적 이익을 위한 것일지라도, 장기적으로 한반도 및 동북아에서의 미국의 이익구조를 전환하고 궁극적으로는 북한에 대한 인식의 전환을 야기할 수 있는 방향으로 전개될 수 있는가의 여부다. 이 조건이 충족될 때, 6자회담은 한반도와 동북아에서 지속 가능한 평화를 생산할 수 있기 때문이다. 우리는 아직은 유동적이다라는 판단을 내릴 수밖에 없는 상태다. 북미관계는 주기적 위기와 주기적 합의를 특징으로 하고 있기 때문이다. 경로의존적 사고를 한다면, 비관적일 수밖에 없다. 경로형성적 길을 만들기 위해서는 미국의 대북정책 및 대동북아정책에 있어 근본적 변화가 발생해야 한다. 미국이 동북아에서 일본과의 동맹을 중심으로 한 질서재편을 선호하고 있음을 부정할 수는 없다. 그럼에도 6자가 합의할 수 있는 다자적 질서를 미국이 수용하는 방향으로 정책 전환을 할 수 있을 때, 경로형성적 길이 열리게 될 것이다.

북한도 2·13 합의에 대해 대내적으로 적극적 홍보를 하고 있지는 않다. 2월 중순이라는 시점 때문이겠지만, 오히려 눈에 띄는 북한발 기사는 "선군조선"과 "선군사상"에 대한 강조다. 합의가 파기되었던 과거의 경험을 떠올리고 있기 때문일 것이다. 그리고 체제의 내구력을 고려하면서 정상국가화가 야기할 수 있는 체제불안을 생각하고 있을 것이다. 공식적으로는 2·13 합의에 대해서 북한은 "각측은 조선의 핵시설가동림시중지와 관련하여 중유 100만톤에 해당한 경제, 에네르기 지원을 제공하기로 하였(고), 조선과 미국은 현안문제들을 해결하고 완전한 외교관계에로 나아가기 위한 쌍무회담을 시작하기로 하였다"는 보도를 한 정도다.[6] 이 기사내용이 남한 내부에서 갈등을 야기했음은 물론이다.

미국과 북한은 제네바 합의가 실행되지 못한 경험을 가지고 있다. 그 이후의 북미관계의 전개과정은 앞서 언급한 것처럼 위기가 주기적으로 반복되는 형태였다. 그리고 그 위기는 북한의 핵보유, 핵실험과 미국의 선제 공격론으로 절정을 향해 치닫는 듯 했다. 북한과 미국이 서로의 변화를 통해 서로에 대한 정체성의 변화까지 가기에는 오랜 시간이 소요될 것이다. 뿐만 아니라 6자회담 참여국 '내부'에서 한반도 및 동북아 평화과정에 대한 합의를 도출하는 데도 상당한 시간이 소요될 것이다. 그럼에도 다자협상을 통해, 쉽게 파기될 수 없는 약속이 실행단계에 들어서고 있음에 주목할 필요가 있다. 합의의 실행은 한반도 및 동북아의 평화를 실현할 수 있는 역사적 블록의 형성을 의미하는 것이다. 미래의 역사서에는, 2·13 합의에서 규정한 첫 단계의 시한인 2007년 4월 중순이 한반도 및 동북아의 평화를 위한 지난한 여정에서 갈림길이 되었던 매우 중요했던 시점이었다고 기록되어 있을 것이다.

---

6 http://www.knca.co.jp 2007년 2월 14일자 기사.

참고문헌

갈퉁, 요한. 강종일 외 옮김. 2000. 『평화적 수단에 의한 평화』. 서울: 들녘.

강상중. 이경덕 옮김. 2002. 『동북아시아 공동의 집을 향하여』. 서울: 뿌리와이파리.

_____. 이경덕·임성모 옮김. 2002. 『오리엔탈리즘을 넘어서』. 서울: 이산.

강진웅. 2001. "북한의 가족국가 체제의 형성: 국가와 가족, 유교문화의 정치적 변용을 중심으로." 『통일문제연구』 13권 2호.

강충희. 2005. 『조국통일 3대공조』. 평양: 평양출판사.

강충희·원영수. 2005. 『6·15자주통일시대』. 평양: 평양출판사.

개디스, 존 루이스. 박건영 옮김. 2002. 『새로 쓰는 냉전의 역사』. 서울: 사회평론.

고미숙. 2001. 『한국의 근대성, 그 기원을 찾아서』. 서울: 책세상.

고성준·강근형·장원석·양길현·강경희. 2004. 『동아시아와 평화의 섬 제주』. 제주대학교 출판부.

고종석. 2000. 『코드 훔치기: 한 저널리스트의 21세기 산책』. 서울: 마음산책.

구갑우. 1998. "자유주의, IMF 위기, 그리고 국가형태의 변화." 『경제와 사회』 40.

_____. 2000. "서구 자유주의와 국가." 국제정치경제연구회 편. 『20세기로부터의 유산』. 서울: 사회평론.

_____. 2000. "지구적 통치와 국가형태: 시민국가의 전망." 『경제와 사회』 45호.

_____. 2001. "'국제기구'를 다시 읽기." 『진보평론』 8호.

_____. 2001. "국제기구의 인도적 '포용'정책: 유럽안보협력기구(OSCE) 인권 정책의 가능성과 한계." 『국가전략』 7: 2.

_____. 2001. "탈냉전시대, 북한과 유럽연합의 관계: 한반도 평화의 국제정치경제." 『평화논총』 5: 2.

_____. 2002. "남북한 경제협력과 북한의 사회간접자본: 기능주의적 통합의 모색." 서대숙 외. 『정상회담 이후의 북한: 남북 관계의 변화와 전망』. 서울: 경남대 극동문제연구소.

_____. 2004. "국제정치경제(학)와 비판이론." 『한국정치학회보』 38: 2.

_____. 2004. "남북한 관계에 대한 메타이론적 접근." 『사회과학연구』 12집.

_____. 2006. "글로벌 외교의 지향." 『동아시아시대 새로운 외교지형의 구축』. 수원: 경기개발연구원.

_____. 2006. "한국의 '평화외교': 평화연구의 시각." 『동향과 전망』 67.

구갑우·박건영. 2001. "자유주의 국제정치경제 이론과 남북한 관계." 『국제정치경제연구』 3집.

구영록. 2000. 『한국의 햇볕정책: 기능주의와 남북한 관계』. 서울: 법문사.

국가안전보장회의. 2004. 『평화번영과 국가안보』. 서울: 국가안전보장회의 사무처.

김동춘. 1998. "주제서평: 분단체제론." 『통일시론』 창간호.

김명섭. 2002. 「평화학의 현황과 전망」. 하영선 편. 『21세기 평화학』. 서울: 풀빛.

김석근. 2002. "한국 전통사상에서의 평화 관념 : '사대'와 '중화'를 중심으로." 하영선 편. 『21세기 평화학』. 서울: 풀빛.

김선욱. 2001. 『정치와 진리』. 서울: 책세상.

김성보. 2001. "근대의 다양성과 한국적 근대의 생명력." 『역사비평』 56호.

김성철. 2000. "김정일의 경제 인식에 관한 담화 분석: 개혁·개방 가능성과 방식을 중심으로." 『현대북한연구』 3권 2호.

김연철. 2002. "북한의 탈냉전적 발전전략." 『창작과비평』 여름호.

김오연. 2006. "북한 핵실험의 파장과 한국의 안보과제." 여의도연구소 정책간담회 보고서(10월 27일).

김용구. 2001. 『영구 평화를 위한 외로운 산책자의 꿈 : 루소와 국제정치』. 서울: 도서출판 원.

김용복·구갑우. 2000. "동아시아지역 국제경제기구의 형성 및 제도화." 『한국과 국제정치』 16: 2.

김용현. 2004. "1960년대 북한체제의 위기와 군사화의 대두." 경남대학교 북한대학원 엮음. 『북한현대사 1』. 서울: 한울아카데미.

김일성. 1983. "조선로동당 제5차대회에서 한 중앙위원회사업총화보고."(1970년 11월 2일) 『김일성 저작집 제25권』. 평양: 조선로동당출판사.

_____. 1989. "사회주의 경제의 몇가지 이론문제에 대하여." 통일문제연구소 엮음. 『북한 경제자료집』. 서울: 민족통일.

_____. 1996. "일본 이와나미 서점 사장이 제기한 질문에 대한 대답."(1991년 9월 26일). 『김일성 저작집 제43권』. 평양: 조선로동당출판사.

김일영·조성렬. 2003. 『주한미군』. 서울: 한울.

김재관. 2006. "미중 양국의 패권경쟁심화와 상호대응전략의 비교." 『국제정치논총』 46: 3.

김진균·조희연. 1985. "분단과 사회상황의 상관성에 관하여: 분단의 정치사회학적 범주화를 위한 시론." 『분단시대와 한국사회』. 서울: 까치.

김철. 2001. "국제시장에 대한 연구에서 나서는 중요한 문제." 『경제연구』 111호.

김철우. 2000. 『김정일장군의 선군정치』. 평양: 평양출판사.

김태현. 2002. "동북아질서의 변동과 한반도." 『국제·지역연구』 11: 1.

김학노. "합리주의적 기능주의 비판과 구성주의적 대안의 모색." 『국가전략』 6: 2.

김학성. 2000. 『한반도 평화체제에 대한 이론적 접근』. 서울: 통일연구원.

남궁곤. 2002. "라카토스식 「국가안보 프로그램」 발전을 통해 본 안보 개념의 심화와 확대." 『국제정치논총』 42: 4.

도진순. 2001. 『분단의 내일 통일의 역사』. 서울: 당대.

류길재. 2001. "'예외국가'의 제도화: 군사 국가화 경향과 군의 역할 확대." 『현대북한연구』 4권 1호.

리명호. 1998. "경제관리와 경제제도의 련관을 부인하는 기회주의적 견해의 반동성." 『경제연구』 1호.

민병원. 2006. "탈냉전시대 안보개념 확대: 코펜하겐학파. 안보문제화. 그리고 국제정치이론." 『세계정치』 5.

바이먼, 다니엘 외. 이옥연 옮김. 2004. 『미국의 강압전략: 이론, 실제, 전망』. 서울: 사회평론.

박건영. 1999. 『한반도의 국제정치』. 서울: 오름.

_____. 2000. "'3단계 통일론'과 남북정상 합의 추진 방향: '연합제'와 '낮은 단계의 연방제' 간의 공통성 인정 문제를 중심으로." 한국통일포럼 국내학술회의. 『남북 통일방안의 모색』.

_____. 2000. "동북아 다자간 안보협력의 현실과 전망: 탈냉전, 세계화, 한반도 상황 변화가 가지는 함의를 중심으로." 『한국과 국제정치』 16: 2.

_____. 2001. "부시 정부와 한반도." 『한국과 국제정치』 17: 1.

_____. 2001. "부시 정부의 동아시아 안보전략과 제약 요인들." 『국가전략』 7: 4.

박건영·박선원·박순성·서동만·이종석. 2002. 『한반도 평화보고서: 한반도 위기극복과 평화정착의 방법론』. 서울: 한울.

박건영·박선원·우승지. 2003. "제3공화국 시기 국제정치와 남북관계: 7·4 공동성명과 미국의 역할을 중심으로." 『국가전략』 3: 1.

박명림. 1997. "분단질서의 구조와 변화: 적대와 의존의 대쌍관계동학, 1945-1995." 『국가전략』 3: 1.

박상섭. 1988. "한국국제정치학과 외래이론수용의 문제점." 『국제정치논총』 28집 1호.

박석삼. 2002. "북한의 사경제부문 연구: 사경제 규모, 유통현금 및 민간보유 외화 규모 추정." 한은조사연구.

박순성. 2005. "남한의 평화관: 통일 논의를 중심으로." 이우영 외. 『화해·협력과 평화번영, 통일』. 서울: 한울.

_____. 2006. "북핵실험 이후 6·15시대 담론과 분단체제 변혁론." 『창작과비평』 134.

박인휘. 2001. "국제안보와 미국의 안보전략: 합리성의 극복과 미국 핵전략의 변화." 『평화논총』 5: 2.

박희병. 2003. 『운화와 근대: 최한기 사상에 대한 음미』. 서울: 돌베개.

백낙청. 1994. 『분단체제 변혁의 공부길』. 서울: 창작과비평사.

벤사이드, 다니엘. 김은주 옮김. 2003. 『저항: 일반 두더지학에 대한 시론』. 서울: 이후.

_____. 1998. 『흔들리는 분단체제』. 서울: 창작과비평사.

_____. 2005. "6·15시대의 한반도와 동북아 평화." 세계평화축전 도라산강연회(9월 11일).

_____. 2006. "미의 대북 압박, 남한의 국민적 반발이 해결책." 『프레시안』(4월 21일).

_____. 2006. "북의 핵실험으로 한가해졌다?" 『창비주간논평』(10월 24일).

_____. 2006. "시민참여형 통일과 민간통일운동." 『창비주간논평』(7월 26일).

_____. 2006. 『한반도식 통일, 현재진행형』. 서울: 창비.

백영서. 2000. 『동아시아의 귀환: 중국의 근대성을 묻는다』. 서울: 창작과비평사.

_____. 2006. "평화에 대한 상상력의 조건과 한계." 동아시아 평화포럼 2006: 우리는 '동아시아인'이 될 수 있는가.

보라도리, 지오반나. 손철성·김은주·김준성 옮김. 2004. 『테러 시대의 철학: 하버마스, 데리다와의 대화』. 서울: 문학과지성사.

브로델, 페르낭. 이정옥 옮김. 1990. 『역사학 논고』. 서울: 민음사.

사이드, 에드워드. 박홍규 옮김. 1991. 『오리엔탈리즘』. 서울: 교보문고.

사회과학원 법학연구소. 2002. 『국제법 사전』. 평양: 사회과학출판사.

서동만. 1998. "북한 정치체제 변화에 관한 시론." 『정치비평』 통권 5호.

_____. 2006. "6·15시대의 남북관계와 한반도 발전구상." 『창작과비평』 131.

서재정. 2007. "베이징 합의는 20세기의 종언을 시사하는가." 『프레시안』(2월 21일).

손호철. 1994. "'분단체제론'의 비판적 고찰." 『창작과비평』 84호.

송국현. 2002. 『우리 민족끼리』. 평양: 평양출판사.

송대성. 1998. 『한반도 평화체제』. 서울: 세종연구소.

시걸, 리언. 구갑우 외 옮김. 1999. 『미국은 협력하려 하지 않았다: 북한과 미국의 핵외교』. 서울: 사회평론.

신종대. 2002. "한국정치의 북한요인 연구: 1961~72년을 중심으로." 서강대학교 정치외교학과 박사학위논문.

심지연. 2005. "분단구조의 역사적 기원과 형성." 경남대 북한대학원 엮음. 『남북한 관계론』. 서울: 한울.

아키라, 이리에. 이종국·조진구 옮김. 1999. 『20세기의 전쟁과 평화』. 서울: 을유문화사.

양길현. 2007. 『평화번영의 제주정치』. 오름.

와다 하루키(和田春樹). 서동만 옮김. 1999. 『한국전쟁』. 서울: 창작과비평사.

_____. 이원덕 옮김. 2004. 『동북아시아 공동의 집』. 서울: 일조각.

_____. 서동만·남기정 옮김. 2002. 『북조선』. 서울: 돌베개.

와타나베(渡辺昭夫) 외 엮음. 권호연 옮김. 1993. 『국제정치이론』. 서울: 한울.

월러스틴, 이매뉴얼. 강문구 옮김. 1996. 『자유주의 이후』. 서울: 당대.

_____. 한기욱·정범진 옮김. 2004. 『미국 패권의 몰락』. 서울: 창비.

월츠, 케네스. 박건영 옮김. 『국제정치이론』. 2000. 서울: 사회평론.

유재건. 2006. "남한의 '평화국가' 만들기는 실현가능한 의제인가." 『창비주간논평』(8월 22일).

_____. 2006. "역사적 실험으로서의 6·15시대." 『창작과비평』 131.

유철남. 2001. "가공무역형태의 자유경제무역지대 발생발전과 그 특징." 『경제연구』 110호.

유호열. 2000. "김정일 지도자와 북한 체제: 우상과 실제." 『현대북한연구』 3권 2호.

윤구병. 2003. 『윤구병의 존재론 강의: 있음과 없음』. 서울: 보리.

윤덕민. 2004. 『한국의 전략적 선택』. 서울: 외교안보연구원.

이근. 2001. "구성주의적 시각에서 본 남북정상회담." 『국가전략』 7: 4.

이근·전재성. 2001. "안보론에 있어 구성주의와 현실주의의 만남." 『한국과 국제정치』 17: 1.

이근관. 2006. "국제적 인권으로서의 평화권에 대한 고찰." 『인권평론』 창간호.

이기호. 2006. "동북아지역의 평화정착과 사회통합." 『동북아 역내 경제협력과 사회통합』. 2006년도 경제·인문사회연구회-한국비교사회학회 공동 학술심포지엄 참조.

이대훈. "한반도 평화군축운동의 필요성과 기본 방향." 미발표 원고.

이삼성. 2003. "부시 행정부의 세계전략과 이라크전쟁, 그리고 한반도." 『파병안 국회 통과와 반전평화』 학술회의 발표문.

_____. 2003. "한미동맹의 유연화를 위한 제언." 『국가전략』 9: 3.

_____. 2004. "미국의 대북한 정보평가 및 정책의 신뢰성 위기와 북핵문제 해결방향." 『현대북한연구』 7: 2.

이석. 2006. "남북한 경제관계의 평가와 전망: 대북경제교류를 중심으로." 2006년 평화나눔센터 정책토론회 발표문을 참조.

이성시. 2001. 『만들어진 고대』. 서울: 삼인.

이영훈. 2001. "현 단계 북한의 경제발전전략과 체제변화." 2001년도 북한연구학회 동계학술회의.

이인성. 2000. 『식물성의 저항』. 서울: 열림원.

이정균 외. 1998. 『남북한 비교정치론』. 서울: 형설출판사.

이정철. 2004. "북한의 경제발전론 재론: 1960년대 경제조정기제의 변화를 중심으로." 경남대학교 북한대학원 엮음. 『북한현대사 1』. 서울: 한울.

＿＿＿. 2005. "북핵의 진실 게임과 사즉생死即生의 선군정치." 경남대 북한대학원 엮음. 『북한 연구의 성찰』. 서울: 한울.

＿＿＿. 2007. "제네바형 복합적 안전보장체제의 해체와 북핵관리론: 핵군축의 한계와 전망." http://www.knsi.org(검색일 1월 6일).

이종석. 1998. 『분단시대의 통일학』. 서울: 한울.

이주철. 2001. "북한 국가의 역사적 변천: 정치제도적 측면에서 본 시기 구분." 『현대북한연구』 4권 1호.

이태환. 2006. 『동북아 다자안보에 대한 중국의 입장』. 성남: 세종연구소.

이혜정. 2000. "단극시대 미국패권전략의 이해." 『한국과 국제정치』 16: 2.

＿＿＿. 2006. "한미군사동맹 부르는 '자주화' 논란." 『르 몽드 디플로마티크』 창간호.

이호철. 2004. "민주평화론." 우철구·박건영 편. 『현대 국제관계이론과 한국』. 서울: 사회평론.

임순희. 2001. "문학예술론." 『김정일 연구: 리더쉽과 사상(1)』 통일연구원 연구총서 01-32,

임지현. 2000. "해방에서 동원으로: 제3세계와 반서구적 근대화론으로서의 사회주의." 에릭 홉스봄 외. 『노동의 세기: 실패한 프로젝트?』. 서울: 삼인.

임형택. 2002. "혜강 최한기의 시간관과 일통사상." 『창작과비평』 115호.

장석. 2002. 『김정일장군 조국통일론 연구』. 평양: 평양출판사.

전재성. 2004. "영국의 국제사회학파 이론." 우철구·박건영 편. 『현대 국제관계이론과 한국』 서울: 사회평론.

전철환. 1981. "수출·외자 주도 개발의 발전론적 평가." 김병태 외. 『한국경제의 전개과정』 (서울: 돌베개.

정문길 외 엮음. 2000. 『발견으로서의 동아시아』. 서울: 문학과 지성사.

정문길·최원식·백영서·전형준 엮음. 1995. 『동아시아, 문제와 시각』. 서울: 문학과지성사.

＿＿＿＿＿＿＿＿＿＿＿＿＿＿. 2000. 『발견으로서의 동아시아』. 서울: 문학과지성사.

＿＿＿＿＿＿＿＿＿＿＿＿＿＿. 2004. 『주변에서 본 동아시아』. 서울: 문학과지성사.

정용화. 2006. "한국의 지역 인식과 구상(1): 동양평화 구상." 손열 엮음. 『동아시아와 지역주의: 지역의 인식·구상·전략』. 서울: 지식마당.

정은미 2000. "농민시장을 통해 본 북한의 변화." 서울대학교 사회학과 석사학위논문.

정창현. 2006. "핵과 국제정치, 북한은 왜 핵을 가지려 하는가?" 전현준 외. 『10·9 한반도와 핵』. 서울: 이름.

정현곤. 2006. "2000년대 민간통일운동과 남북관계." 김세진·이재호 20주기 심포지엄. 『반전반핵 평화운동의 현황과 미래』(4월 29일).

정희성. 2001. "세상이 달라졌다." 『詩를 찾아서』. 서울: 창작과비평사.

정희진. 2005. 『페미니즘의 도전』. 서울: 교양인.

제주발전연구원·동아시아재단 공편. 2006. 『동북아 공동체: 평화와 번영의 담론』. 서울: 연세대학교 출판부.

조선민주주의인민공화국 사회과학원. 1970. 『정치용어사전』. 평양: 사회과학출판사.

조영남. 2006. "조화사회 건설: 후진타오 통치이념의 등장." http://www.kifs.org

차문석. 1999. "생산성의 정치와 노동의 동원." 임지현 엮음. 『노동의 세기』. 서울: 삼인.

참여연대 평화군축센터. 2003. 『21세기 초 한반도 질서 변화와 한국사회의 평화운동』. 참여연대 평화군축센터 발족기념 심포지움.

참여연대 평화군축센터. 2006. 『이제 '평화국가'를 이야기하자: '평화국가' 구상과 시민사회운동』. 참여연대 평화군축센터 발족 3주년 기념 심포지엄(8월 10일).

최상용. 2002. 「근대 서양의 평화사상」. 하영선 편. 『21세기 평화학』. 서울: 풀빛.

최영옥. 2000. "경제사업에 대한 국가의 중앙집권적, 통일적 지도를 강화하는 것은 강성대국건설의 중요한 요구." 『경제연구』 4호.

최영종. 2003. "한반도 평화체제에 대한 국제정치 이론적 고찰." 서진영·우철구·최영종 편. 『탈냉전기 동북아의 국제관계와 정치변화』. 서울: 오름.

최완규. "북한 국가 성격의 이론과 쟁점: 비교 사회주의적 관점."

_____. 1995. "전환기 남북한의 국내정치와 통일게임." 『한국과 국제정치』 11: 1.

최일봉·김하영. 2003. "반전운동의 평가와 과제." 『진보평론』 17.

최장집. 2002(개정판 2005). 『민주화 이후의 민주주의』. 서울: 후마니타스.

최진욱. 2001. "북한 선군정치의 정치적 함의." 『현대북한연구』 4권 2호.

최한욱. 2006. 『핵과 한반도: 북미 핵대결 미국은 굴복한다』. 서울: 도서출판 615.

칸트, 임마누엘. 손동현·김수배 옮김. 2002. 『별이 총총한 하늘 아래 약동하는 자유 : 칸트와 함께 인간을 읽는다』. 서울: 이학사.

캐럴, 루이스. 손영미 옮김. 2001. 『거울 나라의 앨리스』. 서울: 시공주니어.

토플러, 앨빈. 김중웅 옮김. 2006. 『부의 미래』. 서울: 청림출판.

통일노력60년 발간위원회 편. 2005. 『하늘길 땅길 바닷길 열어』. 서울: 통일부.

통일부. 2005. 『제2의 6·15시대'를 열며』. 서울: 통일부.

푸코, 미셸. 오생근 옮김. 2003. 『감시와 처벌』. 서울: 나남.

푸트, 로즈메리. 이성택 옮김. 2006. "콜래트럴 데미지: 아태지역에서의 대테러 조치가 초래한 인권침해." 『인권평론』 창간호.

하영선. 2002. "근대 한국의 평화개념 도입사." 하영선 편. 『21세기 평화학』. 서울: 풀빛.

_____. 2006. "북핵위기와 한반도 평화: 진단과 처방." 하영선 편. 『북핵위기와 한반도 평화』. 서울: 동아시아연구원.

하워드, 마이클. 안두환 옮김. 2002. 『평화의 발명: 전쟁과 국제 질서에 대한 성찰』. 서울: 전통과 현대.

한반도 브리핑 좌담. 2006. "제2차 남북정상회담으로 현 교착상태 타개해야." 『프레시안』(3월 28일).

한상진. 2000. "북한 지하경제의 규모 추정과 경제변수들과의 관계 분석." 연세대학교 경제학과 석사학위논문.

함택영. 1998. 『국가안보의 정치경제학』. 서울: 법문사.

_____. 2002. "정상회담 이후의 남북한 관계 및 평화체제 전망." 서대숙 외. 『정상회담 이후의 북한: 남북 관계의 변화와 전망』. 서울: 경남대학교 출판부.

헬무트 안하이어·메어리 칼도어. 조효제·진영종 옮김. 2004. 『지구시민사회 : 개념과 현실』. 서울: 아르케.

홀러웨이, 존. 조정환 옮김. 2002. 『권력으로 세상을 바꿀 수 있는가』. 서울: 갈무리.

황장엽. 1999. 『나는 역사의 진리를 보았다』. 서울: 한울.

황준헌. 조일문 역주. 2001. 『조선책략』. 서울: 건국대학교출판부.

Adler E. and M. Barnett eds. 1998. *Security Communities*. Cambridge: Cambridge University Press.

Agnew, J. 1994. "Timeless Space and State-Centrism." in S. Rosow, N. Inayatullah, and M. Rupert eds. *The Global Economy as Political Space*. Boulder: Lynne Rienner Publishers.

Ann J. Tickner. 1997. "You Just Don't Understand: Troubled Engagements between Feminists and IR Theorist." *International Studies Quarterly* 41.

Asheley, R. 1996. "The Achievements of Post-Structuralism." in Smith et al.

Augustine of Hippo. 2002. "From The City of God against the Pagans." in C. Brown, T. Nardin and N. Rengger eds. *International Relations in Political Thought*. Cambridge: Cambridge University Press.

Ayoob, M. 1997. "Defining Security: A Subaltern Realist Perspective." in Krause and Williams.

Baldwin, D. 1993. *Neorealism and Neoliberalism*. New York: Columbia University Press.

_____. 1997. "The Concept of Security." *Review of International Studies* 23: 1.

Barash D. and C. Webel. 2002. *Peace and Conflict Studies*. London: Sage.

Barry, J. 1998. *The Sword of Justice*. London: Praeger.

Bhaskar, R. 1993. *Dialectic: The Pulse of Freedom*. London: Verso.

Booth, K. 1991. "Security and Emancipation." *Review of International Studies* 17: 4.

_____. 1991. "Security in Anarchy: Utopian Realism in Theory and Practice." *International Affairs* 67: 3.

_____. 2005. "Critical Exploration." in K. Booth ed. *Critical Security Studies and World Politics*. Boulder: Lynne Rienner Publishers.

Booth K. and T. Dunne. 2002. *World in Collision: Terror and the Future of Global Order*. New York: Palgrave.

Brand-Jacobsen K. with C. Jacobsen. 2000. "Beyond Security: New Approaches, New Perspectives, New Actors." in J. Galtung, C. Jacobsen and K. Brand-Jacobsen, *Searching for Peace: The Road to Transcend*. London: Pluto.

Bremmer, I. 2006. *The J Curve: A New Way to Understand Why Nations Rise and Fall*. New York: Simon & Schuster.

Brown, C. 2001. "'Our Side'? Critical Theory and International Relations." in R. W. Jones ed. *Critical Theory & World Politics*. Boulder: Lynne Rienner Publishers.

Bull, H. 1997. *The Anarchical Society.* London: The Macmillan Press.

Buzan, B. 1991. *People, States and Fear.* New York: Harvester Wheatsheaf.

Buzan, B. and O. Waever 2003. *Regions and Powers: The Structure of International Security.* Cambridge: Cambridge University Press.

Campbell, D. 1992. *Writing Security: United States Foreign Policy and the Politics of Identity.* Manchester: Manchester University Press.

Carr, E. 1964. *The Twenty Years Crisis, 1919-1939.* London: Harper & Row.

Chen, L. S. Fukuda-Parr and E. Seidensticker eds. 2003. *Human Insecurity in a Global World.* Cambridge: Harvard University Press.

Collier, A. 1994. *Critical Realism: An Introduction to Roy Bhaskar's Philosophy.* London: Verso

Cox, R. 1987. *Production, Power, and World Order: Social Forces in the Making of History.* (New York: Columbia University Press.

_____. 1999. "Civil Society at the Turn of the Millennium: Prospect for an Alternative World Order." *Review of International Studies* 25.

Cox R. and H. Jacobson. 1974. *The Anatomy of Influence.* New Haven: Yale University Press.

Cox R. (with T. Sinclair) 1996. *Approaches to World Order.* Cambridge: Cambridge University Press.

Crick, B. 1964. *In Defense of Politics of Politics.* London: Penguin Books.

Cumings, B. 1997. *Koreas Place in the Sun: A Modern History.* New York: W.W. Norton & Company.

Der Derian, J. 1993. "The Value of Security: Hobbes, Marx, Nietzsche, and Baudrillard." in D. Campbell and M. Dillon eds. *The Political Subject of Violence.* Manchester: Manchester University Press.

Eberstadt, N. 1997. "Hastening Korean Reunification." *Foreign Affairs* 76: 2.

Eriksson, J. 1999. "Observers or Advocates? On the Political Role of Security Analysts." *Cooperation and Conflict* 34: 3.

Evans G. and J. Newnham, 1998. *The Penguin Dictionary of International Relations.* London: Penguin Books.

Falk, R. 1983. *The End of World Order.* New York: Holmes and Maier.

Fierke K. and K. Jorgensen eds. 2001. *Constructing International Relations: The Next Generation.* New York: M.E. Sharpe.

Gaddis, J. 1997. *We Now Know: Rethinking Cold War History.* Oxford: Oxford University Press.

Galtung, J. C. Jacobsen and Kai Brand-Jacobsen. 2000. *Searching for Peace: The Road to Transcend.* London: Pluto.

Geertz, C. 1980. *Negara: The Theatre State in Nineteenth-Century Bali.* Princeton: Princeton University Press.

Germain R. and M. Kenny. 1998. "Engaging Gramsci." *Review of International Studies* 24.

Giddens, A. 1981. *A Contemporary Critique of Historical Materialism.* London: Mamillan.

Gill S. ed. 1993. Gramsci, *Historical Materialism and International Relations.* Cambridge: Cambridge University Press.

Gill S. and J. Mittelman eds. 1997. *Innovation and Transformation in International Studies.* Cambridge: Cambridge University Press.

Gilpin, R. 2001. *Global Political Economy.* Princeton: Princeton University Press.

Goldman, K. 1996. "International Relations: An Overview." in R. Goodin and H. Klingermann eds. *A New Handbook of Political Science.* Oxford: Oxford University Press.

Gramsci, A. 1971. *Selections from the Prison Notebooks of Antonio Gramsci edited and translated* by Q. Hoare and G. Smith. New York: International Publishers.

Grieco, J. 1993. "Understanding the Problem of International Cooperation." in D. Baldwin ed. *Neorealism and Neoliberalism.* New York: Columbia University Press.

Harmes, A. 2004. *The Return of the State: Protestors, Power-Brokers and the New Global Compromise.* Vancouver: Douglas & McIntyre.

Harrison, S. 2002. *Korean Endgame : A Strategy for Reunification and U.S. Disengagement.* Princeton: Princeton University Press.

Hayek, F. 1967. *Studies in Philosophy, Politics and Economics.* Chicago: University of Chicago Press.

Herman, R. 1996. "Identity, Norms, and National Security: The Soviet Foreign Policy Rovolution and the End of the Cold War." in P. Katzenstein ed. *The Culture of National Security.* New York: Columbia University Press.

Hobson, J. 2000. *The State and International Relations.* Cambridge: Cambridge University Press.

Hoffman, M. 1987. "Critical Theory and the Inter-Paradigm Debate." *Millennium* 16: 2.

Hoffman, S. 1987. *Janus and Minerva.* Boulder: Westview Press.

Hough, P. 2004. *Understanding Global Security.* London: Routledge.

Jones, R. 1999. *Security, Strategy, and Critical Theory.* Boulder: Lynne Rienner.

Katzenstein P. ed. 1996. *The Culture of National Security: Norms and Identity in World Politics.* New York: Columbia University Press.

Keohane, R. 1984. *After Hegemony.* Princeton: Princeton University Press.

_____. 1986. "Theory of World Politics: Structural Realism and beyond." in R. Keohane ed. *Neorealism and Its Critics.* New York: Columbia University Press.

_____. 1989. *International Institutions and State Power.* Boulder: Westview.

Khil, Y. 1984. *Politics and Policies in Divided Korea.* Boulder: Westview Press.

Klepak, H. 2005. *Cuba's Military 1990-2005: Revolutionary Soldiers during Counter-Revolutionary Times.* New York: Palgrave Macmillan.

Kornai, J. 1992. *The Socialist System: The Political Economy of Communism.* Princeton: Princeton University Press.

Krasner, S. 1999. *Sovereignty: Organized Hypocrisy.* Princeton: Princeton University Press.

Krause K. & M. Willams eds. 1997. *Critical Security Studies.* Minneapolis: Minnesota University Press.

Kuhn, T. 1970. *The Structure of Scientific Revolution.* Chicago: University of Chicago Press.

Lee, M. 1993. "The Two Koreas and the Unification Game." *Current History.*

Linklater, A. 1996. "The Achievements of Critical Theory," in Smith et al.

_____. 1998. *The Transformation of Political Community.* Cambridge: Polity.

Long, D. 1995. "The Harvard School of Liberal International Theory." *Millennium* 23: 4.

Marcuse, H. 1960. *Reason and Revolution.* Boston: Beacon Press.

McSweeny, B. 1999. *Security, Identity and Interests: A Sociology of International Relations.* Cambridge: Cambridge University Press.

Mearsheimer, J. *The Tragedy of Great Power Politics.*

_____. 1990. "Back to the Future: Instability in Europe After the Cold War." *International Security* 15: 1.

_____. 2001. *The Tragedy of Great Power Politics.* New York: W.W. Norton & Company.

Morgan, P. 2003. *Deterrence Now.* Cambridge: Cambridge University Press.

Morgenthau, H. Hans. 1997. *Politics among Nations: The Struggle for Power and Peace, sixth edition.* New York: McGraw-Hill.

Morgenthau H. revised by K. Thompson. 1997. *Politics among Nations.* New York: McGraw-Hill, Inc.

National Committee for Peace Research. 2002. "Recommendation for Promoting Research on Peace Studies." A Report of National Committee for Peace Research(November 26).

Neufeld, M. 1995. *The Restructuring of International Relations Theory.* Cambridge: Cambridge University Press.

Oh, K. and R. Hassig. 2000. *North Korea: Through the Looking Glass.* Washington, D.C.: Brookings Institution Press.

Panitch, L. 2000. "The New Imperial State." *New Left Review* 2.

Paris, R. 2001. "Human Security: Paradigm Shift or Hot Air?" *International Security* 26: 2.

Rengger, N.J. 2000. *Inernational Relations, Political Theory and the Problem of Order: Beyond International Relations Theory.* London: Routledge.

Richardson, J. 1994. *Crisis Diplomacy: The Great Powers since the Mid-Nineteenth Century.* Cambridge: Cambridge University Press.

_____. 1994. *The Empire of Civil Society: A Critique of the Realist Theory of International Relations.* London: Verso.

Rupert, M. 1995. *Producing Hegemony.* Cambridge: Cambridge University Press.

Rutherford, P. 2004. *Weapons of Mass Persuasion: Marketing the War Against Iraq.* Toronto: University of Toronto Press.

Sakamoto, Y. 1999. "An Alternative to Global Marketization." *Alternative* 24: 2.

Sheehan, M. 1996. *The Balance of Power: History and Theory.* London: Routledge.

Sherman, W. 2002. "Sunshine Through Cloudy Skies: Peace and Security in Northeast Asia." International Conference in Commemoration of the 30th Anniversary of the Institute for Far Easten Studies, Kyungnam University(May 23-24).

Smith, H. 2000. "Bad, mad, sad or rational actor? Why the 'securitization' paradigm makes for poor policy analysis of north Korea." *International Affairs* 76: 1.

Smith, S. 1996. "Positivism and beyond." in S. Smith, K. Booth, and M. Zalewski eds. *International Theory: positivism and beyond.* Cambridge: Cambridge University Press.

_____. 2005. "The Contested Concept of Security." in K. Booth ed. *Critical Security Studies and World Politics.* Boulder: Lynne Rienner Publishers.

Sowell, T. 2002. *A Conflict of Visions: Ideological Origins of Political Struggles.* New York: Basic Books.

Spivak, G. 1988. "Can the Subaltern Speak?" in C. Nelson and L. Grossberg, *Marxism and the Interpretation of Culture.* Chicago: University of Illinois Press.

Strange, S. 1988. *States and Markets.* London: Pinter Publishers.

Suh, J. P. Katzenstein and A. Carlson eds. 2004. *Rethinking Security in East Asia.* Stanford: Stanford University Press.

Sylvester, C. 2002. *Feminist International Relations: An Unfinished Journey.* Cambridge: Cambridge University Press.

Terriff, T. S. Croft, L. James, and P. Morgan. 1999. *Security Studies Today.* Cambridge: Polity.

Tuathail, G. 2006. "General Introduction: Thinking Critically about Geopolitics." in G. Tuathail, S. Dalby and P. Routledge eds. *The Geopolitics Reader.* London: Routledge.

Walker, R.B.J. 1993. *Inside/Outside.* Cambridge: Cambridge University Press.

Wallerstein, I. 1991. *Unthinking Social Science.* Cambridge: Polity.

Walt, S. 1991. "The Renaissance of Security Studies." *International Studies Quarterly* 35: 2.

Waltz, K. 1979. *Theory of International Politics.* Reading, Mass.: Addison-Wesley.

_____. 1986. "Reflections on Theory of International Politics: A Response to My Critics." in R. Keohane ed. *Neorealism and Its Critics.* New York: Columbia University Press.

_____. 2000. "Globalization and American Power." *The National Interest*(Spring).

Walzer, M. 1977. *Just and Unjust Wars.* New York: Basic Books.

Wendt, A. 1994. "Collective Identity Formation and the International State." *American Political Science Review* 88: 2.

_____. 1999. *Social Theory of International Politics.* Cambrdige: Cambridge Univeristy Press.

_____. 2001. "What is International Relations For? Notes Toward a Postcritical View." in R. W. Jones ed. *Critical Theory & World Politics*. Boulder: Lynne Rienner Publishers.

Wight, M. 1978. *Power Politics*. Leicester: Leicester University Press.

Wolfers, A. 1962. "'National Security' as an Ambiguous Symbol." in *Discord and Collaboration: Essays on International Politics*. Baltimore: Johns Hopkins University Press.

Woodward, K. 2002. *Understanding Identity*. London: Arnold.

Wright, E. A. 1992. Levine, and E. Sober, *Reconstructing Marxism: Essays on Explanation and the Theory of History*. London: Verso.

Yusuf, S. M. Altaf and K. Nabeshima eds. 2004. *Global Production Networking and Technological Change in East Asia*. Washington DC: The World Bank.

Zalewski, M. 1996. "'All these theories yet the bodies keep piling up': theory, theorist, theorising." in S. Smith, K. Booth, and M. Zalewski eds. *International Theory: positivism and beyond*. Cambridge: Cambridge University Press.

_____. 2002. *Constructivism in International Relations: The Politics of Reality*. Cambridge: Cambridge University Press.

찾아보기

ㄱ

가족국가 263~266
갈퉁(Johan Galtung) 90, 103, 162, 182~
184, 203, 238
강대국 9, 10, 13, 14, 23, 42, 44, 46, 47,
52, 88, 97, 102, 122, 131, 133,
146, 149, 150, 159, 161, 180,
185, 187, 188, 192, 236, 296,
300, 303, 304
강압외교 250, 286, 287, 299
개성공단 56, 61, 75, 76, 176
고르바초프(M. Gorbachev) 48, 50, 62
공동안보 29, 30, 48, 61, 63, 64, 70, 80,
159, 166, 167, 175, 192
관계속성 111~113, 115, 116, 119, 133,
135, 136
구조주의 120~123
국가안보 18, 20~24, 27, 30, 49, 50, 61,
70, 80, 158, 164, 171, 187, 190,
192, 222, 276
국가안보담론 23~26, 30, 33, 306, 315
국가연합 78, 131, 179, 182
국가이익 18, 43, 44, 70, 104, 122, 172,
174~176, 205, 254, 256, 278,
285
국경 없는 의사회 254
국제관계이론 9~13, 16, 21~23, 25, 26,
34, 43, 44, 47, 53, 54, 58, 67,
83, 84, 87, 92, 94, 108, 110,
111, 118, 120, 122, 123, 127,
128, 130, 135, 136, 138~140,
142, 146, 148, 150, 151, 153,
154, 156, 157, 160, 195, 205,
206, 220, 230, 238, 255, 301,
304, 313
국제사회 23, 70, 88, 139, 158, 175, 176,
181, 190, 214~216, 218, 236,
279, 284, 285, 287, 296, 310,
315, 319
국제주의 220, 236
국제질서 93, 148, 151, 152, 154, 253,
311
국제체제 13, 18, 42, 43, 51, 52, 86, 105,
114, 120~122, 127, 129, 135,
148, 149, 151, 153, 155, 156,
166, 180, 233, 310
군비경쟁 30, 68, 73, 80, 164, 165, 298,
315
군비증강 11, 12, 45, 48~50, 237
군비통제 28, 29, 31, 55, 64, 189, 192,
311
군사동맹 12, 19, 49, 51, 61, 177
군사력 10, 13, 21, 28, 29, 32, 43, 47,
49, 50, 54, 57, 79, 80, 92, 99,
162, 164, 167, 170, 192, 193,

230, 235, 237, 275, 277, 305,
307, 310
군축 28, 29, 31~33, 55, 64, 70, 77, 80,
105, 167, 189, 192, 198, 200,
212, 220, 284, 292, 297, 299,
303, 310, 311
권력정치 9~11, 17, 34, 126, 129, 149,
177, 180, 205, 223, 253, 298,
300, 303, 304
그람시(A. Gramsci) 154, 159, 179
근대성 228~231, 313
금강산 관광 56, 61, 116, 117, 121, 267
기능주의 32, 64, 77, 124, 126, 127, 176,
184, 185, 273
기어츠(C. Geertz) 264
김대중 57, 102, 127, 176, 183, 184, 196,
238, 239, 254
김영삼 57
김일성 52, 97, 122, 130, 249, 251, 252,
254, 257~259, 262, 272
김정일 48, 53, 133, 244, 252, 253, 256~
260, 262, 264, 265, 272, 275
깡패국가 58, 171, 244, 277, 293, 294

ㄴ

남남갈등 55, 65, 101, 176, 184, 244,
319
남북기본합의서 51, 55, 123, 168, 174,
175, 239
남북한 관계 9, 10, 12~14, 17, 18, 21~
24, 27, 32, 34, 35, 37, 38,

40~44, 47, 49~53, 57~60, 64,
66~68, 70, 82, 86~88, 91~94,
100, 102, 107, 109, 110~124,
126~130, 132~140, 142, 143,
145, 146, 150, 151, 157, 162~
168, 172, 174, 175, 176, 178~
181, 186, 188, 190, 192, 195,
202, 211, 229, 235, 238~240,
243, 245, 248, 253, 272, 278,
279, 281, 297~299, 301, 303,
304, 306, 307, 314
남한 11, 13, 30, 32, 33, 38~40, 43~46,
49~53, 55~58, 62, 65~68, 70~
80, 95, 96, 99, 103~105, 107,
108, 111, 122, 130~133, 135,
150, 163, 164, 166~169, 173,
175, 181, 191, 196, 204, 211,
217, 237, 238, 240, 242, 244,
246, 248, 250, 251, 253, 254,
258, 268, 271, 274, 285, 292,
305, 306, 308, 314, 315, 321
냉전체제 13, 14, 30, 31, 42~44, 46~51,
57, 59, 61~63, 65, 66, 143, 169,
237, 244, 297, 306
노무현 61, 183, 184, 186, 187, 189, 192,
311
놀런드(Marcus Noland) 249, 250, 253,
254, 267, 268, 270, 271, 273~
278

ㄷ

다스굽타 89, 90
다원주의 83, 103, 106, 111, 155, 198,
    205, 207, 228
다자간 안보협력 30, 35, 49, 66, 177,
    178, 182, 187~193, 290, 309,
    311
대량살상무기 50, 78~80, 164, 171, 190,
    275, 277, 286, 319
대량설득무기 33, 35, 77, 78, 80, 315
대북정책 127, 175, 246, 249, 274, 276,
    287, 289, 293, 320
대항 헤게모니 91, 148, 160, 173, 174
동북아 13, 30~32, 38, 48, 62, 66, 68,
    71, 73, 76, 77, 80, 122, 146,
    150, 164, 167, 169, 170, 172,
    173, 177, 178, 187~190, 203,
    219, 220, 278, 290, 291, 295,
    296, 303~313, 317, 318, 320,
    321
동아시아 13, 31, 33, 72, 78, 80, 107,
    113, 122, 164, 168, 169, 172,
    177, 178, 182, 183, 185, 187~
    193, 217, 221~232, 241, 256,
    277, 289, 294, 310, 312, 313

ㄹ

라이스(G. Rice) 287, 289, 290, 302, 319
러시아 11, 38, 131, 168, 171, 188, 244,
    254, 296, 299, 300, 310~312
레닌(V. I. Lenin) 97

루소(J. J. Rousseau) 85, 86, 92

ㅁ

마르크스주의자 97, 98, 154
메타이론 35, 59, 109, 110, 112, 124,
    125, 129, 130, 152, 153, 157
모겐쏘(H. Morgenthau) 186, 187, 188
무력통일 179, 237, 240
『문화일보』 30, 82, 83, 96, 99~102
미국 7~13, 18, 19, 22, 23, 25, 27, 30,
    31, 33, 37~40, 42~53, 57, 61,
    62, 78~80, 88, 89, 98~100, 102,
    103, 108, 131, 133, 137, 145,
    146, 150, 153, 156, 160, 163,
    164, 167~177, 181, 183, 185~
    192, 196, 202, 204, 206, 211~
    213, 232, 233, 244, 248~251,
    253~256, 272~280, 283~311, 313,
    317~321
미사일 56, 60, 62, 64, 101, 164,
    171~174, 176, 256, 273, 275~
    277, 283, 291, 295, 297, 300,
    305, 308
민족공조 39, 58, 65, 67, 75, 103, 138,
    191
민족주의 74, 75, 77, 104, 137, 203, 204,
    227, 230, 234~238, 241, 281
민주평화론 1, 98, 126, 127, 211

ㅂ

박희병 72, 94, 95

반공주의 52, 130, 237
반미 82, 201, 260, 262
반환원주의 113, 114, 116, 117, 119, 134, 136
발전국가 1, 45, 57, 89, 169, 234
방법론적 개체주의 112~114, 117, 119, 134, 136
백낙청 10, 33, 38, 40, 41, 52, 60, 130, 165
베를린 308, 317
변환외교 313
부국강병(富國强兵) 41, 68, 74
부민화호(富民和好) 42, 68, 74, 76
부시(J. W. Bush) 22, 58, 78, 170, 172, 276~278, 285~288, 291, 293, 302, 319
북미갈등 55, 56, 290, 292, 294~297, 314
북조선 45, 56, 243, 250, 251, 254, 262
북한 10, 11, 13, 30, 32, 33, 37~40, 43~46, 48~53, 55~57, 61, 62, 64~68, 70~73, 75~80, 95~99, 101~103, 108, 111, 115, 122, 127, 130, 131, 132, 135, 137, 150, 163, 164, 166, 168, 171~176, 178, 181, 184, 189~193, 196, 204, 206, 210~212, 214, 215, 218, 237~240, 242~311, 313~315, 317~321
북한경제 66, 163, 266~268, 271~273
북한연구 35, 190, 243, 245~248, 252, 257, 260~262, 270, 272, 279, 281, 282
북한인권 35, 48, 82, 204, 210~218
북한 핵 문제 38, 73, 173, 192, 193, 250, 263
북핵 위기 295, 315
분단국가 109, 129, 135, 137~140, 165, 168, 239
분단질서 53, 119, 134~138, 140, 142
분단체제 10, 30, 31, 34, 35, 37, 40, 51~55, 59~61, 63, 65~67, 76, 78, 104, 108, 116, 128, 130~133, 136, 147, 165, 171, 172, 174, 203, 225, 239, 277, 278
분단체제 극복 40, 53, 62, 63, 65, 71, 72, 74, 133
분단체제론 42, 52~54, 60, 119, 130~133, 135, 136, 142, 165
『브란트 보고서』 214
브로델(F. Braudel) 118, 137
비교사회주의 254, 261, 262
비교정치론 119, 122, 133, 134, 136, 142
비대칭적 군비경쟁 50, 164
비판적 국제이론 35, 145~148, 151~154, 156~162, 165, 166, 169, 174~176, 178, 180
비판적 지역주의 178

ㅅ

사회민주주의 226, 232
사회세력 67, 115, 116, 128, 136, 140, 143, 159, 160, 173, 234, 278

사회운동 31, 38, 69, 74, 82, 83, 88, 91,
　　100, 102, 103, 108, 160, 196,
　　197, 201~204, 206, 207, 209,
　　232, 233, 240, 241
사회주의 43, 48, 49, 95, 97, 98, 121,
　　146, 163, 168, 197, 216, 226,
　　227, 229, 230, 237, 241, 244,
　　246, 253, 254, 261, 262~266,
　　268, 270, 272, 281, 289, 291
상호의존 29, 52, 54~56, 61, 64, 123,
　　124, 127, 130, 134, 175
상호주관성 22, 23, 128
서해교전 116, 117, 121, 247
선군정치 39, 56, 248, 260, 293
선군축 80, 314
세계대전 88, 149, 216
세계질서 56, 131, 136, 138, 139,
　　155~157, 160, 166, 168~170,
　　172, 260, 262, 263, 278, 280
세계체제 52, 105, 130~132, 231~233
세계체제론 12, 47, 130, 132, 135, 136,
　　154, 229
세계평화 38, 95, 198
세력균형 12~15, 24, 46, 84, 87, 88, 107,
　　122, 146, 148~150, 169, 170,
　　186, 187, 192, 193, 235, 311
소극적 평화 28, 90, 92, 93, 103, 107,
　　142, 143, 167, 310
소련 13, 42~45, 47~51, 58, 62, 168,
　　216, 252, 254, 267, 269, 297
스미스, 헤이즐(Hazel Smith) 248, 255,
　　256

시민사회 8, 9, 11, 31~33, 48, 51~53, 63,
　　65, 67, 68, 70, 76, 77, 80, 95,
　　96, 102, 126, 159, 160, 166,
　　167, 178, 179, 181, 196~199,
　　202~205, 207, 208, 217, 218,
　　220, 222, 241, 304, 309,
　　310~313
신기능주의 39, 64, 73, 126
신사고 48, 50, 62, 68
신자유주의 9, 40, 57~60, 66, 67, 71, 76,
　　105, 123~127, 142, 147, 157,
　　158, 161, 163, 169, 170, 172,
　　221, 232, 241, 278
신자유주의적 제도주의 124, 126, 127,
　　161
신현실주의 9, 23, 42~44, 46, 48, 51, 53,
　　119, 123~126, 129, 138, 142,
　　147~150, 152~154, 156, 157,
　　161, 175, 222
실증주의 15, 19, 25, 137, 155, 156
실패국가 56, 57

ㅇ

안보개념 21, 158, 192
안보공동체 55, 179
안보국가 18, 19, 21, 33, 44, 45, 50, 57,
　　58, 61, 68, 78, 79, 80, 169, 305
안보담론 17, 19, 20~25, 27~30, 62, 64,
　　70, 73, 74, 77~80, 191, 315
안보딜레마 20, 28, 29, 32, 48, 62, 107,
　　121, 124, 126, 127, 165, 175,

189~192, 237

안보연구 19~21, 23~29, 34, 158, 159

안보위협 294

안보쟁점화 패러다임 248, 249, 255, 274, 276, 281

안보협력 31, 48, 177, 178, 182, 190, 192, 318

양극체제 13, 14, 44, 122, 149, 150, 188

역사주의 135, 138, 156, 157

열국체제 227, 229, 234, 241

열린 보편주의 213, 236, 256

영구평화 86, 87, 94, 95, 98

영국학파 23, 25, 87

오공단(Kongdan, Oh) 250, 252, 253, 258~260, 264, 265, 267, 269, 274, 275, 277

오리엔탈리즘 35, 243, 245, 246, 248~ 254, 256, 268, 280~282, 313

와다 하루키(和田春樹) 43, 45, 56, 243, 249, 250, 254, 255, 258, 260~268, 279, 280, 313

우리 민족끼리 39, 65

우리식 사회주의 163, 253

월러스틴(I. Wallerstein) 12

웬트(A. Wendt) 16, 128, 157

유격대국가 45, 56, 254, 262, 263, 266, 271

유럽연합 68, 181, 188, 211, 272, 310

유럽인권협약 216

유재건 33, 40, 47, 68, 77, 78

윤리외교 68, 70, 76

윤리정치 9, 10, 11

이데올로기 19, 24, 48, 52, 98, 99, 130, 132, 213, 230, 235, 237, 247, 250, 251, 263~266, 268, 270, 280

이라크 8, 11, 31, 58, 92, 98, 104, 200, 204, 205, 215, 287, 302, 319

이라크파병반대비상국민행동 204, 205

이상주의 26, 94, 123, 160, 161

인간안보 26, 70, 80, 158

일방주의 170, 173, 176, 184, 204, 278, 310

일본 11, 13, 26, 30, 38, 89, 93, 95, 97, 131, 163, 164, 168, 171, 187, 188, 192, 204, 211, 244, 251, 254, 280, 291, 295, 300, 302, 303, 309~313, 319, 320

ㅈ

자기억제 54, 55, 57, 60~62, 64

자본주의 43, 48, 65, 87, 94, 97, 121, 131, 157, 168~170, 178, 179, 196, 203, 216, 225, 229~235, 237, 239, 241, 244, 258, 268~270, 272

자유주의 95, 123~128, 130, 157, 165, 175, 177, 227, 236, 238, 239

자주국방 49, 61, 62, 79, 107

작전통제권 46, 79, 80, 173

적극적 평화 29, 71, 90, 93, 103, 108, 142, 143, 162, 163, 166, 167, 197, 204, 206, 221, 309, 310,

315
전쟁국가 19, 61, 68, 80
정규군국가 56, 57, 61, 262, 263
정상국가 139, 143, 163, 165, 175, 177,
190, 191, 215, 218, 239, 244,
279, 296, 308, 320
정전 43, 45, 46, 49, 92, 100, 150, 168,
171, 173, 176, 189, 195, 277
정전협정 43, 45, 46, 49, 150, 171, 173,
189, 277
정체성 22, 23, 27, 41, 50, 54~61, 63~
65, 68, 72, 79, 121, 128~130,
137, 138, 146, 157, 165, 168,
208, 227, 235, 239, 243, 244,
246, 264, 294, 295, 297, 299,
308, 314, 316, 321
정체성의 정치 243, 244, 282
제국주의 72, 89, 95, 96, 106, 158, 186,
212, 213, 236, 264, 284
제네바 합의 33, 274, 275, 284, 290, 292,
293, 298, 321
조민유화(兆民有和) 72, 94
조선책략(朝鮮策略) 311, 312
주권국가 17, 46, 86, 129, 165, 186, 211,
215, 235
주체사상 237, 252, 264, 265, 271, 272
주한미군 46, 49, 66, 150, 222, 295
중국 11, 13, 30, 38, 43, 44, 49, 51, 66,
75, 91, 131, 164, 168, 170~172,
183, 186~189, 244, 254, 255,
267, 268, 271, 277, 278, 284,
285, 288~290, 296, 299, 300,

308, 310, 311, 313, 317
중동 204, 308, 319
지구화 21, 126, 128, 160, 200, 221, 234,
238, 240
지정학적 안보담론 15~17, 23, 24, 30, 31

ㅊ
참여연대 평화군축센터 33, 77, 105, 200,
212
최한기 72, 93~95, 100, 103

ㅋ
칸트(I. Kant) 85, 86, 94, 95, 97, 98, 129
코펜하겐학파 23, 25, 26
콕스(R. Cox) 152, 159, 160
쿤(T. Kuhn) 247, 255

ㅌ
탈구조주의 23, 24, 27, 154
탈근대 담론 227, 228, 237, 241
탈냉전 11, 13, 21, 23, 25, 26, 42, 58,
102, 128, 139, 146, 149, 153,
163, 164, 168, 169, 171, 174,
178, 180, 181, 185, 192, 195~
197, 204, 238, 244~246, 260,
267, 272, 275, 276, 282, 293,
294
통일 10, 15, 33, 35, 38~43, 51~53, 55,
59, 60, 62, 65, 67, 72~75, 99,
102, 103, 109, 121, 130~135,
139, 142, 146, 150, 154, 165,

179, 182, 183, 196, 200, 201, 203, 209, 237, 239, 240, 259, 261, 263, 270, 272, 278, 306, 314

통일국가 44, 46, 179, 240

통일운동 38, 39, 51, 60, 67, 74, 196, 198, 220

특수관계 51~53, 109, 118, 119, 133, 134, 136, 139, 140, 142, 314

ㅍ

팔메위원회(Palme Commission) 29

패권 10, 12, 13, 18, 30, 47, 58, 61, 80, 149, 150, 164, 169, 170, 173, 177, 196, 278, 296, 298, 300

평화개념 35, 81, 83, 88, 90~93, 96, 99, 100, 102, 143

평화공존 59, 60, 67, 166, 240, 314

평화과정 11, 15, 34, 48, 71, 73, 76, 145, 146, 148, 185, 309, 315, 318, 321

평화교육 102, 208, 220

평화국가 32, 33, 35, 37, 41, 61, 68~71, 73, 77~80, 310, 314

평화국가 만들기 32, 41, 66, 68, 71, 72, 77~80

평화국가담론 32~34, 42, 72~77

평화담론 11, 17, 27~31, 34, 70, 79, 82~84, 91, 96, 97, 99, 103, 106, 310, 315, 316

평화문화 102, 105, 201, 208, 220

평화번영정책 184

평화사상 85~87, 95

「평화에세이」 100, 102

평화연구 7, 9, 15, 16, 23, 24, 27~30, 34~36, 82, 88~92, 162, 182, 183, 195, 197, 220, 248, 280, 304, 311

평화외교 70, 76, 311

평화운동 8, 9, 11, 35, 38, 52, 67, 68, 83, 85, 91~93, 103~108, 195~ 198, 200~209, 219, 220, 222, 223

평화운동가 182, 208, 209

평화적 방법에 의한 평화 10~12, 15, 27, 30~32, 69, 102, 238, 306, 310

평화적 수단에 의한 평화 90, 162, 183, 184, 238

평화주의 94, 96, 97

평화지향적 안보담론 17, 30, 31

평화체제 31, 92, 166, 174, 176, 182, 185, 189~193, 312, 318

평화학 88, 89, 92, 93, 162, 195

평화협정 97, 171, 176, 189, 190, 277

포괄적 안보 158, 177, 192, 216

포드주의 160, 172, 278

포용정책 13, 127, 172, 177, 181, 215, 216, 275, 277

ㅎ

『하늘길 땅길』 42

하위주체 26, 303, 304

한반도 냉전체제 43, 45~47, 49~51, 307, 311~313
한반도 분단 35, 37, 43, 72, 78, 104, 108, 135, 172, 174, 196, 197, 203, 277
한반도 인권회의 212
한반도 전쟁 81, 96, 104, 107, 196, 198
한반도 평화 7, 12, 14~16, 31, 32, 34, 35, 71, 76, 80, 92, 93, 95, 99, 102, 103, 107, 146, 147, 150, 161~163, 170, 171, 173, 176, 180, 181, 183~185, 189, 196, 204, 212, 215, 225, 237, 239, 241, 242, 272, 278~280, 282, 283, 301, 304, 309, 311, 314~316, 318
한반도 평화과정 13, 14, 34, 35, 71, 77, 78, 102, 108, 145~148, 150, 161~163, 166, 173~175, 177~181, 183~185, 222, 246, 273, 279
한반도 평화운동 108, 195, 205, 220
한반도 평화체제 13, 35, 38, 66, 70, 150, 157, 182, 189~193, 196, 290, 311
한반도평화국민협의회 202
합리적 충분성 63, 166
항일 254, 255, 259, 260, 262, 279
해리슨, 셀리그(S. Harrison) 256, 274
해식(R. Hassig) 250, 252, 253, 258~260, 264, 265, 267, 269, 274, 275, 277

핵군축 33, 284, 292, 297, 299, 303, 310
핵무기 11, 13, 30, 37, 56, 62, 164, 191, 199, 275, 283~286, 291, 293, 297~208, 315, 319
핵실험 30, 33, 35, 173, 212, 283~286, 288, 289, 294, 295, 297, 298, 300~307, 309, 313, 314, 317, 321
핵억지 9, 45, 297, 299, 308
핵우산 33, 292, 303, 305, 306
핵위기 55, 60, 67
핵파멸 45
핵폐기 171, 284, 290, 310
햇볕정책 127, 176, 183, 184, 196, 238, 239, 275
헌터(Helen-Louise Hunter) 249, 251~253, 257, 258, 265
헤게모니 84, 88
헤이그국제평화회의 198
헬싱키 프로세스 48, 64
현실주의 10, 12, 14, 17, 19~25, 27, 82, 87, 92, 107, 119, 120~125, 128, 129, 132, 134, 140, 142, 148~151, 155, 157, 158, 161, 162, 164~166, 174, 180, 186, 188, 299, 303, 311, 313, 319
협력적 안보 150, 177, 192, 216
협력적 자주국방 187, 191
흡수통일 54, 127, 167, 179, 182, 237, 238, 240

기 타

1953년 체제 45, 46, 55, 58, 60
1991년 체제 55, 58, 60
1997년 체제 66, 67, 71
2000년 체제 55, 56~58, 60~62, 64~68,
      71~74

1차대전 98
2차대전 18, 89, 158, 160, 169, 229

2·13 합의 317~321
2·15 7~10
6·15공동선언 37~39, 50, 55, 57, 65,
      139, 240
6·15담론 33, 39, 40, 42, 62, 63, 72~74,
      77~79, 314
6·15시대 10, 34, 37~41, 47, 50, 52, 68,
      71, 314
6·15위원회 37, 38, 74

7·4 남북공동성명 51, 55, 122, 168
9·11 7~10, 19, 22, 61, 287, 294, 295
9·19 공동성명 31, 38, 66, 173, 288~
      290, 308

2003년 위기설 246, 273
6자회담 30, 38, 48, 55, 66, 176, 177,
      193, 283, 284, 286, 288, 289,
      290, 291, 297, 300, 307~309,
      311, 317~321

CSCE(유럽안보협력회의) 192, 216, 217
FTA(자유무역협정) 66
IAEA(국제원자력기구) 174, 274, 275, 318
IMF(국제통화기금) 57, 66, 166, 169, 206,
      232, 238, 241
KEDO(한반도에너지개발기구) 273, 274
OSCE(유럽안보협력기구) 48, 192, 216